법화삼부경

제2부 묘법연화경 2권

법화삼부경

제2부 묘법연화경 2권

구선 강설

연화

차 례

들어가면서 ··· 6
묘법연화경 수기품 ······································· 9
묘법연화경 화성유품 ································· 306

들어가면서

2022년 10월에 묘법연화경 1권을 마무리하고 나서 2022년 12월 중순부터 다시 2권을 작업하게 되었다.
그 사이에 "한글문자원리"와 "관, 생명과 죽음"을 출판했으니 그야말로 한시도 쉬지 않고 숨가쁘게 달려왔다.
오늘이 2013년 1월 28일이다.
2권 원고를 마감하고 비로소 머리말 페이지를 펼쳐보게 되었다.

묘법연화경 2권에서는 제6 수기품과 제7 화성유품이 중점적으로 다루어진다.
제6 수기품에서는 가섭존자와 팔해탈법에 대해서 중점적으로 다루어진다.
제7 화성유품에서는 묘각을 이루는 절차와 방법에 대해서 구체적으로 다루어진다.
그러면서 여래장계 10방 세계에 거주하는 대범천왕들이 대통지승여래의 설법을 듣기 위해 도리천 회상에 참석하게 되는 과정과 그들이 타고 온 궁전 우주선에 대해 다루어진다.

수기품의 가섭존자 편에서는 부처님이 가섭존자를 제도하는 과정에 대해 상세하게 설명했다. (고익진님 해설 아함

경 참조)
팔해탈 편에서는 팔해탈을 성취하는 구체적인 방법에 대해 상세하게 서술했다. 무량의경 강의에서는 팔해탈의 개요에 대해 설명했지만 이번에는 구체적인 심지법까지 상세하게 다루었다.

화성유품의 대통지승여래장에서는 묘각도를 이루는 절차와 방법에 대해서 상세하게 다루었다.
사성제법과 12연기법, 여래장연기에 대해서는 1권에서 상세하게 다루었기 때문에 개념만 설명했고 진여연기의 50 과위에 대해서는 상세하게 설명했다.

여래장계 10방위에 거주하던 5000만억 대범천왕들은 대광명의 근원을 찾아서 대통지승여래가 계시는 생멸문으로 오게 된다. 그때 그들이 살고 있던 궁전이 함께 이동해 오는데 이것이 궁전 우주선이다.
이들이 타고 온 궁전 우주선은 크기가 100유순이 넘는다. 킬로미터로 환산하면 최소 8000Km이다.
그와 같이 거대한 우주선이 순간 이동을 해서 순시간에 천만억 개의 우주를 뛰어넘는다. 그것도 한 대가 아니고 오백만억 대가 한꺼번에 움직인다.
그렇게 타고 온 궁전 우주선을 두 손으로 받쳐 들고 부처님께 공양한다.

그러면서 복덕으로 지어진 이 궁전을 받아달라고 간청한다. 범천왕들이 타고 온 궁전 우주선에는 상상조차 하지 못했던 놀라운 기술들이 집약되어 있다.

어떤 기술들이 쓰여졌는지 대략적인 내용을 정리해 놓았다. 관심을 갖고 읽어보면 새로운 세계관과 과학관을 확립하는데 많은 도움이 될 것이다.

《묘법연화경 수기품 授記品 第六》

본문

爾時世尊說是偈已。告諸大衆唱如是言。我此弟子摩訶迦
이시세존설시게이. 고제대중창여시언. 아차제자마하가
葉。於未來世當得奉覲三百萬億諸佛世尊。供養恭敬尊重
섭. 어미래세당득봉근삼백만억제불세존. 공양공경존중
讚歎。廣宣諸佛無量大法。於最後身得成爲佛。名曰光明
찬탄. 광선제불무량대법. 어최후신득성위불. 명왈광명
如來應供正徧知明行足善逝世間解無上士調御丈夫天人師
여래응공정변지명행족선서세간해무상사조어장부천인사
佛世尊。國名光德。劫名大莊嚴。佛壽十二小劫。正法住
불세존. 국명광덕. 겁명대장엄. 불수십이소겁. 정법주
世二十小劫。像法亦住二十小劫。國界嚴飾無諸穢惡瓦礫
세이십소겁. 상법역주이십소겁. 국계엄식무제예악와력
荊棘便利不淨。其土平正。無有高下坑坎堆埠。琉璃爲地
형극변리부정. 기토평정. 무유고하갱감퇴부. 유리위지
寶樹行列。黃金爲繩以界道側。散諸寶華周徧淸淨。
보수항렬. 황금위승이계도측. 산제보화주변청정.
其國菩薩無量千億。諸聲聞衆亦復無數。無有魔事。雖有
기국보살무량천억. 제성문중역부무수. 무유마사. 수유
魔及魔民。皆護佛法。爾時世尊欲重宣此義。而說偈言。
마급마민. 개호불법. 이시세존욕중선차의. 이설게언.

마급마민. 개호불법. 이시세존욕중선차의. 이설게언.

이때 세존께서 이 게송을 읊으시고 여러 대중에게 이렇게 말씀하셨다.
"나의 제자인 마하가섭은 오는 세상에서 3백만억 부처님을 받들어 뵈옵고, 공양하고 존중하며 찬탄하여 여러 부처님의 한량없는 큰 법을 널리 펴다가 최후의 몸으로 성불하리니, 이름은 광명여래, 응공, 정변지, 명행족, 선서, 세간해, 무상사, 조어장부, 천인사, 불세존이라 하리라.
나라 이름은 광덕이요, 겁의 이름은 대장엄이라 하리라.
그 부처님 수명은 12소겁이요 정법은 20소겁이며 상법도 20소겁 동안 세상에 머무르게 되리라.
그 나라는 장엄하게 장식되어 모든 더러운 것과 기왓 조각, 가시덤불, 똥오줌 따위가 없고, 땅이 반듯하여 높은 데, 낮은 데, 구렁, 둔덕이 없으며, 땅은 유리로 포장되고, 보배 나무들이 줄을 지었으며, 황금 줄을 길 경계에 두르고 보배 꽃을 흩어서 두루 가득하여 깨끗하리라.
그 나라의 보살들은 한량없어 천만억이고, 성문들도 수 없으리라. 마의 장난이 없고, 마왕과 마의 백성이 있어도 모두 불법을 옹호하리라."
그때 세존께서 이 뜻을 거듭 펴려고 게송으로 말씀하셨다.

강설

부처님께서 수기를 주시는 것은 묘각을 이룰 수 있는 '일대사인연(一大事因緣)'을 맺어주기 위해서다.
묘각을 이루기 위해서는 한 가지 성취와 두 가지 인연을 갖추어야 한다.
한 가지 성취란 등각을 이루는 것이다.
공여래장과 불공여래장으로 불이문(不二門)을 이루는 것이 한 가지 성취이다.
두 가지 인연이란 내세불(來世佛)이 될 것이라는 수기를 받는 것과 본불로부터 초청을 받는 것이다.
두 가지 인연을 '일대사인연'이라 한다.

혼자의 노력만으로는 부처가 될 수 없다.
혼자의 힘으로 이룰 수 있는 최고의 깨달음은 '등각(等覺)'이다. 등각을 이룬 후에 묘각(妙覺)을 이루려면 본불(本佛)로부터 초대를 받아서 불세계(佛世界)로 들어가야 한다.
이때 등각보살은 지극한 갈망으로 억불(憶佛)을 행한다.
본불이 등각보살의 억불심에 감응하면 그 즉시 초대가 이루어진다.
등각보살이 억불심을 일으킨 때 그 억불심에 감응하는 부처님이 등각보살에게 수기를 주었던 수기불(授記佛)이다.
만약 등각보살이 수기를 받은 인연이 없으면 아무리 오랜 시간을 기다려도 불세계로의 초대가 이루어지지 않는다.
그런 경우에는 새로운 부처님이 현신할 때까지 기다렸다가 수기를 받은 뒤에야 묘각을 이룰 수 있게 된다. 이와 같기 때문에 부처님이 현신하셨을 때 수기를 받는 것이 대단히 중요하다.
이 중요성에 대해 부처님께서 가장 잘 알고 계시기 때문에 열반을 앞두고 수기를 주시는 것이다.
부처님께서 제자들에게 수기를 주시는 것은 묘각을 이룰 수 있는 일대사인연을 부여해 주시는 것이다.

"마하가섭"은 부처님의 상수제자이다. 바라문 가문의 종주였고 120살에 출가했다. 당시 마하가섭은 인도 최고의 바라문이었다. 오백명의 제자를 거느린 범교의 교주였고 수많은 백성들과 왕들이 그를 따르고 있었다.
마하가섭이 그런 명망을 얻게 된 것은 그가 키우고 있는 용(龍) 때문이었다. 평소 가섭은 명예욕이 강한 사람이었다. 남한테 우러름을 받는 것을 좋아했던 그는 명성이 무너질 때를 대비해서 한 마리 용을 키웠다.
작은 아기용을 구해다가 술법으로 키우면서 가끔씩 사람들에게 불을 뿜는 모습을 보여 주었다.
그럴 때마다 가섭의 명성은 더욱더 높아져갔다.
대부분의 백성들은 가섭을 따르고 있었다.
부처님께서 백성들을 교화하기 위해서는 먼저 가섭을 제도해야 했다. 가섭을 제도하기 전에 용을 제도하기로 하셨다.

가섭은 용을 '고요의 방'에서 키우고 있었다.
만약 무단으로 그 방에 들어가면 용이 불을 토하고 독을 뿜어서 들어온 사람을 죽이도록 했다.

가섭을 제도하기 위해 부처님께서 가섭의 집을 방문하셨다. 가섭의 집에 가실 때는 금빛 광명을 놓아서 위신력을 보여주셨다. 가섭은 부처님이 숫도다나왕의 아들인 '고오타마'라는 것을 알아보았다.
"잘 오셨습니다. 고오타마시여! 기거는 늘 편안하십니까?"
부처님께서 게송으로 대답하셨다.

"계율을 지니면 늙도록 편안하고
믿음이 바르면 선행에 머물리라.
지혜는 몸을 가장 안온하게 하니
뭇 악이 그 안온함을 해치지 못하리라."

가섭이 음식을 공양하고자 했지만 부처님께서는 일종식의 계율을 내세워서 받지 않았다. 그러면서 하룻밤 묵어가기를 청했다.
그러자 가섭이 부처님께 말씀드렸다.
"우리 범지들의 법에서는 방을 함께 쓰지 않습니다. 아까워서가 아니니 용서해 주십시오. 어찌 규정을 어기겠습니까?"
그러자 부처님께서 고요의 방을 가리키며 말씀하셨다.

"여기는 또 무슨 방입니까?"
"그 안에는 신령한 용이 있는데 성질이 급하고 사나워서 누가 방에 들어오면 불을 뿜어서 태워버립니다."
"이곳을 내게 빌려주십시오."
"참으로 아껴서 그러는 것이 아니고 용이 해를 끼칠까 염려되기 때문입니다."

부처님께서 거듭 세 번을 간청하시자 가섭도 어쩌지 못하고 허락을 했지만 재앙을 못 면할까 싶어 근심어린 표정을 지었다. 이에 부처님께서 가섭에게 말씀하셨다.
"나는 이미 탐욕의 불을 꺼버렸으므로 용이 나를 해치지 못합니다."
"고오타마께서는 덕이 높아서 계실 수 있으실 테니 뜻대로 하십시오."
부처님께서는 신통력으로 용의 방에 들어가셨다.
자리에 앉으시자 순식간에 용이 굴에서 나오면서 독을 뿜었다.
그러자 부처님께서는 독을 변화시켜서 모두 꽃이 되게 하셨다. 용은 그 독이 꽃이 되어 부처님을 에워싸는 것을 보고는 더욱 드세게 불을 뿜었다. 하지만 그 불길이 다시 용에게 돌아왔다. 용은 답답해서 죽을 것만 같았다.
고개를 들어 부처님의 상호를 보니 금빛 광명에 휩싸여 있었다. 존귀한 분임을 알아차리자 시원한 바람이 불어왔다. 용이 그 시원함을 쫓아서 부처님께로 나아가자 불이 꺼지고 독이 없어졌다. 이에 용은 부처님께 귀의하고 발우 안으로 들어갔다.

그때 부처님께서는 곧 불빛을 나타내어 밤하늘을 환하게 비추셨다. 그러자 가섭의 제자들이 바로 일어나서 하늘의 기운을 살펴보다가 그것을 용의 불이라 여겨 소리 높여 울부짖었다.
"애석하도다. 참된 분께서 용의 재앙을 입으셨구나."
가섭도 놀라서 뛰쳐나왔다.
제자들이 한목소리로 가섭을 책망하였다.
"하늘과 땅이 생겨난 이후에 아직 고타마처럼 신묘한 분을 보지 못하였습니다. 높고 귀하신 분인데 눈여겨 자세히 보지 않았던 것이 한스럽습니다. 이제 어떠한 인연으로 다시 뵐 수 있겠습니까?"

한탄을 하던 제자들이 죽으려고 부처님이 밝혀놓은 불빛 속으로 뛰어 들었다. 하지만 뜨겁지도 않고 오히려 시원하고 상쾌했다. 제자들이 이구동성으로 말했다.
"이것은 용의 불꽃이 아니고 부처님의 자비광명이다. 부처님께서는 살아계시다."
가섭과 제자들이 소란을 떨며 뜬눈으로 밤을 새웠다.

아침이 되자 부처님께서 발우를 들고 용의 방에서 나오셨다. 가섭이 크게 기뻐하며 말하였다.
"큰 도인께서는 아직 살아계셨군요. 그런데 그 그릇 속에 있는 것은 무엇입니까?"
"독룡입니다. 이미 항복하고 법을 받았습니다."
가섭은 감복하였지만 내색하지 않고 오로지 자신만을 추켜세웠다.
"큰 도인께서는 참으로 신령스러운 분이지만 비록 그렇다 하더라도 아직은 내가 얻은 아라한의 경지만은 못할 것입니다."
이어서 가섭은 부처님을 공양에 초대했다.

네 번의 공양을 대접받는 동안 부처님께서는 네 번의 신통력을 보여주셨다.
첫째 날은 잠깐 사이에 동쪽으로 수천억리나 떨어진 '푸리바비데하'에 가셔서 '염픱'이라는 나무 열매를 따오셨고, 둘째 날은 잠깐 사이에 남쪽으로 수천억리 떨어진 '잠부디파'로 가셔서 '하려륵' 열매를 따오셨다.
셋째 날은 서쪽 '고다니아'로 가셔서 '아마륵' 열매를 따오셨고, 넷째 날은 북쪽 '웃타라쿠루'로 가셔서 '멥쌀'을 가지고 오셨다.
이와 같은 신통을 보고도 가섭의 마음은 움직이지 않았다. 다만 "이 큰 도인의 신묘함이 저와 같구나"라고 생각할 뿐이었다.

다음날, 부처님께서 발우를 지니시고 몸소 가섭의 집에 가셨다. 음식을 잡수시고 양치질을 하려는데 물이 없었다. 이에 제석천왕이 내려와 손가락으로 땅을 가리키자 저절로 연못이 만들어졌다.
가섭이 해질녘에 이리저리 다니다가 그 연못을 보고 이상하게 여겨서 부처님에게 여쭈었다.
"어떻게 하여 잠깐 사이에 이런 연못이 생겼습니까?"
"아침에 당신에게 밥을 얻어먹고 양치질을 하려는데 물이 없었습니다. 그때 제석천왕이 내려와서 손가락으로 땅을 가리켜서 연못을 만들어 주었습니다. 앞으로 이 연못을 '손가락으로 가리킨 못'이라고 부르십시오."
이 말씀을 듣고 가섭이 생각했다.
'큰 도인께서는 신묘하여 공덕이 한량없구나.'

다음날, 부처님께서 거처를 가섭의 집 근처로 옮기셨다.
밤에 사천왕이 내려와서 부처님의 설법을 듣자 사천왕의 광명이 마치 활활 타오르는 불꽃과 같았다.
가섭이 밤중에 일어나서 보니 부처님 앞에 네 개의 불덩어리들이 있었다. 날이 밝자 가섭이 부처님에게 여쭈었다.
"큰 도인께서도 역시 불을 섬기십니까?"
"아닙니다. 어젯밤의 광명은 설법을 듣던 사천왕의 것이었습니다."
이 말씀을 듣고 가섭이 생각했다.
'이 큰 사문은 지극히 신령하여서 이런 하늘에까지 이르는 구나. 그렇다 하더라도 나의 참된 도 만큼은 못할 것이다.'

다음날 밤에는 제석천왕이 내려와서 법을 들었다.
그때의 광명은 사천왕보다 두 배가 밝았다.
가섭이 밤중에 그 광명을 보고 이렇게 생각했다.
'부처님도 본디 불을 섬기는구나.'
날이 밝자 가섭이 부처님께 여쭈었다.
"불을 섬기는 것은 아닙니까? 어젯밤에는 두 배나 더 밝았습니다."
"그것은 제석천왕의 광명이었습니다."

그다음 날 밤에는 범천이 내려와서 법을 들었다.
범천의 광명은 제석천보다 두 배가 밝았다.
가섭이 그 광명을 보고 부처님께서도 불을 섬긴다고 의심하였다. 날이 밝자 부처님께 여쭈었다.
"큰 도인께서는 틀림없이 불을 섬기시지요?"
"어젯밤에는 범천이 설법을 들었습니다. 그 불빛은 범천의 것입니다."
그 말씀을 듣고 가섭이 생각했다.
'이 큰 사문의 위신력은 범천왕조차 감동시켜 내려오게 하

는구나.'

가섭과 오백 제자들은 저마다 세 가지 불을 섬겼다.
다음날, 천오백 개의 불을 피우는데도 불이 끝내 타오르지 않았다. 그들이 괴이하게 여겨서 가섭에게 고했다.
가섭이 말했다.
"틀림없이 이것은 부처님께서 하신 일이다."
그러고는 부처님께 달려가서 자초지종을 말씀드렸다.
"이는 부처님께서 하신 일입니까?"
부처님께서 가섭에게 말씀하셨다.
"불이 타오르기를 원하십니까?"
이렇게 세 번을 묻자 가섭이 대답했다.
"타오르게 하고 싶습니다."
"가서 보십시오. 불은 타고 있을 것입니다."
그 말씀에 맞추어서 모든 불이 타올랐다.
그러자 가섭이 생각했다.
'이 큰 도인의 지극하신 신령함이 이와 같구나.'

다음날, 가섭이 세 가지 불을 피웠지만 끌 수가 없었다.
오백 명의 제자와 그를 섬기는 이들이 도와서 불을 끄려 했지만 끝내 끌 수가 없었다. 그는 부처님께서 하신 일이라고 의심했다.
"제 자신이 세 가지 불을 섬기는데 끌 수가 없습니다."

"꺼지게 하고 싶습니까?"
"참으로 꺼지게 하고 싶습니다."
부처님께서, "불은 꺼지리라."라고 하시자 불이 꺼졌다.
가섭이 생각하였다. '큰 도인께서는 지극히 신묘하시어 하시는 일이 모두 이루어지는구나.'

어느 날, 가섭의 오백 명의 제자가 함께 장작을 쪼개고 있었다. 한데, 저마다 도끼를 올리기만 하면 내릴 수가 없었다. 이를 부끄러워하며 스승을 찾아가 알리자 스승이 말하였다. "이는 큰 사문께서 하시는 일일 것이다." 그는 즉시 부처님을 찾아가 말씀드렸다.
"저의 제자들이 함께 장작을 쪼개고 있는데, 도끼를 들어 올리면 내릴 수가 없습니다."
부처님께서, "가서 보십시오. 도끼는 내려질 것입니다."
라고 하시자, 바로 내려져서 쓸 수 있게 되었다.
가섭이 생각하였다.
'이 큰 사문이 신령하기는 신령하구나.'

어느 날 부처님께서 나무 아래로 가셔서 버려진 헌 옷을 보시고는 빨려고 생각하셨다. 제석천왕이 부처님의 거룩한 뜻을 받들어 파나산 위에 가서 네모난 돌과 육각진 돌 하나씩을 가져다 주어서 빨래를 하여 햇볕에 널었다. 그때 가섭이 노닐면서 구경하다가 연못가에 있는 두 개의 돌을 보고 이상하게 여기며 부처님께 여쭈었다.
"지금 이 연못가에 있는 두 개의 돌은 매우 아름답고 고운데, 어디에서 나온 것입니까?"
부처님께서 가섭에게 말씀하셨다.
"내가 빨래를 하고 옷을 햇볕에 말리려 하였더니, 제석천왕이 돌을 보내주어 사용한 것입니다."
가섭은 다시 생각하였다. '고타마의 신령한 덕에는 감동되지 않는 것이 없구나.'
뒤에 부처님께서 '손가락으로 가리킨 못'에 들어가 목욕을 하고 나오려 하시는데, 당겨 잡을 것이 없었다. 연못 위에 가화라는 매우 크고 아름다운 나무가 있었는데, 그 나무가 아래로 굽어져 내려와 그것을 잡고 연못을 나오셨다. 가섭은 나무가 아래로 굽어지는 것을 보고는 괴이하게 여겨 또 부처님께 여쭈었다.
부처님께서 말씀하셨다.
"내가 아침에 연못에 들어갔다가 물에서 나오려는데, 나무의 신이 가지를 드리워서 나를 이끌어 나오게 하였습니다."
가섭이 생각하였다. '이 큰 도인의 지극한 덕이야말로 감동하는 바가 많아서 큰 나뭇가지가 굽어져 내려왔구나.'

부처님께서 가섭을 반드시 항복시키고자 곧 네란자라 강으로 들어가셨다. 그 물은 깊고 물살이 빨랐지만 부처님께서 신통력으로 물살을 끊어 멈추게 하셨다.

그런 다음 물이 사람의 머리 위를 지나가게 하고, 밑에서는 먼지가 일게 하셨다.
부처님께서 그 물 위를 걸어가셨다.
가섭은 그것을 보고 부처님께서 물에 빠질까 두려워 제자들과 함께 배를 타고 가서 부처님을 구하려 하였다. 물살이 높이 일어난 그 아래에는 먼지가 일고 있었는데, 그곳에 부처님이 계신 것을 보고는 크게 기뻐하며 말하였다.
"큰 도인께서는 아직 살아 계셨군요. 배로 올라오시겠습니까?" 부처님께서 말씀하셨다.
"곧 올라가겠습니다."
부처님께서, '배 밑을 뚫고 들어가야겠다'라고 생각하시고는 배 밑을 통해 올라오셨다. 그러나 배에는 물이 새는 흔적조차 없게 하셨다. 가섭이 크게 놀라며 말하였다.
"이 큰 사문의 미묘한 변화는 이름 붙이기조차 어렵구나."

그때 마가다국에서는 왕과 신하와 백성들이 해마다 모여 예배하고 가섭에게 가서 칠 일 동안 함께 즐겼다. 가섭이 생각하였다. '부처님의 덕이 거룩하고 밝아서 사람들이 보기만 하면 반드시 모두가 나를 버릴 것이니, 그 칠 일 동안은 나타나지 않으면 좋겠구나.'
부처님께서는 그의 뜻을 아시고, 칠 일 동안 숨어 계셨다.
팔 일째 아침이 되자 가섭은 또 생각하였다. '지금 남은 음식이 있는 데 부처님께 공양하면 좋겠구나.'

그러자 그 생각에 맞추어 부처님께서 갑자기 도착하셨다.
가섭이 크게 기뻐하며 여쭈었다.
"마침 공양을 올렸으면 하였는데 이렇게 오셨으니 어찌 반갑지 않겠습니까. 그동안 어디에 가셨다가 이제야 오십니까?"
부처님께서 가섭에게 말씀하셨다.
"그대가 '부처님의 덕은 거룩하고 밝아서 사람들이 보면 반드시 모두 나를 버릴 테니, 그 칠 일 동안 나타나지 않으면 좋겠구나'라고 생각하였기 때문에 갔다가 다시 온 것입니다."
가섭이 생각하였다. '남의 생각까지 아시다니, 부처님은 참으로 지극히 신령한 분이시구나.'
부처님께서 가섭의 마음이 이미 항복되었음을 아시고는 가섭에게 말씀하셨다.
"그대는 아라한이 아닙니다. 참된 도를 모르면서 무엇 때문에 헛되이 스스로를 귀하다고 합니까?"
이에 가섭은 놀라 털이 곤두서서 스스로 도가 없음을 알고는 바로 머리를 조아리고 말하였다.
"큰 도인께서는 참으로 거룩하셔서 남의 생각까지 아시는군요. 어떻게 하면 큰 도인을 좇아서 거룩한 변화를 얻고, 경과 계율을 어쭙고 받으며, 사문이 될 수 있겠습니까?" 부처님께서 말씀하셨다.
"매우 훌륭하십니다. 그대의 제자들에게도 알리십시오. 그대는 나라의 스승인데 이제 법복을 입는다 하여 어찌 혼자 결정할 수 있겠습니까?"

가섭은 분부를 받고 제자들을 돌아보며 말하였다.
"그대들은 그동안에 나와 함께 거룩한 변화를 보아 왔다. 나는 비로소 믿고 알았으니 사문이 되어야겠는데, 그대들은 어디로 가겠느냐?"
오백 명의 제자들이 한 목소리로 대답하였다.
"저희가 알고 있는 것은 모두 큰 스승의 은혜입니다. 스승께서 존중하고 믿는 바라면 모두 따르도록 해 주십시오."
즉시 스승과 제자들은 부처님께 나아가 예배하고 말씀드렸다.
"저희 모두가 믿음의 뜻을 지녔으니, 부디 제자가 되게 하여 주십시오."
이렇게 해서 가섭과 오백 제자가 사문이 되었다.
가섭은 가죽옷과 털옷이며 물병·지팡이·신발 등 불을 섬기는 도구들을 모두 물속에 버렸다.

이때 가섭에게는 두 아우가 있었는데, 첫째가 나디야 가섭이고, 둘째가 가야 가섭이었다.
두 아우는 저마다 이백오십 명의 제자를 두고, 물 가에서 오두막집들을 벌려 놓고 살고 있었다.
두 아우는 범지들의 옷과 가재도구와 불을 섬기는 도구들이 물살을 타고 떠내려오는 것을 보고 놀라서, 형과 제자들이 남에게 해를 입은 줄 알고 두려워하였다.
그들은 곧 제자들을 데리고 강을 따라 올라가다가, 형과 그의 제자들이 모두 사문이 된 것을 보고는 괴이하게 여겨 물었다.

"형님께서는 나이도 많으시고 지혜 또한 밝아 멀리까지 미쳐서 국왕과 백성이 함께 섬기는 분이십니다. 저희 또한 형님을 아라한을 얻은 이라 여겼는데 도리어 범지의 도를 버리고서 사문의 법을 배우고 계시니, 이것은 작은 일이 아닙니다. 어찌 부처님의 도만이 존귀하고 홀로 덕이 높겠습니까?"
가섭이 대답하였다.
"부처님의 도는 가장 뛰어나서 그 법은 한량없다. 비록 내가 세상에서 배웠으나 일찍이 도와 거룩한 지혜가 부처님과 같은 분은 없었다."
두 아우는 이 말을 듣자 저마다 제자들에게 말하였다.
"나는 형님을 따르려 하는데, 그대들은 어디로 나아가겠는가?" 오백 명의 제자는 모두 한 목소리로 말하였다.
"큰 스승님을 따르겠습니다."
그들은 모두 머리를 조아리고 사문이 되기를 원하였다.
이에 부처님께서, "잘 왔도다, 비구들이여!" 라고 말씀하시니, 모두 사문이 되었다.

부처님이 열반에 드시고 나서 마하가섭은 계족산을 반으로 쪼개서 그 산속으로 들어갔다.
미륵부처님이 세상에 출현했을 때 그때 깨어나서 미륵부처님을 시봉하겠다는 서원을 세우고 멸진정에 들었다.

"오는 세상에서 3백만억 부처님을 받들어 뵈옵고, 공양하

고 존중하며 찬탄하여 여러 부처님의 한량없는 큰 법을 널리 펴다가 최후의 몸으로 성불하리니"

"부처님을 받들어 뵈옵고 공양하고"
살아생전에 부처님은 탁발을 해서 하루 한 끼 오전에만 공양을 드셨다.
탁발을 할 때는 주는 사람의 귀천을 따지지도 않았고 주는 음식도 가리지 않았다.
그것을 평등 공양이라 했다.

부처님은 이미 몸을 이루는 세포들을 모두 다 제도한 분이시다. 세포의 형질이 마치 허공과 같이 변화된 상태이기 때문에 구태여 음식을 먹지 않아도 살 수가 있다.
부처님이 음식을 드시는 것은 중생들에게 보시의 공덕을 심어주기 위해서이다.

부처님의 몸은 생멸신(生滅身)이 아니고 불신(佛身)이다.
때문에 생사가 없고 음식으로써 양식을 삼지 않는다.
생명의 몸은 생멸신이 있고 진여신(眞如身)이 있다.
진여신은 보살신, 등각신, 묘각신으로 이루어져 있고 생멸신은 육체, 영혼, 영의 몸으로 이루어져 있다.
생멸신의 최후신은 영의 몸이다.
진여신의 최후신은 묘각신이다. 불신이 곧 묘각신이다.

생멸신은 십이연기를 통해 만들어졌다.
영의 몸은 개체식의 본성에서 생성되는 밝은성품으로 이루어져 있다.
영혼의 몸은 영의 몸과 물질 입자들이 서로 합쳐져서 만들어졌다.
육체의 몸은 세포 구조물로 만들어졌다.

진여신은 진여연기와 불이문을 통해 갖추어진다.
진여심에서 생멸심을 분리시키면 진여신이 갖추어진다.
진여신 중 보살신은 본성·각성·밝은성품으로 이루어져 있다.
등각신은 공여래장과 불공여래장으로 이루어져 있다.
불이문(不二門)이 곧 등각신이다.
묘각신은 일심법계와 천백억화신불로 이루어져 있다.
불신(佛身)이 곧 묘각신이다.

묘각신을 이룬 부처님은 스스로 생명에너지를 생성해 내는 분이시다. 때문에 다른 생명이 만들어낸 에너지를 섭취하지 않는다.
그런 부처님에게 공양을 올리는 것은 단순한 일이 아니다. 중생들은 그런 이치를 모르기 때문에 음식도 올리고 정성도 올리지만 그것은 중생 자신의 공덕을 위한 공양일 뿐 부처님께서 잡수실 수 있는 공양이 아니다.
깨달은 자가 부처님에게 올리는 공양은 두 가지이다.

하나는 스스로가 실천한 착함의 공덕이다.
이것으로 대자비문을 성취하고 불공여래장을 이룬다.
또 하나는 대적정에 머무르는 것이다.
이것으로 대적정문을 성취하고 공여래장을 이룬다.
진여수행을 통해서 공여래장과 불공여래장을 이루고 그로써 불이문을 이룬다. 곧 등각을 이룬 것이다.
등각보살이 되면 비로소 부처님의 적자(嫡子)가 된 것이다.
깨달은 사람은 등각을 이루는 모든 과정을 통해 부처님에게 공양을 올린다.
마하가섭이 삼백만억 부처님들을 만나서 공양을 올리는 것은 등각을 얻기 위해 노력한다는 뜻이다.

중생이 선근 공덕을 쌓고 그것을 부처님에게 바친다면 최고의 공양을 올리는 것이다.
나아가서 무념·무심에 마음을 두고 거기서 생성되는 밝은 성품을 부처님께 바친다면 최상 최고의 공양을 올리는 것이다.

"존중하며"
사는 이유이며, 삶의 목적이며, 한순간도 동떨어지지 않는 것이 존(尊)이다.
그 존(尊)에 대한 지극함이 항상 유지되는 것이 중(重)이다. 부처님을 그런 마음으로 바라보아야 한다.

"찬탄하고"
부처님의 가르침, 깨달음의 행, 또 깨닫기 위해 노력하신 그 모든 과정을 찬탄한다. 나아가서 정토불사의 발원에 공감하고 그 실천에 동참한다.

부처님을 마주 보고 앉는다는 것이 그냥 이루어지는 것이 아니다. 부처님을 모시기 위해서는 공양과 찬탄 그리고 존중심이 있어야 한다.
부처를 그리워하는 그 지극함으로써 부처의 중심과 나의 중심이 하나가 된다.

"최후의 몸으로 성불하리니"
이때 최후의 몸은 등각신이다.

육체의 상태에서 세포 제도를 한 다음에 영의 몸을 갖추게 되면 몸속이 빈 공간이 된다. 그런 성취를 이룬 사람을 아나함이라 한다.
선정으로는 중간반야해탈을 이루고 자기 제도로써 비상비비상처정을 이룬 경지가 아나함이다.
이것을 허공신을 갖추었다고 말한다.
그런 사람은 가슴을 열면 그 속에 우주가 있다.
칼로 살갗을 베면 몸속이 텅 비어 있다.
뼈와 살이 있는 것이 아니고 빛으로 가득 채워진 공간이 있다.
가섭은 이미 아라한이기 때문에 그 경지를 넘어서 있다.

"광명여래"
빛의 몸을 가지기 때문에 광명여래라 부른다.

"겁의 이름은 대장엄이라 하리라."
세 종류의 겁이 있다.
소겁, 중겁, 대겁이 그것이다.
대겁이란 생멸문 전체가 성겁, 주겁, 괴겁, 공겁을 한 번 이룬 것이다.
중겁이란 대겁을 이루는 성, 주, 괴, 공의 각 단계를 말한다.
각각의 단계마다 세 가지 겁의 형태가 있다.
도병겁, 기근겁, 질병겁이 그것이다.
소겁이란 중겁의 각 단계에서 일어나는 부분적인 겁이다.
세 가지 겁의 형태가 있다.
화재겁, 수재겁, 풍재겁이 그것이다.
20번의 소겁이 일어나면 그 뒤로 중겁이 도래한다.
네 번의 중겁이 이루어지면 그 뒤로 대겁이 도래한다.
1대겁은 80소겁으로 이루어져 있다.

소겁의 화재겁때는 생멸문의 삼십삼천 중 2선천인 광음천 아래까지 겁화가 미친다.

수재겁때에는 3선천인 변정천 아래까지 겁화가 미친다.
풍재겁때에는 4선천인 광과천 아래까지 겁화가 미친다.

중겁때에는 무색계 4천을 제외한 모든 세계에 겁화가 미친다.
대겁때에는 무색계 4천에까지 겁화가 미친다.
가섭이 부처가 되는 대장엄겁은 대겁의 명칭이다.

"그 부처님 수명은 12소겁이요 정법은 20소겁이며 상법도 20소겁 동안 세상에 머무르게 되리라."

인지법과 과지법이 남아있는 시대, 수행의 과정과 절차, 그리고 수행의 방법이 정확하게 남아있는 시대를 '정법 시대'라 한다.

인지법의 체계는 남아있는데 과지법의 체계가 미흡하게 남아있는 시대, 수행의 과정과 절차에 대한 체계는 남아있는데 구체적인 수행법이 미미해진 시대를 '상법 시대'라 한다.

말법 시대에는 인지법도 없고 과지법도 없다.
말법시대에는 수행의 방편만 존재한다.
현대의 화두선과 염불선에는 인지법과 과지법의 체계가

결여되어 있다.
부처님이 돌아가시고 500년 후까지는 정법이 살아있었다. 그 후로 500년이 상법 시대였다. 그때까지는 부처의 법을 이은 조사들이 살아 있었다. 그런데 그다음부터는 조사들이 사라지고 그냥 깨달음을 인가받은 선지식들만 있게 되었다.
말법 시대가 되면 이러쿵 저러쿵 깨달은 사람들은 많이 나타나지만 아라한의 경지를 이룬 조사들은 나타나지 않는다. '역대 법보기'에는 신라의 '정종무상'이 아라한과를 이루었다고 기록되어 있다.

필자가 이생에서 세웠던 서원 중 한 가지가 인지법과 과지법의 체계를 다시 세우는 것이었다.
그래서 작년에 '인지법행과 과지법행'의 체계를 정리하게 되었다.
등각도와 묘각도의 체계는 무량의경과 법화경을 보면서 깨닫게 되었다. 등각도까지는 무량의경 강의록에서 정리했고 묘각도의 체계는 묘법연화경 1권에서 정리하였다.

작년에 정리한 인지법행과 과지법행의 체계는 '반야심경'과 '금강경'의 내용을 근거로 했다.
12연기법을 토대로 해서 생멸수행의 방법과 방향을 제시해 주었고 역(亦)12연기법을 통해 진여수행의 방법을 제시해 주었다.
올해 정리한 무량의경과 묘법연화경에서는 진여연기법과 여래장연기법을 토대로 등각도와 묘각도를 이루는 방법을 제시해 주었다.
1991년도부터 시작된 생명에 대한 사유는 지난 30년 동안 꾸준하게 이어져왔다.
법화경을 보면서 그 사유가 결말을 맺게 되었다.

법화경에서는 12연기의 이치를 깨달아서 해탈도를 이루고 진여연기의 이치를 깨달아서 보살도를 이루며 여래장연기의 이치를 깨달아서 등각도를 이룬다고 말씀하신다.
여래장연기와 진여연기와 생멸연기의 과정을 이해하는 것은 대단히 어려운 일이다.
하지만 그 과정을 이해하지 못하면 해탈도와 보살도, 등각도를 이루지 못한다.

"상법도 20소겁 동안 세상에 머무르게 되리라."
석가모니 부처님의 정법, 상법은 천년이었다.

"그 나라는 장엄하게 장식되어 모든 더러운 것과 기왓조각, 가시덤불, 똥오줌 따위가 없고,"

가시덤불이 없다는 것은 원신의 구조가 불균형한 생명들이 태어나지 않는다는 말이다. 식물이건 동물이건 균형잡힌 생명들이 태어난다는 말이다.
똥오줌이 없다는 것은 음식이 다르기 때문이다.
천상세계는 '맛'이라는 음식이 있어서 먹으면 그대로 몸으로 흡수되어 똥, 오줌으로 배설되지 않는다.
그 세계는 공덕으로 지어지는 세계이다.
때문에 기와도 굽지 않고 나무도 깎지 않는다.
일체 더러운 것이 없는 청정무구의 세상이다.

"그 나라의 보살들은 한량없어 천만억이고, 성문들도 수없으리라."

보살도를 이룬 사람만 천만억이고 견성오도를 이룬 사람은 헤아릴 수 없이 많다는 말씀이시다.

"마의 장난이 없고, 마왕과 마의 백성이 있어도 모두 불법을 옹호하리라."

마왕과 마의 백성이 있다는 것은 욕심이 있다는 말이다. 의식·감정·의지가 있어서 경쟁심도 있고 투쟁심도 있다는 말이다. 그렇지만 그 백성들이 불법을 다 옹호한다.

본문

告諸比丘
고제비구
過無數劫
과무수겁
三百萬億
삼백만억
供養最上
공양최상
於最後身
어최후신
多諸寶樹
다제보수
常出好香
상출호향
其地平正
기지평정
其心調柔
기심조유
諸聲聞衆
제성문중
乃以天眼
내이천안
正法住世

我以佛眼
아이불안
當得作佛
당득작불
諸佛世尊
제불세존
二足尊已
이족존이
得成爲佛
득성위불
行列道側
항렬도측
散衆名華
산중명화
無有丘坑
무유구갱
逮大神通
체대신통
無漏後身
무루후신
不能數知
불능수지
二十小劫

見是迦葉
견시가섭
而於來世
이어래세
爲佛智慧
위불지혜
修習一切
수습일체
其土淸淨
기토청정
金繩界道
금승계도
種種奇妙
종종기묘
諸菩薩衆
제보살중
奉持諸佛
봉지제불
法王之子
법왕지자
其佛當壽
기불당수
像法亦住

於未來世
어미래세
供養奉覲
공양봉근
淨修梵行
정수범행
無上智慧
무상지혜
琉璃爲地
유리위지
見者歡喜
견자환희
以爲莊嚴
이위장엄
不可稱計
불가칭계
大乘經典
대승경전
亦不可計
역불가계
十二小劫
십이소겁
二十小劫

정법주세   이십소겁   상법역주   이십소겁
光明世尊   其事如是
광명세존   기사여시

비구들아   잘듣거라   부처님의   눈으로써
가섭존자   장래보니   많고많은   겁을지나
미래오는   세상에서   부처를   이루리라
그세상에   계신세존   삼백만억   부처님을
받들어서   공양하고   정성으로   친견하여
불지혜를   얻기위해   맑은범행   잘닦으며
복과지혜   구족하신   세존께   공양하고
위가없는   높은지혜   일심으로   닦고익혀
최후의   몸으로   부처를   이루리라
그나라는   청정하여   유리로써   땅이되고
여러가지   보배나무   도로마다   즐비하며
황금줄로   경계하니   보는사람   기뻐하고
향기좋은   여러꽃을   항상흩어   뿌리오며
아름다운   보배로써   그토록   장엄하니
그국토는   평평하여   언덕구렁   따로없고
많고많은   보살대중   그수효를   알수없네
마음들이   부드럽고   큰신통을   얻었으며
부처님의   대승경전   받들어서   간직하고
성문대중   번뇌없는   그최후에   몸을얻은

대법왕의	아들들도	그수효가	많고많아
천안으로	볼지라도	능히세지	못하리라
그부처님	누릴수명	열두소겁	될것이며
정법세상	머무름은	이십소겁	될것이요
상법또한	이십소겁	그와같은	세월이니
광명세존	부처님이	하시는일	이럴노라

爾時大目犍連。須菩提。摩訶迦旃延等。皆悉悚慄。
이시대목건련. 수보리. 마하가전연등. 개실송률.
一心合掌瞻仰尊顔。目不暫捨。卽共同聲。而說偈言。
일심합장첨앙존안. 목부잠사. 즉공동성. 이설게언.

이때 대목건련과 수보리와 마하가전연 등이 모두 송구스러워 하면서, 일심으로 합장하고 존안을 우러러 뵈옵고, 잠시도 눈을 떼지 아니하며 소리를 함께하여 게송을 읊었다.

大雄猛世尊	諸釋之法王	哀愍我等故	而賜佛音聲
대웅맹세존	**제석지법왕**	**애민아등고**	**이사불음성**
若知我深心	見爲授記者	如以甘露灑	除熱得淸凉
약지아심심	**견위수기자**	**여이감로쇄**	**제열득청량**
如從飢國來	忽遇大王饍	心猶懷疑懼	未敢卽便食
여종기국래	**홀우대왕선**	**심유회의구**	**미감즉변식**
若復得王敎	然後乃敢食	我等亦如是	每惟小乘過

약부득왕교　연후내감식　아등역여시　매유소승과
不知當云何　得佛無上慧　雖聞佛音聲　言我等作佛
부지당운하　득불무상혜　수문불음성　언아등작불
心尙懷憂懼　如未敢便食　若蒙佛授記　爾乃快安樂
심상회우구　여미감변식　약몽불수기　이내쾌안락
大雄猛世尊　常欲安世間　願賜我等記　如飢須敎食
대웅맹세존　상욕안세간　원사아등기　여기수교식

대웅세존　　부처님은　　석씨문중　　법왕이라
저희모든　　중생들을　　불쌍하게　　여기시어
미묘하고　　거룩하신　　부처말씀　　주시었네
우리마음　　살피시어　　수기하여　　주신다면
감로수로　　열을식혀　　시원함과　　같나이다
주린배로　　헤매다가　　대왕성찬　　만났어도
송구하고　　의심되어　　감히먹지　　못하다가
왕의명을　　받고서야　　그때서야　　음식먹듯
우리들도　　이와같아　　소승에늘　　있으면서
과오만을　　생각하고　　부처님의　　높은지혜
어찌하면　　얻을손가　　구할길을　　몰랐었네
너희들도　　성불한다　　부처음성　　들었어도
근심품고　　송구하여　　선뜻이해　　못했지만
만일수기　　주신다면　　이제편안　　하오리다
대웅세존　　부처님이　　세상편케　　하시려고

| 주린이를 | 밥먹이듯 | 수기하여 | 주신다면 |
| 저희들은 | 그가르침 | 지극정성 | 받으리다 |

강설

부처가 되기 위해서는 사성제법의 체계에서 12연기법과 진여연기법을 알아야 하고 묘법연화경을 알아야 한다. 그 체계가 대단히 방대하다.

그 법을 얻지 못하면 수기를 받았어도 부처가 되지 못한다. 마하가섭이나 수보리, 목건련이나 마하가전연은 12연기와 묘법연화경의 이치를 알지 못했다.

석가모니 부처님은 그 법을 깨닫고 익히는데도 8만 4천겁이 걸렸다. 그 법을 배워서 남에게 가르쳐주기까지도 8만 4천겁이 걸렸다.

본문

爾時世尊。知諸大弟子心之所念。告諸比丘。是須菩提。
이시세존. 지제대제자심지소념. 고제비구. 시수보리.
於當來世。捧覲三百萬億那由他佛。供養恭敬尊重讚歎。
어당래세. 봉근삼백만억나유타불. 공양공경존중찬탄.
常修梵行具菩薩道。於最後身得成爲佛。號曰名相如來應

상수범행구보살도. 어최후신득성위불. 호왈명상여래응
供正徧知明行足善逝世間解無上士調御丈夫天人師佛世尊。
공정변지명행족선서세간해무상사조어장부천인사불세존.
劫名有寶。國名寶生。其土平正。玻瓈爲地寶樹莊嚴。
겁명유보. 국명보생. 기토평정. 파려위지보수장엄.
無諸丘坑沙礫荊棘便利之穢。寶華覆地周徧淸淨。其土人
무제구갱사력형극변리지예. 보화부지주변청정. 기토인
民皆處寶臺珍妙樓閣。聲聞弟子無量無邊。算數譬喩所不
민개처보대진묘루각. 성문제자무량무변. 산수비유소불
能知。諸菩薩衆無數千萬億那由他。佛壽十二小劫。
능지. 제보살중무수천만억나유타. 불수십이소겁.
正法住世二十所劫。像法亦住二十小劫。其佛常處虛空爲
정법주세이십소겁. 상법역주이십소겁. 기불상처허공위
衆說法。度脫無量菩薩及聲聞衆。爾時世尊欲重宣此義。
중설법. 도탈무량보살급성문중. 이시세존욕중선차의.
而說偈言。
이설게언.

이때 세존께서 큰 제자들의 생각을 아시고 비구들에게 말씀하셨다.
"이 수보리가 오는 세상에서 3백만억 나유타 부처님을 받들어 뵈옵고, 공양하고 공경하며 존중하고 찬탄하며, 항상 범행을 닦아 보살의 도를 구족하고 최후의 몸에서 성불하리라. 이름은 명상여래, 응공, 정변지, 명행족, 선서, 세간해, 무상사, 조어장부, 천인사, 불세존이며, 겁의 이름은 유보요, 나라의 이름은 보생이라 하리라.

그 국토는 반듯하고 방정하며, 파려로 땅을 덮고 보배나무로 장엄하며, 둔덕과 구렁과 기왓조각과 가시덤불과 똥오줌 따위의 더러움이 없고, 보배 꽃이 땅을 덮어 두루두루 청정하리라. 그 나라 백성들은 보배로 된 누대와 훌륭한 누각에 거처하고, 성문 제자가 한량없고 그지없어 숫자나 비유로 알 수 없고, 여러 보살 대중은 수없는 천막억 나유타이리라.

부처님 수명은 12소겁이요, 정법은 20소겁이고, 상법도 20소겁 동안 세상에 머무를 것이니라.

그 부처님은 항상 허공에 거처하면서 법을 설하시어 한량없는 보살과 성문들을 제도하리라."

이때 세존께서 이 뜻을 거듭 펴시려고 게송을 설하셨다.

諸比丘衆	今古汝等	皆當一心	聽我所說
제비구중	**금고여등**	**개당일심**	**청아소설**
我大弟子	須菩提者	當得作佛	號曰名相
아대제자	**수보리자**	**당득작불**	**호왈명상**
當供無數	萬億諸佛	隨佛所行	漸具大道
당공무수	**만억제불**	**수불소행**	**점구대도**
最後身得	三十二相	端正殊妙	猶如寶山
최후신득	**삼십이상**	**단정수묘**	**유여보산**

其佛國土　嚴淨第一　衆生見者　無不愛樂
기불국토　엄정제일　중생견자　무불애락
佛於其中　度無量衆　其佛法中　多諸菩薩
불어기중　도무량중　기불법중　다제보살
皆悉利根　轉不退輪　彼國常以　菩薩莊嚴
개실이근　전불퇴륜　피국상이　보살장엄
諸聲聞衆　不可稱數　皆得三明　具六神通
제성문중　불가칭수　개득삼명　구육신통
住八解脫　有大威德　其佛說法　現於無量
주팔해탈　유대위덕　기불설법　현어무량
神通變化　不可思議　諸天人民　數如恒沙
신통변화　불가사의　제천인민　수여항사
皆共合掌　聽受佛語　其佛當壽　十二小劫
개공합장　청수불어　기불당수　십이소겁
正法住世　二十小劫　像法亦住　二十小劫
정법주세　이십소겁　상법역주　이십소겁

여러모든　비구들아　내가이제　말하노니
너희들은　일심으로　나의말을　잘들으라
나의제자　수보리는　오는세상　성불하여
부처님을　이루리니　그이름은　명상여래
한량없는　만억부처　찾아뵙고　공양하며
부처님의　　　　　　행을따라　큰도점차　갖추어서

그최후에	받은몸이	삼십이상	좋은모양
단정하고	미묘하기	보배로운	산과같다
그부처님	불국토는	장엄하고	깨끗하니
이를보는	사람마다	사랑하고	기뻐하니
부처님은	그가운데	무량중생	제도하고
그부처님	법안에는	보살들이	많이있어
모두근기	총명하여	불퇴법륜	굴리오니
그국토는	보살로서	언제나	장엄되고
성문들도	많고많아	셀수없이	많은수라
모두다들	삼명얻고	여섯신통	갖추어서
팔해탈에	머무르며	큰위덕이	있느니라
그부처님	설법일랑	한량없는	신통변화
헤아릴수	없는일을	나타내어	설하시니
항하강의	모래같은	여러천상	사람들이
모두같이	합장하고	부처말씀	들으리라
부처님의	그수명은	십이소겁	될것이요
정법세상	머물기는	이십소겁	될것이며
상법또한	그와같이	이십소겁	머무리라

강설

삼명(三明). 육통(六通). 팔해탈(八解脫).

"**삼명**"은 숙명(宿明), 생사명(生死明), 누진명(漏盡明)을 말한다.
숙명은 모든 생이 단절되지 않고 기억되는 것을 말한다.
생사의 명은 식의 틀이 바뀌지 않는 것을 말한다.
누진의 명은 의식·감정·의지의 번뇌가 다한 것을 말한다.

'**삼명육통**'이 한 문장으로 쓰이면 삼명은 의식의 밝음, 감정의 밝음, 의지의 밝음이라고 해석해야 한다.
숙명이 의지의 밝음에 해당되고 생사명이 감정의 밝음에 해당되고 누진의 명이 의식의 밝음에 해당된다.
생멸심을 이루는 세 가지 조건이 밝음으로 돌아간 것이 삼명이다.
생멸심을 이루는 세 가지 조건이 의식·감정·의지이다.
의식은 무념으로 명을 삼고 감정은 무심으로 명을 삼고 의지는 무위각으로써 명을 삼는다.
무념·무심·무위각이 바탕이 되어서 누진통이 나타난다.

"**육통**"은 천안통, 천이통, 숙명통, 타심통, 신족통, 누진통을 말한다.
숙명통은 모든 생이 단절되지 않고 기억되는 것이다. 과거, 현재, 미래를 볼 수 있는 신통이다.
천안통은 어느 세상이든지 다 볼 수 있는 신통이다.
천이통은 모든 세상의 소리를 들을 수 있는 신통이다.
신족통은 마음먹은 대로 어디든지 갈 수 있는 신통이다.

타심통은 마음을 읽을 수 있는 신통이다.
누진통은 일체의 번뇌가 다했을 때 갖추어지는 신통이다.

"팔해탈"

팔해탈은 대적정문(大寂靜門)을 바탕으로 대자비문(大慈悲門)을 수행(修行)하는 것이다.
내유색상관외색해탈 (內有色想觀外色解脫)
내무색상관외색해탈(內無色想觀外色解脫)
정해탈신작증구족주해탈(淨解脫身作證具足解脫)
공무변처해탈(空無邊處解脫)
식무변처해탈(識無邊處解脫)
무소유처해탈(無所有處解脫)
비상비비상처해탈(非想非非想處解脫)
멸수상정해탈(滅受想定解脫)이 그것이다.

내유색상관외색해탈(內有色想觀外色解脫)

내유색상관외색해탈은 초선정에서 이루어지는 해탈이다.
내유(內有)는 정(定)의 주체가 유상(有相)으로 세워진 것을 말한다. 가슴바탕에 세워진 편안함이 곧 내유(內有)이다.
색상관(色想觀)이란 내유의 상태를 관(觀) 하는 것이다.
가슴바탕에 세워진 편안함을 관(觀) 하는 것이 내유색상관

(內有色想觀)이다. 내유색상관이 곧 중관(中觀)이다.
내유(內有)를 중심(中心)으로 삼아 그 상태를 비춰보는 것이 중관(中觀)이다.
반야경에서는 내유색상관을 조견(照見)이라 표현했다.
외색(外色)이란 밖으로부터 접해지는 모든 경계를 말한다. 곧 눈·귀·코·입·몸·생각을 통해 접해지는 모든 현상들이 외색(外色)이다.
해탈(解脫)이란 의식·감정·의지에서 벗어나는 것을 말한다. 가슴바탕에 세워진 편안함을 주체로 해서 밖으로부터 접해지는 일체의 경계에 관여되지 않고 의식·감정·의지에서 벗어나는 것이 내유색상관외색해탈(內有色想觀外色解脫)이다. 이 과정의 해탈에서 쓰여지는 대적정문(大寂靜門)은 초선정이고 대자비문(大慈悲門)은 밖의 경계와 자기 심식의를 제도하는 것이다.

내무색상관외색해탈(內無色想觀外色解脫)

내무색상관외색해탈은 2선정에서 이루어지는 해탈이다.
내무(內無)는 정(定)의 주체가 무상(無相)으로 세워진 것을 말한다. 가슴바탕에 세워진 편안함의 이면(裏面)이 곧 내무처(內無處)이다. 편안함의 이면은 '아무렇지 않고' '텅 비워져있으며' '관여되지 않는 자리'이다.
내유처(內有處)를 통해 내무처(內無處)를 갖추려면 중심분리

(中心分離)를 이루어야 한다.
중심분리를 이루려면 내유처인 중심(中心)을 가슴바탕의 한 자리에서 인식해야 한다.
정확하게 설명하면 명치 위 1cm, 속으로 약 5cm 들어간 자리에서 중심이 세워져야 한다.
그 자리를 비추어 보았을 때 편안한 마음이 느껴지면 중심이 세워진 것이다.
내무처는 중심의 안쪽에서 세워진다.
명치위 1cm, 속으로 약 10cm 들어간 자리에서 인식되는 아무렇지 않고 관여되지 않는 자리가 내무처(內無處)이다.
'아무렇지 않다'는 것은 인식된 현상에 대해서 의식의 덧붙임이나 감정적 동요가 없다는 말이다.
관여되지 않는다는 것은 인식된 현상에 대해서 어떠한 의도도 일으키지 않는다는 말이다.
중심이 세워지면 눈·귀·코·입·몸·생각으로 접해지는 모든 경계를 중심을 통해 비춰보게 된다. 이것을 일러 중관(中觀)이라 한다. 중관이 행해지다 보면 중심을 통해 일치되는 현상들이 나타나게 된다.
그때 일어나는 현상 중에서 통증이나 번뇌, 업시들이 있는데 그런 증상들이 일치되면 의도하지 않은 고통에 시달리게 된다. 중심분리를 통해 이면에 관여되지 않는 자리를 세워주는 것은 이때의 고통에서 벗어나기 위해서다.
통증이 일치되었을 때는 통증을 중심자리에 두고 이면으

로 들어가서 통증을 바라본다.
그러다보면 통증이 사라진다.
업식이나 번뇌도 마찬가지이다.
중심으로 일치하고 이면으로 제도한다.

내무색상관(內無色想觀)이란 이면의 관여되지 않는 자리를 관하라는 말이다.
외색해탈(外色解脫)이란 접해지는 일체의 경계를 벗어나라는 말이다.
중심의 이면으로 비추어서 접해지는 일체의 경계에 관여되지 않는 것이 '내무색상관외색해탈'이다.
이 과정의 해탈에서 쓰여지는 대적정문은 2선정이다.
대자비문은 일치된 경계와 7식의 제도이다.

정해탈신작증구족주해탈(淨解脫身作證具足住解脫)

정해탈신작증구족주해탈은 4선정에서 이루어지는 해탈이다.
정해탈(淨解脫)이란 고요함에서 벗어나라는 말이다.
이때의 고요함은 무념(無念)이나 무심(無心)으로 세워진 정(定)의 주체를 말한다.
무념에서 벗어나고 무심에서 벗어나라는 것은 무념·무심을 버리라는 말이 아니다.
오히려 무념으로 무심을 비춰보고 무심으로 무념을 비춰

보라는 말이다.
초선정에서 3선정까지는 무심으로 심(心)을 다스리고 무념으로 식(識)을 다스린다. 하지만 4선정이 되려면 무념·무심을 한 덩어리로 만들어야 한다.
정해탈(淨解脫)이란 무념과 무심이 서로를 비추도록 해서 본성을 인식하라는 말이다.

신작증(身作證)이란 몸으로써 짓는 것을 명확하게 지켜보라는 말이다. 신작증을 하는 방법이 사념처관법(四念處觀法) 중 신념처관법(身念處觀法)과 수념처관법(受念處觀法)이다.
신념처관은 바깥 몸의 상태를 관찰하는 방법이고 수념처관은 안 몸의 상태를 관찰하는 방법이다.
바깥 몸은 살갗을 경계로 하는 몸의 감각이다.
안 몸은 뇌와 척수를 연결하고 있는 신경경로이다.
정해탈 이후의 신작증은 본성을 주체로 해서 바깥 몸과 안 몸의 상태를 관찰하는 것이다.

구족주해탈(具足住解脫)이란 본성에 입각해서 몸과 마음을 더불어서 제도한다는 말이다.
정해탈신작증구족주해탈이란 본성에 입각해서 몸과 마음을 이루고 있는 생멸적 습성을 제도한다는 의미이다.
이 과정의 해탈에서 쓰여지는 대적정문은 본성이다.
대자비문은 몸과 마음을 이루고있는 생멸적 습성이다.

공무변처해탈(空無邊處解脫)

공무변처해탈은 5선정에서 이루어지는 해탈이다.
5선정에서는 본성이 주체가 되어서 의식과 감정, 몸과 경계를 제도한다. 이 과정을 공무변처정(空無邊處定)이라 한다. 공무변처정에서는 해탈법이 쓰여진다.
해탈법이란 본성에 입각해서 경계와 몸, 의식·감정·의지를 제도하는 방법이다.
허공해탈법, 금강해탈법, 반야해탈법이 있다.
경계는 허공해탈로 제도하고 의식·감정·의지는 금강해탈과 반야해탈로 제도한다. 몸은 상부 순화와 뼈 순화, 신경 순화와 세포 순화를 통해 제도한다.

허공해탈법(虛空解脫法)이란 경계를 원만하게 만들어주는 방법이다.
경계의 원만함은 두 가지 행을 통해 이루어진다.
본성과 계합함으로 경계가 원만해진다.
창조적 행위로써 경계가 원만해진다.
본성으로 경계를 비춰주면 그것만으로도 경계가 원만해진다. 여기에서 한 발짝 더 나아가서 경계의 가치성을 극대화시켜주면 더 큰 원만함이 이루어진다.
경계의 가치를 창출하기 위해서 행해야 할 것이 창조적 발상이다. 이 과정에서도 본성을 망각하지 않는 것이 허공해탈을 행하는 것이다.

금강해탈법(金剛解脫法)이란 의식·감정·의지의 습성을 본성을 통해 제도해 주는 방법이다.
5선정에서는 의식의 추업과 감정을 제도한다.
추업이란 거친 업을 말한다.
의식의 거친 업들은 집착과 욕심이다.
감정이 일어나면 본성으로 비춰 본다.
의식의 추업이 일어날 때도 같은 방법으로 관찰한다.
허공해탈로 밖의 경계를 제도하고 금강해탈로 안의 경계를 제도한다.

반야해탈법(般若解脫法)은 진여심을 주체로 해서 생멸심을 분리시키는 방법이다.
본성·각성·밝은성품이 진여심이다.
의식·감정·의지가 생멸심이다.
초입반야, 중간반야, 종반야의 세 단계로 이루어져 있다.

육체의 몸을 제도하는 방법에 대해서는 비상비비상처해탈에서 구체적으로 다루어진다.
감정은 의식의 정보가 혼의 몸에 내장되면서 생겨난 생멸심이다. 때문에 감정을 제도하려면 혼의 몸을 제도해야 한다.
세 가지 혼의 몸이 있다.

선천혼(先天魂), 유전혼(遺傳魂), 습득혼(習得魂)이 그것이다.
선천혼은 영혼이 갖고 있던 혼의식이다.
유전혼은 부모의 유전정보로 이루어진 혼의식이다.
습득혼은 다른 생명과의 교류를 통해서 습득한 혼의식이다.

선천혼(先天魂)은 발생 초기에 매트릭스 세포로 활동한다.
매트릭스 세포는 육체 형성 인자이다.
육체 구조물이 만들어진 다음에는 성상아교세포 속에 내재된다. 성상아교세포는 신경에 영양공급을 하고 지지대 역할을 하는 신경세포의 일종이다.
매트릭스 세포의 일부가 남아서 슈반세포나 글리아세포로 활동한다. 이 세포들이 신경재생세포이다.
선천혼은 영의 진동을 읽어서 유전혼과 습득혼에 전달해 주는 역할을 한다.
밖에서 들어온 습득혼의 정보와 부모한테서 받은 유전정보가 서로 부딪치지 않도록 조율하는 역할을 한다.

유전혼(遺傳魂)은 각각의 세포에 내장되어 있는 유전사에 저장되어 있다. 세포에 내장되어있는 유전정보를 총괄하는 것이 소뇌이다.
유전자는 고정된 것이 아니다.
환경에 따라서 바뀌는 것이다.
마음가짐에 따라서 습득 인자의 성향이 달라진다.

영양의 섭취와 감정 교류를 통해 습득혼이 들어오면 유전형질로 바꿔주는 기능을 유전혼이 담당한다.
유전형질로 변화된 습득혼은 선천혼과 교류하면서 육체 안에 혼의식계를 형성한다. 이처럼 삼혼이 서로 유기적으로 작용하면서 수의식(受意識)을 발현시킨다.
수의식이 곧 7식이다.
5장의 주체 의식과 시상의 주체 의식, 세포의 혼의식은 삼혼의 작용으로 상호 간에 교류한다. 그러면서 7식을 발현시킨다.

육장의 혼의식과 편도체와 해마체가 연결되면 감정이 만들어진다.
희·로·애·락·우·비·고뇌가 7식의 체계 안에서 만들어진다.

선천혼이 깨어날 때 의식으로 접해지는 현상이 있다.
하늘에 시커먼 구름의 바다가 쫙 펼쳐져 있다.
호흡을 들이쉬면 그 시커먼 구름이 회오리를 일으키면서 백회로 빨려 들어온다.
양 손바닥으로 빨려 들어오기도 한다.
어떤 경우는 빨간 물고기 형태로 손바닥이나 백회로 빨려 들어오기도 하고 녹색의 뱀 모양으로 빨려 들어오기도 한다.
그것은 육체에 깃들 때 떨어뜨려 놓고 왔던 자기 선천혼이 다시 돌아오는 현상이다. 그런 현상을 접할 때 두려워하지 말아야 한다.

유전혼이 깨어날 때도 의식계로 접해지는 현상이 있다.
어마어마하게 많은 군중 속에 내가 서 있다.
그 군중들이 서로 얘기하면서 떠들어 댄다.
서로서로 떠들면서 왁자지껄한다.
내가 아무리 소리쳐도 내 말을 듣지 않는다.
답답해서 미칠 지경이다. 옆에 사람 붙들고 말을 해봐도 막무가내다.
그때 내가 편안하고 아무렇지 않은 마음으로 그 군중들을 내려다보면 일순간에 그 소리들이 끊어지게 된다. 그 상황에서 손가락 하나를 들어 보이면 모든 군중들이 나를 주목한다. 그때 내가 깨달은 내용을 들려준다.
'의식은 내가 아니고 감정도 내가 아니다. 몸 또한 그러하니 그러할 때 참다운 나를 어디에서 찾겠는가?'
질문을 던져놓고 사마타에 들어간다.
이렇게 해주면 그 모든 사람들이 한꺼번에 제도된다.
내 조상이 제도되고 내 자식이 제도된다.

습득혼이 발현될 때에도 의식계로 드러나는 현상이 있다.
외로움과 그리움이 그것이다.
그리움이 일어날 때는 그리움의 대상이 함께 떠오른다.
그런 경우에도 본성으로 비춰준다.

상대에게 있던 혼성이 내 안에 들어오면 상대가 갖고 있던 습성이 함께 들어온다.
그런 경우에는 평소에 없던 습관이 새롭게 생겨난다.
마찬가지로 본성으로 씻어준다.
사람들과 교류할 때 때로는 좋은 감정이 생기고 때로는 나쁜 감정들을 갖게 된다. 그런 감정들이 내 안에 남아있다. 그런 감정의 흔적들을 들여다보면서 좋은 것도 본성으로 바라보고 싫은 것도 본성으로 바라본다. 이것이 습득혼이 발현될 때 나타나는 현상에 대해 금강해탈하는 방법이다. 미운 사람도 제도하고 고운 사람도 제도한다.
그 행으로써 은원이 제도된다.

공무변처해탈을 통해서는 세 종류 혼성들이 완전하게 제도되지 못한다. 이 과정에서는 세 종류 혼성들이 절반 정도 제도된다. 나중 비상비비상처해탈과 멸수상정해탈에서 나머지 혼성들이 완전하게 제도된다.

12연기의 과정중에 촉(觸)·수(受)·애(愛)·취(取)를 거치면서 선천혼이 감정을 갖게 되었다.
때문에 감정을 제도하려면 무촉(無觸)하고 무수(無受)하며 무애(無愛)하고 무취(無取)할 수 있어야 한다.

무촉(無觸)이란 촉을 통해 일어나는 모든 감정들을 본성으로 비춰보는 것이다.

촉이란 혼을 이루고 있는 물질 입자들이 서로 교류하는 것이다. 육체를 갖고 있을 때에는 피부의 접촉이나 감정 간의 교류를 통해서 촉이 이루어진다.

촉이 이루어질 때는 상대의 혼성이 자기에게 들어오고 나의 혼성이 상대에게 들어간다. 그러면서 새로운 감정들이 생겨난다. 이때 생겨나는 감정들이 수심(受心)과 애심(愛心), 취심(取心)이다.

수심(受心)이란 촉을 통해 생겨나는 새로운 감정들을 말한다.
애심(愛心)이란 그리움과 갈망을 말한다.
촉(觸)을 통해 수(受)를 경험했던 생명들이 수(受)에서 체험했던 감정들에 대해 그리움과 갈망을 일으키는 것이 애심(愛心)이다.

취심(取心)이란 욕정과 소유욕을 말한다.
애심과 수심을 충족시키기 위해 촉을 이룰 수 있는 대상을 찾아 헤매는 것이 취심이다.

무촉(無觸)이 이루어지려면 먼저 무취(無取)가 이루어져야한다. 그런 다음 무애(無愛)와 무수(無受)가 이루어져야 한다.

무취(無取)는 욕정과 소유욕을 제도하는 것이다.
욕정을 제도하는 것이 공무변처정의 시작이다.
소유욕은 이기심에서 생긴다.

의식·감정·의지를 자기라고 생각하고 그것을 충족시키기 위해 노력하는 것이 이기심이다. 이기심으로 탐·진·치가 생겨나고 탐·진·치로 인해 소유욕이 생겨난다.
소유욕을 제도하려면 탐·진·치를 제도하고 이기심을 제도하며 의식·감정·의지를 제도해야 한다.
그러기 위해 활용되는 것이 금강해탈도와 반야해탈도이다.
반야해탈도에 대해서는 무소유처해탈에서 다루어진다.
욕정은 생식세포의 세포적 성향으로 인해 생겨난다.
생식세포는 두 가지 원인으로 만들어진다.
첫째가 세포 수명이다.
둘째가 영양 성분의 누적이다.

죽어가는 세포들은 유전정보를 전해줄 수 있는 대체 세포를 선택한다. 그로 인해 생식세포가 생겨났다.

이화와 동화를 거친 물질양분이 유전혼으로 바뀌면서 생식세포가 생겨난다.
생식세포는 뼈, 성선신경총, 전립선, 뇌하수체 호르몬, 줄기세포, 생식기관의 작용으로 만들어진다.
뇌하수체는 세포가 빛의 영향을 받으면서 생겨났다.
시각중추와 피부감각체계가 빛의 자극을 받으면서 뇌하수체가 생겨난다. 나중 물질 양분을 섭취하고부터는 세포의 분열과 성장, 생식세포를 생성하는 역할을 담당하게 되었다.

뇌하수체는 세 영역으로 나누어져 있다.
전엽, 중엽, 후엽이 그것이다.
뇌하수체의 전엽에서 분비되는 호르몬이 세포 간 대화에 관여하고 생장과 생식, 이화와 동화에 관여한다.
중엽에서 분비되는 호르몬은 빛과 반응하며 시각과 피부 기능에 관여한다. 포유류의 중엽은 나중 송과체가 생겨나면서 영역이 좁아진다.
중엽이 갖고 있는 기능도 대부분 송과체가 담당한다.
뇌하수체 후엽은 항이뇨 호르몬과 옥시토신을 분비한다.
옥시토신은 자궁 내에서 아기가 태어날 수 있는 환경을 만들어주고 젖샘 기능에 관여한다.
뇌하수체의 세 영역 중 전엽은 입천장 세포와 연결되어 있다. 때문에 양분 섭취와 연관된 기능이 전엽에서 이루어진다.
양분의 섭취로 인해 생식세포가 생겨났기 때문에 생식에 연관된 기능도 전엽에서 이루어진다.
뇌하수체는 중엽이 가장 먼저 형성되었다.
그 후 전엽과 후엽이 비슷한 시기에 만들어졌다.
뇌하수체 호르몬은 크게 네 가지 기능을 갖고 있다.

첫째는 세포의 분열과 성장에 관여하는 것이다.
성장호르몬이 그 기능을 담당한다.
단백질성 호르몬으로 뼈의 성장, 단백질 합성에 관여한다.

둘째는 생식호르몬의 생성에 관여하는 것이다.
성선자극 호르몬으로 난포자극 호르몬, 황체형성 호르몬, 정자형성 호르몬, 간질세포자극 호르몬. 황체자극 호르몬, 옥시토신 등이 있다.

셋째는 빛 반사에 관여하는 것이다.
항이뇨호르몬과 멜라닌세포자극호르몬이 있다.

넷째는 이화와 동화, 면역에 관여하는 것이다.
갑상선자극호르몬과 부신피질자극호르몬이 있다.

뇌하수체는 삼차신경과 안면신경을 통해 활동에 필요한 정보와 에너지를 얻는다.
안면신경을 통해 얻어진 정보를 바탕으로 혈압조절 기능에 관여한다.
삼차신경을 통해 얻어진 정보를 바탕으로 통증억제 기능과 중추신경 면역 기능, 항이뇨호르몬 분비 기능, 생식세포 생성 기능, 두부체감각계 지배 기능에 관여한다.
삼차신경을 통해서는 호르몬을 생성하고 분비할 때 쓰이는 에너지를 제공받는다. 삼차신경은 이빨의 저작활동을 통해 전자를 생성해서 뇌하수체에게 공급해 준다.

성선신경총은 자율신경의 부교감 체계가 이원화되면서 생

겨난 신경이다. 자율신경의 부교감 체계는 머리 영역과 천골 영역으로 나누어져 있다. 그중 천골 영역의 부교감신경이 성선신경총을 이룬다.
성선신경총은 자율적 기능과 의도적 기능이 함께 갖추어져 있다.
자율적 기능은 교감신경과 부교감신경이 함께 주도하고 의도적 기능은 부교감신경이 주도한다.
성선신경총에 의해 자궁과 난소, 전립선과 정소가 만들어진다.
성선신경총과 뇌하수체는 삼차신경 척수핵 경로를 통해 서로 연결되어 있다.
생식세포의 원형은 뼈에서 만들어진다.
뼈에서 만들어진 줄기세포가 난소와 정소로 이동해서 생식세포로 전환된다. 뇌하수체는 줄기세포가 생식세포로 전환될 수 있는 원인 호르몬을 분비한다. 뇌하수체는 양분의 분해와 흡수, 세포의 성장과 분열, 뼈의 성장에 관여하면서 생식세포를 생성할 수 있는 완벽한 라인을 구축해 준다.

정자와 난자가 갖고 있는 유전성에는 선천성 정보와 습득성 정보가 함께 내장되어 있다.
선천성 정보란 영혼이 육체에 깃들면서 갖추어진 정보이다. 영혼의 정보와 유전정보가 합쳐져서 선천성 정보가 된다.
습득성 정보란 생식세포가 형성되는 과정에서 습득된 정보이다.
정자와 난자에 내장된 유전정보는 습득 정보가 우성으로 작용하면서 지극히 이원화된 성향을 갖고 있다.
그런 연유로 생식세포와 기존 세포 간에는 뚜렷하게 구분되는 이원성이 존재한다.
생식세포와 기존 세포의 이러한 관계성으로 인해 '욕정'이 생기게 되었다.

욕정은 촉·수·애·취의 과정을 거쳐온 생명에게 남아있는 취의 습성과 생식세포의 성향이 합쳐져서 만들어진 복합 감정이다.
생식세포는 기존 세포에서 분리되고자 하는 의도가 있고 기존 세포도 생식세포를 분리시키려는 의도가 있다.
서로의 고유진동수가 차이 나기 때문이다.
선천 정보를 기반으로 존재하는 기존 세포들은 생식세포를 인식분리의 대상으로 삼는다.
반면에 습득정보를 바탕으로 존재하는 생식세포들은 기존 세포에서 자연분리된다.
자연분리되는 생식세포는 생명의 취(取)적 습성을 지극한다. 그러면서 욕정이 일어난다.

욕정의 제도는 두 단계를 거쳐서 이루어진다.
첫 번째 단계는 취(取)의 습성을 제도하는 것이다.

두 번째 단계는 생식세포가 생겨나는 경로를 제도하는 것이다.
생식세포의 제도는 정(精)을 생체 에너지로 전환시키는 것이다.
취의 습성을 제도하는 것은 무취의 방법이 활용된다.
갈애에서 벗어나고 충만감과 충족감, 일체감에 대한 갈망에서 벗어나게 되면 더 이상 욕정에 시달리지 않게 된다.

생식세포가 생겨나는 경로를 제도하기 위해서는 삼차신경과 뇌하수체, 성선신경총과 전립선을 제도해야 한다.
삼차신경을 제도하면서 나머지 영역을 함께 제도할 수 있다.
삼차신경의 제도는 뇌척수로 운동법과 발성수행법을 병행하여 활용한다.
삼차신경은 중뇌핵, 주감각핵, 운동핵, 척수핵 네 개의 신경핵으로 이루어져 있다.
중뇌핵은 중뇌상부 등쪽에 위치한다.
동안신경과 연접해 있으면서 시각 경로에 작용하고 엔도르핀 생성 체계에 영향을 미친다. 시상배쪽후내핵과 시냅스를 하면서 체감각계와 연계된다. 귀의 전정 센서와 연결을 이루고 가로막신경, 천골신경과도 연계되어 있다. 안분지를 통해 뇌하수체와 연결되어 있고 상악, 하악신경으로 분지되어 있다.
눈 밑 광대뼈를 싸고돌면서 전립선 기능에 영향을 미친다.

주감각핵은 교뇌에 위치한다.
위로는 중뇌핵과 연결되어 있고 아래로는 미주신경과 연결되어 있다.
머리의 체감각과 하악 상악의 운동감각을 지배한다.
운동핵과 연접해 있으면서 이빨의 저작운동에 관여한다.
이빨에서 생성되는 생체 전기를 뇌신경 전체에 공급해 주는 역할을 한다.

운동핵은 교뇌에 위치한다.
위로는 적핵과 연결되어 있고 아래로는 교감신경과 연결되어 있다.
소뇌와 연수의 하올리브핵과 시냅스를 하면서 언어활동에 관여한다.
상악신경과 하악신경에 분지하고 가슴신경, 고관절신경과 연계되어 있다.
코의 후각신경과 연결을 이루고 천골 교감신경과 연계되어 있다.
주감각핵과 연접해서 이빨의 저작운동을 주관하고 생체 전기 생성 기능과 공급 기능을 담당한다.
중뇌핵과 연계해서 귀의 소리 경로를 조절하는 기능을 한다.

삼차신경척수핵은 연수에 위치한다.
위로는 주감각핵, 운동핵, 중뇌핵과 연결되어 있고 아래로는 미주신경과 연결되어 있다.
척수의 교감신경 경로를 따라 주행하면서 피질, 적핵 경로와 시냅스를 이루고 천골 부교감신경과 연결되어 있다. 특히 안분지와 시냅스를 하면서 뇌하수체와 연결되어 있다.
머리와 천골부의 부교감신경을 연결하고 천골부의 정보를 뇌하수체에게 전달해 주는 역할을 한다.
운동핵과 주감각핵에서 제공되는 생체 전기를 주행 경로 전체에 공급해 주는 역할을 한다.

삼차신경은 눈·귀·코·입·몸·머리 전체에 분포되어 있다.
이빨이 생성하는 생체 전기와 뇌척수액이 파동할 때 생성되는 생체 전기를 인식기관 전체에 공급해주면서 인지 작용을 조절해 준다.
피질, 적핵, 자율신경과 시냅스를 이루고 망상체의 상태를 조장해서 신경전달물질의 분비에 영향을 미친다.
삼차신경은 손가락과 연결되어 있다.
중뇌핵과 주감각핵은 검지와 연결되어 있다.
검지 첫째 마디가 중뇌핵이다.
둘째 마디가 주감각핵이다.
엄지가 운동핵이다.
4지가 척수핵이다.

검지 운동으로 중뇌핵을 자극한다.

엄지로 검지 첫째 마디를 지그시 눌러준다.
양손을 똑같은 자세로 한다.
그런 다음 중뇌핵의 위치에 의지를 집중한다.
나선 호흡으로 중뇌까지 들이쉰 다음 중뇌에 멈추어서 중뇌핵의 위치를 잡아준다.
천천히 숨을 내쉬면서 미심을 관찰한다.
안분지와 동안신경이 항진되면서 미심이 박동한다.
미심이 박동하면 박동을 따라서 중뇌까지 들어간다.
안분지는 중뇌핵에서 발원하고 동안신경 또한 중뇌핵과 연결되어 있다. 두 신경이 만들어내는 진동을 따라가면 중뇌핵을 느낄 수 있다.
중뇌핵에 의지를 집중하고 눈·귀·코·입·몸·머리의 상태를 관찰한다.
그러면서 중뇌핵과 연결된 몸의 부위들을 차례차례 살펴본다.
미심으로 호흡을 내쉬면서 뇌하수체를 느껴보고 천골 부교감신경을 살펴본다. 뇌하수체와 천골을 함께 지켜본다.
양쪽 눈 밑에 광대뼈 감각을 느껴본다.
좌우가 균등하게 느껴지는지 살펴보고 경직감이 느껴지면 그 부위와 같은쪽 중뇌핵을 서로 연결시켜 준다. 반대쪽 검지의 누르는 힘을 서서히 빼주면서 광대뼈의 상태를 관찰한다.
경직감이 풀어지면 광대뼈 감각과 전립선을 서로 연결해서 느껴본다.

호흡이 반복될수록 얼굴 전체에서 자자작하는 자극감이 커지게 된다.
그러면서 전립선에서 진동이 느껴진다.
진동을 주시하다 보면 전립선 부위가 얼음장처럼 차가워진다. 그러면서 온몸에 오한이 일어날 정도로 냉기가 빠져나간다. 전립선의 냉기가 천골로 이어지면 천골도 함께 냉해진다.
그런 상태가 되면 들숨을 꼬리뼈 끝까지 들이쉰다.
그런 다음 숨을 내쉬면서 천골의 냉기를 꼬리뼈 밖으로 내보낸다.
이때 숨을 내쉬면서 '니~~~~은!' 발성을 함께 해준다.
혀끝으로 입천장을 자극하면서 미심을 울려주고 척추를 따라 꼬리뼈를 울려주면 천골과 전립선의 냉기가 몸 밖으로 빠져나간다.
이 과정을 반복하면서 냉기가 제거되면 전립선 부위에서 호두알만한 크기의 빈 공간이 느껴진다. 그렇게 되면 백회와 전립선 부위를 하나로 연결한다.
전립선 부위가 회음혈이다.
중뇌핵을 중심으로 삼고 백회와 회음을 위아래로 비춰본다.
나선 호흡을 회음까지 들이쉬고 숨을 내쉬면서 백회와 회음이 서로 마주 보도록 해주면서 중뇌핵에 집중한다.
회음에서 느껴지던 빈 공간이 백회까지 연결되면서 몸통의 중심부가 비워지면 중뇌핵이 제도된 것이다.

주감각핵의 제도는 교뇌 막관법을 활용한다.
검지 둘째 마디를 엄지로 지그시 누르면서 굴곡시킨다.
그런 다음 나선 호흡으로 교뇌까지 들이쉰다.
숨을 내쉬면서 두피의 표면 감각과 얼굴의 표면감각을 전체적으로 주시한다. 그러면서 부담이 느껴지는 부위를 인식한다.
처음에는 부담이 안 느껴질 수도 있다.
반복하다 보면 부담이 나타난다.
부담이 느껴지는 부위를 주시하면서 혀끝을 입천장에 붙인다.
그런 다음 혀끝을 조금씩 움직이면서 입천장의 감각과 부담으로 느껴지는 부위의 감각을 일치시킨다.
혀끝에 두어지는 힘의 세기를 조절하면서 부담의 상태를 느껴본다.
부담이 사라질 때까지 그 상태를 유지한다.
머리와 얼굴의 체감각계는 뇌하수체와 연결되어 있고 입천장은 뇌하수체 전엽과 연결되어 있다.
그 연결을 매개하는 것이 주감각핵이다.
입천장의 감각체계는 뇌하수체 전엽을 자극하면서 두부체감각계 전체와 연결되어 있다.
지름 약 2cm 정도 되는 입천장의 범위에 두부체감각계 전체가 연결되어 있다.
혀끝으로 입천장 앞쪽을 자극하면서 두피 감각과 얼굴 감각을 관찰하다 보면 어느 부위가 어느 영역과 연결되어 있는지를 알게 된다.
두부체감각의 부담이 사라지면 양쪽 어금니를 지그시 물어준다.
이때 혀끝은 입천장에 붙인 상태이다.
어금니를 물어 주면서 어금니의 교합을 느껴본다.
위아래 어금니가 서로 잘 맞닿아 있는지 살펴본다.
떠 있는 느낌이나 틀어진 느낌이면 무는 압력을 조절해서 교합을 맞춰준다.
교합을 맞춘 다음에는 양쪽 관자놀이의 압력을 느껴보고 높이를 가늠해 본다.
좌우 높이가 똑같이 느껴지면 관자놀이에서 주감각핵까지 수평선을 그어준다.
숨을 들이쉬면서 수평선을 따라 주감각핵까지 들어가고 다시 숨을 내쉬면서 관자놀이로 나온다.
이 과정을 반복하다 보면 손오공의 머리띠가 느껴진다.
양쪽 관자놀이에서 뒤통수로 연결되어 있는 수평선이 느껴지고 미심에서 관자놀이로 이어지는 머리띠가 느껴진다.
숨을 들이쉬면서 손오공의 머리띠가 교뇌까지 조여들도록 유도한다.
그런 다음 숨을 멈추고 주감각핵의 상태를 느껴본다.
교뇌부에서 혈관의 박동이 느껴지면 숨을 내쉬면서 머리띠가 확장되도록 한다.
이 과정을 반복하다 보면 온몸의 근육이 퍼득거리는 것이 느껴진다.
그런 상태가 되면 살갗 호흡법으로 몸 전체를 세수한다.
뇌신경을 씻어주고 경수를 씻어주고 흉수, 요수, 천수를 씻어준다.
들숨에는 머리띠를 조여주고 날숨에는 세수를 한다.
근육의 잔떨림이 사라지고 주감각핵이 텅 비워지면 다음 과정으로 넘어간다.

삼차신경운동핵의 제도는 교뇌 막관법을 활용한다.
엄지를 굴곡시켜 운동핵을 자극한다.
검지 끝으로 엄지손톱을 지그시 눌러준다.
백회에서 교뇌까지 나선 호흡으로 들이쉰다.
이때 손오공의 머리띠도 함께 조여서 교뇌까지 수축시킨다.
들숨에 숨을 멈추고 운동핵을 느껴본다.
어금니는 꽉 다문 상태로 혀끝은 입천장에 붙인 상태이다.
교뇌에서 혈관 박동이 느껴지면 천천히 숨을 내쉬면서 머리띠를 확장시킨다.
이 과정을 열 번 반복한다.
그러다 보면 팔다리가 저절로 움직이는 것을 느끼게 된다.
툭툭거리면서 팔다리가 움직이는데 의도하지 않아도 저절로 움직인다.
관여하지 말고 호흡을 계속한다.
숨을 내쉬면서 양쪽 얼굴에 광대뼈를 느껴본다.

좌우 감각이 똑같은지 비교해 본다.
눈을 감은 상태에서 밝음의 상태를 비교해 본다.
얼굴 면의 상태를 앞뒤로 느껴보고 좌우로 느껴본다.
얼굴 면이 기울어지게 느껴지면 엄지의 굴곡 각도를 조절해서 교정해 준다.
뒤로 밀려나 있는 것처럼 느껴지는 쪽에 검지 힘을 더 주면서 얼굴 면의 상태를 느껴본다. 좌우 면이 균등하게 느껴지면 다음 과정으로 넘어간다.
호흡을 들이쉬었다가 내쉬면서 위쪽 어금니와 아래쪽 어금니의 상태를 느껴본다.
이때 어금니는 지그시 힘을 줘서 물고 있는 상태이다.
좌우 어금니의 높이를 비교해 본다.
어금니에 가해진 압력을 느껴본다.
좌우가 기울어 있으면 내려와 있는 쪽 어금니에 힘을 주어 압력을 올려준다. 몇 번만 반복하면 높이가 조절된다.
이 과정을 반복하다 보면 온몸에 힘이 빠지면서 허기가 느껴진다.
이런 증상이 나타나면 뇌하수체가 교정되고 있는 것이다.
입술 상태를 느껴본다.
입술 중앙선에서 좌우 상태가 균등하게 느껴지는지 살펴본다.
한쪽으로 기울어 있다든지 어느 한쪽이 부풀어 있는 것처럼 느껴지면 교정을 해준다.
호흡을 들이쉰다. 나선 호흡과 머리띠 호흡을 병행한다.

날숨에 "미~~~~ " 하고 길게 발성한 다음 숨이 다하면 "음!" 하면서 딱 끊어 준다.
미~~~~할 때는 양쪽 입술 꼬리의 떨림을 관찰한다.
떨림의 강도가 똑같아질 때까지 발성을 계속한다.
음! 할 때도 입술이 닫히는 느낌을 살펴본다.
균등하게 느껴지면 교정된 것이다.
입술 교정은 안면신경을 교정하는 것이다.
안면신경은 얼굴의 체감각을 뇌하수체에게 전달해 주는 역할을 한다.
안면신경이 불균형하면 뇌하수체 호르몬 분비가 비정상적으로 이루어진다. 심장박동을 조절하고 뇌혈관 상태를 조절하는 기능이 안면신경과 뇌하수체의 공조로 이루어진다.
미음 발성 시에 입술 떨림을 4뇌실까지 이끌어가는 것이 중요하다.
4뇌실이 미~~~발성으로 파동하면 4뇌실에서 생성되는 생체 전기가 운동핵과 안면신경에 제공되면서 훼손된 영역에 재생이 일어난다.
뇌척수액이 파동하면 850mV의 생체 전기가 생성된다.
그렇게 되면 세포막에서 분리되어 나갔던 선천혼이 다시 활동하게 된다. 선천혼이 활동하면서 세포재생이 일어나고 세포 제도가 진행된다.
세포에서 분리된 선천혼은 별아교세포 속에 내장되어 있다.
그러다가 고유진동수가 안정되고 생체 전기가 강해지면 다시 활동하게 된다. 뇌파가 세타파가 되고 생체 전기가 800mV 이상 생성이 되면 선천혼이 깨어난다.
나선 호흡과 머리띠 호흡을 병행하면서 날숨에 가슴신경 전체를 자극한다. 이때 혀의 위치는 입의 중간에 둔다.
교뇌에서 척수로 숨을 내쉬면서 가슴신경 전체를 자극한다.
심장박동이 느껴지는지 살펴본다.
심장박동이 안 느껴지면 엄지를 더 세게 눌러준다.
심장박동이 느껴지면 날숨을 요수까지 끌어내린다.
그런 다음 양쪽 다리로 호흡을 내린다.
양쪽 발바닥 용천혈에서 심장박동을 느낀다.
용천의 진동과 교뇌의 진동을 일치시킨다.

삼차신경 척수핵의 제도는 연수 막관법을 활용한다.
엄지로 4지 첫째 마디와 둘째 마디를 지그시 눌러준다.
혀를 아래 이빨 뒤쪽에 살짝 대고 나선 호흡으로 연수까지 들이쉰다.
숨을 내쉬면서 연수와 천수를 연결한다.
날숨의 감각이 천수를 훑고 지나가도록 한다.
성선신경총이 영입되는 전체 영역을 살펴본다.
전립선, 방광, 직장, 신장의 상태를 살펴본다.
혀끝을 아래 이빨 뒤쪽에 살짝 댄 상태에서 시~~~~~하고 길게 발성한다.
그런 다음 혀를 입천장에 붙이면서 "옷!" 하고 짧게 끊어준다.
소리는 크지 않아도 된다.
작은 소리로 시~~~~하면서 이빨 사이로 바람을 일으킨다.
날숨으로 성선신경총이 자극되는 것과 시~~~~의 발성이 천골부에서 동치되도록 한다. 호흡의 느낌과 발성의 진동이 동치되면 전립선, 방광, 직장, 신장 부위에서 냉기가 빠져나간다.
이 과정을 반복하다 보면 이빨 사이에서 찬 바람이 느껴진다.
이빨이 시릴 정도로 찬바람이 일어나서 발성과 함께 빠져나간다.
냉기가 해소될 때까지 이 과정을 반복한다.
이빨의 냉기가 사라지면 척수핵이 제도된 것이다.
삼차신경척수핵은 사랑니와 연결되어 있다.
척수핵 경로가 약해질 때 사랑니가 돋아난다.
때문에 사랑니를 함부로 빼면 안 된다.

생식세포가 생겨나는 경로가 제도되면 욕정이 사라진다.
그렇게 되면 생식세포를 제도할 수 있는 근기가 갖춰진 것이다.

정을 제도해서 생체 에너지로 전환시키기는 방법이 '채약법'이다.

채약법을 통해 정이 제도되면 '환정(還精)'을 이루었다고 말한다.
밝은성품과 선천기, 후천기를 하나로 합쳐서 생식세포를 생체 에너지로 전환시킨다.
채약법에 대해서는 비상비비상처해탈에서 다루어진다.

'애(愛)'를 일으킨 생명들은 스스로가 생성해 내는 양자 에너지를 주변 공간에 펼쳐 놓는다. 이렇게 펼쳐진 양자 에너지에는 그리움의 파동이 내장되어 있다.
고유진동수가 비슷한 생명이 그리움이 내장된 양자 파동을 접하게 되면 두 생명이 한 공간에서 만나게 된다. 그런 후에 전체적 원신의 합체가 이루어진다.
이것을 일러서 취(取)라고 한다.

무취(無取)란 취를 행하지 않는 것이다.
그러려면 먼저 애심을 제도해야 한다.
무애(無愛)하면 무취가 저절로 이루어진다.
하지만 그렇지 못했으면 취가 진행되는 과정에서 무취를 행해야 된다.
취의 과정에서 무취(無取)하는 것은 단계적으로 이루어진다.
먼저 일체감과 충족감, 충만감에 대해 무취해야 한다.
취가 이루어지면 일순간에 애심이 사라진다.
그리움과 갈망이 쉬어지고 그 자리를 일체감과 충만감이

채워준다. 일체감은 공통의 공감대를 통해 형성된다.
공통의 공감대는 고유진동수가 일치됨으로써 자연스럽게 형성된다.
충만감은 밝은성품 에너지가 증폭되면서 생겨난다.
이 상태에서 생각이 공유되면 그때부터 충족감이 생겨난다. 이 과정에서 무취하는 것은 일체감과 충만감, 충족감에 빠지지 않는 것이다.
그러려면 본성과 감정을 분리해야 한다.
먼저 본성을 세워서 감정을 비추고 본성에 몰입해서 감정을 인식의 대상으로 삼지 않으면 무취가 이루어진 것이다.
이 과정을 단계적으로 행해야 한다.
애심이 쉬어졌을 때 본성을 세워주면 가장 좋다.
갈망과 그리움이 쉬어진 자리에서 본성이 드러나기 때문이다.
이때는 별도의 노력을 하지 않아도 본성이 현전한다.
그 상태를 누리기만 하면 된다. 하지만 이 시간이 오래가지 않는다.
잠시 유지되다가 금방 사라진다.
일체감이 일어나서 본성의 자리를 차지해 버리기 때문이다.
안정을 추구하는 생명들은 이 과정에서 본성의 끈을 잡을 수 있지만 그렇지 않은 생명들은 일체감에 빠져서 본성을 망각해 버린다.
이것을 '애욕(愛慾)에 빠졌다'라고 말한다.
이 상태에서 본성을 인식하면 본성을 주체로 해서 취의

과정을 지켜본다.
밝은성품이 증폭되면서 기쁨이 커지는 것을 지켜보고 혼의식 안에 내재된 다른 감정들을 지켜본다. 그런 다음 본성으로 비춰준다.
밝은성품이 증폭되면 충만감이 더 커진다.
이때에도 충만감에 빠지지 말고 본성으로 비춰준다.
본성이 인식의 주체가 되면 생각의 공유가 이루어지지 않는다. 때문에 충족감이 연계되지 않는다.
그렇게 되면 무취(無取)가 이루어진 것이다.
일단 일체감이 일어나면 본성을 인식하는 것이 쉽게 이루어지지 않는다.
그때는 이미 애욕에 빠진 상태이기 때문이다.
애욕에 빠지게 되면 충만감과 충족감이 연계되어 일어난다. 그 상태에서는 무취를 이루기가 더욱더 어려워진다.

무취(無取)는 두 단계를 거쳐서 이루어진다.
첫 번째 단계는 관(觀) 하는 것이다.
두 번째 단계는 지(止) 하는 것이다.
관이란 비추어 보는 것이다.
접해진 현상을 중심이나 본성을 통해 비춰보면서 심식의가 가진 탐진치(貪嗔痴)에 빠지지 않도록 하는 것이 관이다.
관을 하면서 지켜보는 마음을 갖게 되면 자기도 모르게 현혹되는 것에서 벗어날 수 있다.

지(止)란 멈추는 것이다.
관을 하면서 현상과 자신을 지켜보다가 절제할 수 없는 상황에 처해지면 그때 멈춤을 행한다.
지(止)를 행할 때는 무념처와 무심처를 활용하는 법이 있고 간극을 활용하는 법이 있다.
무념의 텅 빈 공간과 무심의 편안함에 각성을 집중하고 그 상태를 지켜간다. 그러다 보면 경계도 사라지고 자기도 사라진다.
간극에 머물 때도 마찬가지이다.
무념 무심의 상간에서 간극을 세운 다음 그 자리에 각성을 집중한다.
지(止)가 순일하게 이루어지면 의식과 감정이 본성과 분리된다.
그렇게 되면 무취가 이루어진 것이다.

무수(無受)란 수(受)에 무(無)하라는 말이다.
수(受)란 촉의 과정에서 생긴 복합 감정이다.
수의 본질은 기쁨이다.
때문에 무수하는 것은 기쁨에 빠지지 않는 것이다.
본성으로 비추고 본연으로 제도해서 무수에 들어가면 진여문을 이룬다.
무촉(無觸)이란 촉에 무하라는 말이다.
촉이란 혼의 몸을 이루고 있는 물질 공간이 서로 접촉된 상태를 말한다.
촉이 이루어지면 혼을 이루고 있는 물질 입자들이 서로 교류된다.
그 과정에서 몸과 식의 구조에 새로운 변화가 생겨난다.
12연기의 절차 중 육입과 '촉' 사이에는 혼의 몸이 생성되는 과정이 생략되어 있다.
무촉하는 방법에 대해 논하려면 먼저 혼의 몸이 생겨나는 과정에 대해 알아야 한다.

생명이 최초로 갖게 된 몸이 여래장이다.
여래장은 본원본제(本源本際)의 몸이다.
본원본제의 몸에서 생멸문이라고 하는 원초신이 생겨나고 진여문이라고 하는 보살신이 생겨난다.
원초신이 분열돼서 원신이 생겨난다. 원신은 영의 몸을 갖고 있다.
원신들이 물질 공간으로 이주해 오면서 물질 입자로 이루어진 몸을 갖게 된다.
그것을 일러 '혼'이라 한다.
혼의 몸이 세포 구조물로 바뀌면서 육체의 몸이 생겨났다.

육체의 식은 6식이다.
혼의 식은 7식이다.
영의 식은 8식이다.

진여식은 9식이다.
본원본제의 식은 10식이다.
의지의 지각성이 생멸정보를 기록하면서 의식이 생겨난다.
의지와 의식은 영의 몸에 내장되어 있다.
영의 몸이 물질 공간으로 이주해 오면서 물질 입자로 이루어진 혼의 몸을 갖게 된다.
혼의 몸을 갖고부터 감정을 갖게 된다.
감정을 심(心)이라 표현한다.
의식·감정·의지를 줄임말로 표현할 때 심(心)·식(識)·의(意)라 한다. '심(心)'이 감정이고 '식(識)'이 의식이며 '의(意)'가 의지이다.

혼의 몸을 갖춘 생명은 4단계의 큰 변화를 겪게 된다. 그것이 바로 성(成), 주(住), 괴(壞), 공(空)이다.
'성(成)'이란 혼을 이루고 있는 물질 입자들이 분열하고 결합하는 상태를 말한다. 물질 입자들이 영(靈) 생명의 고유 진동수에 적응하면서 일으킨 변화이다.
'주(住)'란 성의 과정을 거친 물질 입자들이 다시 안정을 이룬 상태를 말한다. 주의 과정에서는 정신도 안정되고 혼의 공간도 안정된다.
성의 과정을 겪은 생명들은 물질 입자에 내장된 생명정보를 통해 새로운 성향의 식의 틀을 갖게 된다.
그것이 바로 '감정'이다.

감정을 갖춘 생명들이 혼의 몸을 통해 서로 교류하는 것을 '촉(觸)'이라 한다.
촉이 이루어진 생명들 간에는 혼의 입자들이 서로 섞이게 된다. 그 과정에서 서로가 갖고 있던 생명정보가 공유된다.
이때 혼의 입자들이 서로 섞이게 된 것을 '괴(壞)'라 한다.
생명 정보가 공유되면서 갖게 된 감성을 '수(受)'라 한다.

'성(成)' '주(住)' '괴(壞)'의 과정을 거친 혼의 입자들은 생명정보를 내장하면서 근본정보도 함께 내장한다.
그 과정에서 공성(空性)을 갖게 된다.
혼의 입자가 공성을 갖춘 것을 '공(空)'이라 한다.
성·주·괴·공을 거친 혼의 입자들은 나중 유(有)의 과정에서 세포로 변화된다.
반면에 생명 정보를 내재하지 못한 물질 입자는 공간입자가 된다.

육체 상태에서 이루어지는 무촉(無觸)은 두 가지 관점에서 진행된다.
하나는 몸을 이루고 있는 공간적 관점이다.
또 하나는 정신을 이루고 있는 심·식·의의 관점이다.
공간적 관점에서 이루어지는 무촉은 촉이 이루어지는 과정에서 행해진다.
촉이 이루어지면 혼의 교류가 이루어진다.

이 과정에서 감정적 교류가 함께 일어난다.
촉이 이루어지고 있는 동안에는 이 상황들이 신비롭고 감미롭게 느껴진다. 이 상태에서 '무촉'할 줄 알아야 한다. 이때의 무촉은 새롭게 인식되는 감정들을 본성으로 비춰보는 것이다.

접촉이 끊어지면 극도의 상실감에 빠지게 된다. 이때의 상실감은 촉의 과정에서 교류되었던 혼의 입자들이 한꺼번에 빠져나가면서 생긴 것이다.
촉을 이루었던 몸이 분리되면 합쳐졌던 혼의 입자들이 본래의 자리로 회귀된다.
혼의 입자들이 빠져나간 혼의 공간은 공간 자체도 축소되고 에너지 상태도 급감한다. 그러면서 상처가 생긴다. 상처란 혼의 공간에 남아있는 공백을 말한다.
접촉의 공간을 넓게 이룬 존재일수록 상처가 더 크다.
상처가 클수록 상실감도 더 커진다.
이 상태에서 무촉하는 것은 본성을 통해 상처를 비춰주는 것이다.
촉을 통해 혼의 입자 간에 교환이 이루어지면 이 상태에서도 에너지가 생성된다. 이때 생성되는 에너지가 양자에너지이다. 이렇게 생성된 양자에너지는 복합감정을 유발하는 원인이 된다.
촉이 해소되면 양자 에너지의 생성이 중단된다. 그러면서 일어났던 감정들이 일시에 사그라든다.
수의식을 경험해 보았던 생명이 이런 상태에 처해지게 되면 극도의 상실감에 빠지게 된다.
이때에 무촉하는 것은 본성으로 상실감을 비춰보는 것이다.

정신의 관점에서 무촉이 이루어지는 것은 세 단계로 이루어진다.
첫째 단계가 '의'로서 무촉이다.
둘째 단계가 '식'으로서 무촉이다.
셋째 단계가 '심'으로서 무촉이다.

의(意)로써 무촉을 행하는 것은 촉이 이루어지는 모든 과정에서 각성을 유지하는 것이다.
촉(觸)이 이루어지는 과정을 자각(自覺)하게 되면 상처받는 것이 최소화된다.
복합 감정을 경험한 존재들은 무촉하는 것이 대단히 어렵다.
복합 감정의 감미로움에서 벗어나는 것이 힘들기 때문이다.
그런 경우에는 혼의 몸을 통제할 수 있는 힘을 얻어야 한다.
무위각과 밝은성품을 활용해서 혼의 몸을 다스린다.
밝은성품은 본성에서 생성되는 생명에너지이다. 본성을 인식할 수 있는 무위각을 갖추어야만 운용할 수 있다.
이것이 의로써 무촉하는 방법이다.

식(識)으로써 무촉하는 것은 고유진동수를 조절할 수 있는 역량을 갖추는 것이다.

식은 정보의 내장으로 형성된다.

정보는 인연을 통해 유입되고 내부의식 간의 교류를 통해 새롭게 생성된다. 정보는 각각이 생성해 내는 주파수가 있다. 각각의 정보가 생성해 내는 주파수의 조합으로 고유진동수가 형성된다. 생명이 생성해 내는 고유진동수는 생명성을 변화시키는 주요한 원인이면서 공간 상태를 결정하는 원인이다.

12연기의 전체 과정을 고유진동수의 관점에서 바라보아도 무방할 정도로 고유진동수의 변화가 생명활동에 미치는 영향은 절대적이다.

생멸문이 형성되고 식의 틀이 처음으로 갖추어졌을 때의 고유진동수가 8진동이었다.

명색이 일어나고 객체 생명으로 분리될 때는 9진동이었고 육입이 진행되면서 10진동이 되었다.

10진동의 상태에서 물질공간으로 이동해 왔고 혼의 몸을 갖추면서 11진동이 되었다. 성의 과정을 거치고 촉이 행해질 무렵에는 13진동을 갖고 있었다.

나중 '애'와 '취'의 과정을 거치면서 14진동이 되고 '유'의 과정이 15진동에서 이루어진다. 생로병사를 거쳐 육도 윤회계에 들어있는 생명은 18진동에서 24진동 사이를 오고 간다. 육체의 몸을 갖추었을 때는 24진동이었다가 영혼으로 돌아가면 18진동이 된다.
경계를 인식할 때 각성이 주체가 되면 고유진동수를 조절할 수 있게 된다.
반면에 의지가 주체가 되어서 경계를 인식하게 되면 고유진동수가 더 높아진다.
고유진동수를 높이는 가장 큰 원인이 지각적 분별이다.
의지가 주체가 돼서 경계를 인식하면 지각적 분별이 커지고 각성이 주체가 되면 지각적 분별이 일어나지 않는다.
무위각을 주체로 해서 낱낱의 정보에 대해 본성값을 더해주면 새로운 정보가 유입되어도 고유진동수가 올라가지 않는다.
이때 본성값을 더해주는 방법이 인식된 정보를 본성으로 비춰주는 것이다.
본성값이 더해진 정보는 식의 틀 안에서 근본 정보로 작용한다.
본성값이 더해진 근본정보가 식업으로 자리하면 내부의식 간에 교류가 이루어질 때 본성으로 작용한다.

각성이 없이 무명(無明)의 상태로 이루어지는 내부의식 간의 교류는 그 자체가 번뇌이다.
그 상태에서는 고유진동수가 올라간다.
그런 의식계에 근본정보가 유입되면 명(明)의 상태에서 교류가 이루어진다.

명으로써 이루어지는 내부의식 간의 교류는 그 자체가 해탈지견이다.
그런 상태에서는 고유진동수가 올라가지 않고 오히려 내려간다.

의지의 부정성은 각성으로 제도한다.
무위각을 세워서 부정성을 제도한다.
의식의 망념은 명성(明性)으로 제도한다.
명성이란 본성을 이루고 있는 무념과 근본 정보가 합쳐져서 만들어진 식의 바탕이다. 명성이 주체가 되어 내부 의식 간에 교류가 이루어지면 망념이 제도된다.
감정의 불안정함은 중심으로 제도한다.
편안함을 세워서 불안함을 제도한다.
편안함이 세워진 상태가 중심이 갖춰진 상태이다.
편안함은 본성과 감정이 합쳐져서 만들어진 7식의 바탕이다.
혼의 몸을 가진 생명이 감정을 갖게 되었을 때 본성의 무심 상태와 감정이 합쳐지면서 편안함이 생겨났다.

촉이 진행되면 감정의 윤회가 시작된다.
그러면서 생멸심에 천착된다.
촉의 과정에서 생긴 감정이 기쁨이다.
이때의 기쁨은 밝은성품이 가진 기쁨하고는 전혀 다른 형질을 갖고 있다.

밝은성품의 기쁨은 에너지 기반이 초양자성이다.
반면에 촉의 과정에서 생겨난 기쁨은 양자성이다.
밝은성품의 기쁨은 근본 정보를 기반으로 삼고 있다.
촉의 기쁨은 생멸 정보를 기반으로 삼고 있다.
밝은성품의 기쁨은 고유진동수가 3이다.
촉의 기쁨은 고유진동수가 13이다.
밝은성품의 기쁨은 착함과 뿌듯함을 수반한다.
촉의 기쁨은 감미로움과 탐착을 수반한다.
이와 같은 차이로 인해 촉의 과정에서 생성된 기쁨에 천착하면 고유진동수가 높아진다. 본성을 보는 것 또한 더욱 더 멀리하게 된다.
이 과정에서 무촉하려면 기쁨에 탐착하지 않아야 한다.
탐착의 탐(貪)이란 접해진 경계에 자기의식을 빼앗긴 상태를 말한다.
착(着)이란 탐의 상태를 지속하고자 애쓰는 것이다.
탐착에 빠져서 스스로를 망각하면 그것을 일러 욕(慾)에 빠졌다고 말한다.
욕심이란 탐착에 빠진 마음을 말한다.
탐착에 빠지지 않으려면 현상과 스스로를 함께 주시해야 한다.
현상을 지켜볼 때에는 중심으로 비추어서 지켜보고 스스로를 지켜볼 때에는 기쁨이 일어나는 과정을 본성으로 비추어서 지켜본다.

중심의 편안함을 통해 현상을 비춰보면 감정의 동요가 일어나지 않는다.
그러면서 현상이 생겨나는 과정을 세밀하게 관찰할 수 있게 된다.
촉이 이루어질 때 혼의 입자들이 교류되고 그 상태에서 양자 에너지가 생성되면서 기쁨이 일어나는 과정을 지켜보면 그때의 기쁨이 본래 자기 것이 아니고 물질의 반응에서 비롯되었다는 것을 알게 된다.
그렇게 되면 기쁨에 탐착하지 않게 된다.

본성을 통해 식의 상태를 비춰보면 식의 정보 안에 심어져 있는 근본 정보를 인식하게 된다. 그중 기쁨과 밀착되어 있는 근본정보를 인식하게 되는데 이는 현상과 교감할 때 나타나는 식업의 습성으로 인해 생겨난 것이다.
기쁨과 연관된 근본정보는 밝은성품이 일으키는 변화에 치중했던 자시무명(子始無明)의 흔적이다. 이 정보가 식의 틀 안에 내장되어 있다가 밖의 현상에 반응해서 떠오르는 것이다. 이 습성이야말로 생멸연기가 시작된 원인이다.
본성을 통해 이 과정을 비춰보면 자시무명이 습성이 제도된다.
밖에서 인식되는 경계에 탐착하지 않고 안으로 자시무명의 습성을 제도하면 식으로써 무촉하는 것이 성취된 것이다.
그렇게 되면 진여문에 들어간다.

심(心)으로써 무촉(無觸)을 이루는 것은 감정의 제도를 통해서다.
감정이란 혼을 이루는 물질 입자에 식의 정보가 내장되면서 갖추어진 7식의 면모이다.
혼을 이루고 있는 물질 입자들은 양자성을 띠고 있다.
입자성과 파동성을 동시에 갖고 있다.
식의 정보는 입자 공간에도 저장되고 파동 공간에도 저장된다.
입자 공간은 전자기 기반으로 작동하고 파동 공간은 초양자 기반으로 작동한다.
전자기 기반으로 작동하는 입자 공간에 저장된 식의 정보는 자장(磁場)의 영역에 포획된 형태로 내장되어 있다. 때문에 정보의 출입이 원활하게 이루어지지 않는다.
반면에 초양자 기반에 내장된 정보는 밝은성품이 표출될 때 함께 드러난다. 때문에 출입이 용이하다.
다만 식의 틀 안에서 정보가 표출되는 것은 자연과 인연의 법칙에 순응한다.
자연의 법칙이란 식이 저장된 공간의 에너지 형질과 식업의 성향이 같은 것을 말한다.
부정성으로 인식된 정보는 음 에너지 공간에 저장된다.
긍정성으로 인식된 정보는 양 에너지 공간에 저장된다.

인연의 법칙이란 비슷한 고유진동수로 내장된 정보는 서로

소통하고 교류하는 것이다. 의도성이 없어도 저절로 생각이 일어나는 것이 인연 법칙 때문이다.
자장(磁場)에 포획된 식의 정보와 초양자 공간에 내재된 식의 정보들도 자연과 인연의 법칙에 따라 서로 교류한다.
자장에 포획된 정보가 요동하면 초양자 공간에 저장된 정보가 함께 요동하면서 파동을 일으킨다. 반대의 경우도 마찬가지이다.
초양자 공간의 정보가 요동하면 전자기 공간의 정보도 함께 요동한다.
이때 파동에는 정보 값이 실려 있다.
파동에 내재된 정보의 성향에 따라 서로 다른 감정이 만들어진다.
혼의 몸이 갖추어진 이후에 생겨난 감정이 희·노·애·락·우·비·고뇌(喜·怒·愛·樂·憂·悲·苦惱)이다.
정보의 요동이 일어나는 것 또한 자연과 인연의 법칙에 의해서다.
인식한 정보의 성향과 고유진동수에 따라서 내재된 정보의 요동이 촉발된다.
심·식·의(心識意)의 유희에 빠진 생명들은 스스로의 의도를 통해 내부의식 간에 교류를 행한다.
이런 경우에는 경계에 대한 반응이 없어도 감정이 생겨난다. 이와 같은 과정을 통해 생겨나는 감정은 제도하는 것이 대단히 어렵다.

감정의 제도는 크게 두 단계로 이루어진다.
첫 번째 단계는 식의 구조를 바꾸는 것이다.
두 번째 단계는 물질 입자에 포획된 정보를 해방시켜 주는 것이다.
식의 구조를 바꾸는 것은 생멸심의 구조에 진여심을 심어주는 것이다.
즉 자연과 인연의 소치로 작동하는 생멸심의 체계에 본연(本然)의 체계를 더해준다는 말이다.
본성과 밝은성품이 각성을 통해 비춤의 대상이 되는 것이 이때의 본연행(本然行)이다.
먼저 본제관(本際觀)을 통해 본성을 인식한다.
심의 편안함과 식의 아무렇지 않음이 서로를 비추게 하는 것이 본제관의 시작이다.
이 상태가 한 단계 발전하면 본성이 된다.
편안함이 무심으로 발전하고 아무렇지 않음이 무념이 된다. 무념과 무심이 서로를 비추면 간극이 드러난다.
간극을 주시하면 밝은성품이 인식된다.
무념과 무심이 서로를 비추고 간극에서 생성되는 밝은성품을 인식하면 그 상태를 유지한다. 그렇게 하면 식의 체계에 본연을 갖춰준 것이다.
본연이 갖추어진 식은 세 단계의 변화를 거쳐서 진여문이 된다.
이때의 세 단계 변화가 반야해탈도의 세 단계 과정이다.

심식의가 갖추어진 존재가 그것을 제도하기 위해 활용하는 과지법이 해탈도이다. 혼의 몸을 갖춘 생명들이 감정을 제도하기 위해서는 삼해탈도의 기법을 전체적으로 활용해야 한다.
본성이 인식의 주체가 되면 의식·감정·의지가 본연에 순응한다.
그렇게 되면 탐착과 성냄, 망각의 굴레에서 벗어나게 된다.
의식의 흐름에 종속되어 자기를 빼앗긴 것이 탐심(貪心)이다.
감정에 치우쳐서 자기를 잃어버린 것이 진심(嗔心)이다.
비교와 분별에 빠져서 각성을 잃어버린 것이 망각(忘覺)이다.
이것을 삼독심(三毒心)이라 한다.
삼독심에 빠지면 본성을 잃어버린다.
그 결과로 생멸연기가 심화된다.
본연행이 깊어지면 의식과 감정이 본성과 분리된다.
그렇게 되면 진여문에 들어간다.

감정을 제도하기 위해 물질 입자에 포획된 정보를 해방시키려면 먼저 고유진동수를 낮추어서 물질 입자의 분열을 촉발해야 한다.
그런 다음 물질 입자를 제도해서 초양자 에너지로 전환시켜줘야 한다.
고유진동수가 9이하로 내려가면 물질 입자가 붕괴된다.
핵과 전자가 분리되고 쿼크 결속이 깨어진다.

이런 상태가 되면 자기장이 사라진다.
자기장이 사라지면서 표출되는 감정 정보를 본제관을 통해 제도한다.
무념 무심의 간극으로 감정 정보를 비춰주면 감정 정보가 근본 정보로 전환된다.

물질 입자를 제도해서 초양자 에너지로 전환시켜주는 것은 멸수상정해탈에서 행해진다.

무촉의 과정에서 기쁨을 탐하는 마음을 제도하는 것이 가장 중요한 과정이다.
그 마음을 제도하면 자시무명에 빠지지 않게 된다.
생멸연기의 시작이 자시무명에서 비롯되었다.
때문에 자시무명을 제도하면 생멸연기에서 벗어난다.
명(明)으로써 본연연기에 들어간 아미타 부처님도 구품연대의 모든 생명들에게 무촉을 통해서 자시무명의 원인을 제도하는 방법을 설하신다.
'관무량수경(觀無量壽經)'에서 제시하는 미타십관이 바로 그 절차이다.

일곱 가지 감정 중 분노는 두려움에 대상성이 더해져서 생긴 감정이다.
부정적 거부의식으로 생긴 두려움에 대상성이 부여되면 분노가 된다.

애(愛)는 대상에 대한 그리움이다.
촉의 과정에서 복합 감정을 경험했던 생명들이 자기 상처를 치유하기 위해 일으킨 감정이다.

락(樂)이란 현상을 즐기는 마음이다.
식의 틀 안에 본연을 갖춘 생명은 본연의 작용을 낙으로 삼아서 진여문에 들어간다.
하지만 심·식·의의 작용을 낙으로 삼으면 생멸연기에 빠져서 고통의 굴레에 들게 된다.

우(憂)란 감정이 침체된 상태를 말한다.
생명 에너지가 급속하게 감소될 때 감정이 침체된다.
우는 전체적 원신의 합체 이후에 분리체들에게 나타난 상실감이다.

비(悲)란 슬픔을 말한다.
혼의 공간이 수축할 때 슬픔이 일어난다.
고유진동수가 높아지면서 혼의 공간이 수축할 때 슬픔이 일어난다.

고뇌(苦惱)란 무작위로 의식이 교류하면서 만들어내는 괴로움이다.
의식의 부정적 성향이 커지고 식의 틀 안에 음기가 정도 이상 누적되면 번뇌가 생긴다.

본연이 갖춰지면 일곱 가지 감정이 모두 제도된다.

촉(觸)은 동류의 생명에게서 일어난다.
고유진동수가 비슷하고 식의 구조가 같은 생명끼리 촉이 이루어진다.
영혼의 상태에서는 종(種)이 다르면 촉이 이루어지지 않는다.
하지만 육체의 상태에서는 이종간에도 촉(觸)이 이루어진다. 촉·수·애·취의 과정에서 생겨난 감성들이 습성화돼서 나중에 성적인 교류를 하게 된다.

촉의 과정은 여러 생명들 간에 교차적으로 이루어졌다. 그 결과로 하나의 개체식 안에 여러 생명들이 갖고 있던 생명정보가 중첩되게 되었다.
생명정보가 중첩되면서 나타난 것이 유전성이다.
유전적 형질은 세포 상태에서만 나타나는 것이 아니다.
혼과 백(魄)의 상태에서도 유전적 형질이 나타난다.
혼을 이루는 물질 입자들이 생명정보를 내장한 후에 다른 생명에게 전달하면서 유전적 형질이 생겨난다.
이때 유전정보를 매개하는 인자가 백(魄)이다.

백(魄)은 혼을 이루고 있던 물질 입자들이 결합해서 만들어진 일종의 미생물이다.
취(取)의 과정 중에 백(魄)이 생겨났다.
백으로 인해 유(有)의 과정이 전개된다.
현존하는 백의 크기는 원자의 150배 정도이다.
영혼의 공간에서 탄생한 백은 일곱 종류가 있다.
영의식에 따라 여섯 종류의 백이 만들어졌고 감정에 따라 한 종류의 백이 만들어졌다. 안백(眼魄), 이백(耳魄), 설백(說魄), 신백(身魄), 비백(鼻魄), 의식백(意魄), 감정의 백(魂魄)이 그것이다.
나중 무정의 공간에서는 지(地), 수(水), 화(火), 풍(風) 사대(四大)의 백이 만들어진다.
유(有)의 과정에서 생겨난 세포는 백을 통해 공간 형질을 유지한다.
세포의 고유성과 기능성을 결정하는 것이 마스터 유전자이다. 백이 마스터 유전자의 역할을 담당한다.
마스터 유전자는 영의 정보와 혼의 정보를 근거로 해서 세포 구조를 유지하고 세포 대사를 주관한다.
세포 구조 안에서 마스터 유전자의 기능이 정체되면 세포가 병들게 된다

세포 안에 내재된 유전사의 구조에도 백이 영향을 미친다.
유전사는 정보를 저장하고 정보를 송수신하는 역할을 한

다. 유전사는 세포의 안테나이다.
세포와 세포가 서로 공명할 수 있도록 안테나 역할을 한다. 세포와 세포가 적당한 거리를 유지하는 것에서부터 영양 흡수 기능에 이르기까지 백의 기능이 광범위하게 쓰인다.

밝은성품의 고유진동수와 양자 에너지의 공명 그리고 전자기 에너지의 세기가 유전자를 작동시키는 원인이다.
현재 인간들의 고유진동수는 24이다.
이것이 26으로 올라가면 유전적형질이 바뀌게 된다.
양자 공명의 균형이 깨어지면 유전형질이 바뀌게 된다.
그런 상태에서 돌연변이가 일어난다.
전자기 에너지의 세기가 적정값을 갖고 있지 못해도 유전자 공명이 이루어지지 않는다.
신경은 최대 120mV, 0.2~0.6mA의 조건에서 정상적인 유전자 진동을 일으킨다. 이 값이 15mV 이하로 떨어지면 유전자 공명이 차단된다.
그렇게 되면 백의 유전자 지배력이 상실된다.
현대 과학에서는 체백을 소마티드라고 부른다.
현대에 와서 관찰되는 소마티드는 4000도에서도 죽지 않는다. 수명도 무한하다.

세포의 유전적형질을 제도하기 위해서는 백의 제도가 함께 이루어져야 한다.

백을 제도하려면 밝은성품을 제공해 주고 몸의 균형을 잡아줘야 한다.
밝은성품은 본성에서 생성된다.
본성을 인식한 다음 기쁜 마음에 머물러 있으면 백이 제도된다.
몸의 균형을 잡는 것은 정해탈신작증(淨解脫身作證)을 통해 이룬다. 신념처관과 수념처관을 통해서 몸의 균형을 잡아준다.

하나의 생명에서 분리된 개체 생명들은 다시 하나의 생명으로 합쳐질 수 있는 속성을 갖고 있다. 영혼의 상태에서는 고유진동수만 맞으면 언제든지 합쳐질 수 있다.
또 고유진동수가 달라지면 언제든지 분리될 수도 있다.
원신 구조 안에서는 음기가 정도 이상 많아지면 주체 의식이 떨어져 나간다.
합쳐지고 분리돼서 형성된 이 몸을 놓고 내 몸이라고 생각하는 것은 어리석은 것이다.
의식 또한 마찬가지이다. 바깥 정보가 쌓아져서 형성된 것이 의식이다.
그것은 나가 아니고 정보이다.
감정은 물질 입자 속에 기록된 정보이다. 그 또한 나가 아니다.
스스로를 망각하도록 하는 의지 또한 나가 아니다.

본래의 나는 비교하고 선택하지 않는다.
그것을 모르는 생명들은 몸도 자기라 생각하고 의식·감정·의지도 자기라고 생각한다.
그로 인해 본성을 망각하게 된다.
그런 존재를 중생(衆生)이라 한다.

공무변처해탈이 이루어지면 심·식·의의 추업이 제도되고 세업의 일부가 제도된다.
심(心)으로는 욕정과 투쟁심, 분노와 갈망, 슬픔과 우울함이 제도되고 식(識)으로는 욕심과 경쟁심, 분별심이 제도된다. 의(意)로는 선택하고 비교하는 마음이 제도되고 무위각이 투철해진다.

공무변처해탈의 과정에서 행해지는 몸의 제도는 장부 순화와 뼈 순화, 말초신경 순화로 이루어져 있다.
장부 순화는 육장육부의 순화이다.
장부 순화에는 발성 수행법과 뇌척수로 운동이 활용된다.
뼈 순화는 척추뼈 순화, 갈비뼈 순화, 꼬리뼈 순화, 머리뼈 순화로 이루어져있다.
이중 머리뼈 순화는 식무변처해탈에서 이루어지고 나머지가 공무변처해탈에서 이루어진다. 뼈 순화를 할 때에는 발성 수행법과 기공법, 뇌척수로 운동법이 함께 쓰인다.

말초신경 순화는 뇌신경 순화. 체성신경 순화, 자율신경 순화, 피질경로 순화, 성선신경총 순화로 이루어져 있다.
발성법과 뇌척수로 운동법, 살갖 호흡법과 세수법이 함께 쓰인다.
이것이 공무변처해탈에서 이루어지는 대자비문 수행이다.
공무변처정의 대적정문은 본성이다.

식무변처해탈(識無邊處解脫)

식무변처해탈은 6선정에서 이루어지는 해탈이다.
의식의 습성을 제도하면서 허공해탈과 금강해탈을 행한다.
이 과정을 식무변처정(識無邊處定)이라 한다.
공무변처정에서는 의식의 추업을 제도했고 이 과정에서는 의식의 세업(細業)을 제도한다. 세업이란 미세한 업식을 말한다. 의식의 세업은 생각이다. 특히 의도하지 않는 생각이 무작위로 떠오르는 것이 의식의 세업이다.
나선 호흡으로 신경을 억제하고 무념주(無念柱)를 세워준다. 그런 다음에 중추신경 막관(膜觀)을 통해 식업을 제도한다.

식의 바탕은 아무렇지 않음으로 이루어져 있다.
그 상태를 무념처(無念處)라 한다.
텅 비워짐과 아무렇지 않음이 한자리를 이루면 비로소 '공

'의 '체'가 갖춰진 것이다.
그 상태를 중심으로 비춰보는 것을 '공관(空觀)'이라 한다.
공(空)의 체(體)를 머릿골 속에서 인식한 다음 척수 영역 전체로 확장시켜 가는 것이 사마타(奢摩他)의 진보(進步)이다.
척수는 31개의 막으로 계단을 이루고 있다. 시상에서부터 시작하면 44개의 막으로 이루어져 있다.
이 계단을 한 단계씩 내려가면서 사마타의 영역을 확장시킨다.
시상에서 세워진 무념처를 호흡을 통해 아래쪽으로 끌어내리면서 각각의 계단을 제도하는 것이다.
첫 번째 계단이 시상이다.
시상에서는 육장의 주체 의식을 깨워서 제도하고 자율신경과 대뇌피질 경로를 제도한다.
호흡을 들이쉴 때 백회에서 시상까지 나선으로 빨아들이면 피질 경로가 억제되면서 무념의 기둥(無念柱)이 세워진다.
그때 무념주와 아무렇지 않은 상태를 함께 인식하면 사마타에 들어간 것이다.
시상에 머물러서 목적했던 만큼의 자기 제도를 이루었으면 중뇌로 내려가서 시각 경로와 청각 경로를 제도한다. 삼차신경과 전정 기능도 함께 제도한다.
하부로 한 계단씩 내려갈 때는 먼저 호흡을 통해 원하는 부위까지 억제해놓고 사마타에 들어간다. 그런 다음 그 자리에 머물러서 식업을 제도한다.

이런 방법으로 교뇌, 소뇌, 연수, 경수 1번 ~ 경수 8번, 흉수 1번 ~ 흉수 12번, 요수 1번 ~ 요수 5번, 천수 1번 ~ 천수 6번 순으로 내려가면서 식업을 제도한다.
한 계단씩 내려갈 때마다 다른 업식이 깨어난다.
연수부까지는 자업이 깨어나고, 경수 6번까지는 육도윤회계의 업식이 깨어난다.
경수 7번부터 흉수부와 요수 2번까지는 27천의 세계와 연결되면서 세계업이 공유된다. 요수 3번부터 천수부에서는 아수라계가 깨어난다.
시상 단계에서는 6개의 주체 의식을 보게 되고, 소뇌에서는 유전형질을 물려준 모든 조상들을 만나게 된다. 연수에서는 언혼이 깨어난다.
경수로 내려오면서 첫째 마디가 아수라계, 둘째 마디가 아귀계, 셋째 마디가 지옥계, 넷째 마디가 축생계, 다섯째 마디가 인간계, 여섯째 마디가 천상계와 연결된다. 경수 일곱째 마디와 여덟째 마디도 천상계와 연결되고 흉수 전체와 요수 둘째 마디까지 천상계와 연결된다.
척수로 들어가면 천상계의 서로 다른 세계들이 펼쳐지고, 영혼으로 존재할 때 가져왔던 수많은 생의 기록들이 인식된다.
척수막관을 할 때는 방편에 따라서 처음 의식 경로로 들어가는 방법이 다르다. 하지만 척수로 내려가서 다른 세계와 연결하는 것은 같은 방법이 쓰인다.

척수막관법(脊髓膜觀法)은 단순하게 무념 상태만을 지켜보면서 사마타를 익히는 법이 아니다. 신경을 억제할 수 있는 범위를 조절하면서 사마타를 익히는 방법이다.
신경 억제의 범위에 따라 사마타의 서로 다른 경지를 만들어낸다. 사마타의 경지에 따라 본성을 인식하는 것도 차이가 있다.

시상의 무념처와 중심의 무심처가 하나로 일치돼서 서로를 비추는 상태도 본성을 보는 것이다.
시상에서 한 단계 더 들어가서 중뇌까지 무념을 세우고, 중심과 연결해서 서로를 비추는 것도 본성을 보는 것이다. 이 경우에 두 종류의 사마타는 깊이가 서로 다르다.

척수막관을 통해 교뇌까지 내려오면 소뇌와 연결된다.
소뇌에서는 유전형질을 만난다.
'나'라는 육체생명이 존재하기까지 유전자를 전해준 모든 생명들의 유전적 정보가 소뇌에 들어있다. 소뇌로 들어가면 그들을 만나게 된다.
수천 수백억의 군중 속에 내가 속해 있다. 수많은 사람들이 바글바글 모여서 제각기 다른 말을 한다. 어쩌고저쩌고 하는데 처음에는 못 알아듣는다.
소뇌에 머물러 있다 보면 그 말들을 알아듣게 된다. 들어보면 어렸을 때 생각했던 것들, 내가 살면서 가져왔던 습관들, 이런 것들이 말속에 들어있다. 그것이 바로 내 안에 있는 유전형질들이다. 그 사람들을 보고 있다 보면 유난하게 눈에 띄는 사람들이 있다. '저 사람은 말이 많구나. 저 사람은 격하구나. 내 안의 격정은 저 사람한테서 온 거고. 내가 말이 많은 것은 저 사람한테 온 거구나.' 그 사람들이 모두 다 내 조상들이다.
인식되는 대상을 놓고 공관(空觀)을 행한다.
교뇌와 소뇌막에 세워진 사마타로 비춰주는 것이다.
그렇게 하다 보면 그 사람의 말이 쉬어지고 또 다른 사람들의 말이 쉬어진다.
그렇게 하면서 소뇌를 지배하던 유전적 형질들을 제도하게 된다.
유전성을 제도했을 때는 내 뜻을 전하면 소뇌에 있던 수많은 군중들이 일사불란하게 따라온다. 말 많던 사람도 말이 없어지고 화내던 사람도 화가 없어진다. 현실 속에서도 내 어머니가 변화되어 있고 내 아버지가 변화되어 있다. 소뇌를 제도하는 순간 유전형질을 공유하는 모든 존재들이 동시에 제도된다. 소뇌막관(小腦膜觀)은 충분한 시간을 갖고 꾸준하게 해야 한다. 다른 영역을 제도하면서 짬짬이 병행하는 것도 좋다.

연수로 내려오면 내 입으로 말이 나오기 이전에 일어나는 생명 경로의 흐름을 인식하게 된다. 척수와 장부로부터 정보가 떠오르고 대뇌변연계와 파페츠회로를 돌면서 기억이 떠오르고 그것이 생각으로 조합돼서 언어로 표현되기까지의 과정들이 마치 슬로비디오처럼 인식된다. 이때에도 사마타를 통해 인식되는 현상들을 비춰본다.
말의 경로를 보게 되면 말을 다스릴 수 있게 된다.
중간에서 딱 끊어서 그 표현을 안 할 수도 있고, '왜?'라는 의문을 두고 더 많은 정보를 표출시켜서 풍부한 얘기를 할 수도 있다.

경수 1번으로 내려오면 여기서는 아수라계(阿修羅界)가 열린다.
그때는 경쟁심과 투쟁심이 살아난다. 그 마음들을 사마타로 비춰준다. 충분한 시간 동안 비추어서 제도되면 다음 단계로 내려간다.

경수 2번으로 내려오면 여기서는 엄청난 식욕과 갈증이 일어난다.
이 부위는 아귀계(餓鬼界)의 영역이다. 사마타를 활용해서 같은 방법으로 제도한다.

경수 3번은 지옥계(地獄界)다. 그 자리로 내려오면 눈이 어두워지고, 귀가 먹먹해지고 감각이 둔해진다. 극도의 무기력감에 빠지기도 한다. 당황하지 말고 지극하게 사마타를 행한다. 이때는 착한 마음이 힘이 된다. 평소에 행했던 착한 일들을 떠올려서 부처님 전에 공양한다. '제가 행했던 착함의 공덕을 부처님 전에 바칩니다.'
이렇게 하다 보면 기분이 좋아진다. 그러면서 의식의 힘이 복원된다.

경수 4번은 축생계(畜生界)이다. 이 단계에서는 개를 생각하면 개같이 되고 고양이를 생각하면 고양이같이 된다. 이때에는 의식성향만 바뀌는 것이 아니고 신경 구조까지 변화를 일으킨다. 개를 떠올리면 삼차신경이 개처럼 변하면서 이빨이 간질간질해진다. 사자를 떠올리면 사자같이 된다.

경수 5번은 인간계(人間界)이다. 인간의 속성은 추구이다. 생각이 많아지고, 비교, 분별이 치성해진다. 그리운 사람도 생각나고 미운 사람도 떠오른다. 한 생각 한 생각을 사마타로 비춰주고 감정들도 비춰 준다.
들숨에는 신경이 억제되면서 사마타가 행해지고, 날숨에서 현상이 인식된다.
사마타를 즐기고 선나에 안시한다.

경수 6번은 천상계(天上界)이다.
천상계가 접해질 때는 황홀경에 빠진다.
밝은성품 에너지가 증폭되면서 안·이·비·설·신·의의 기능이 극대화된다.
6장의 주체 의식들이 외부 의식과 교류하고 자기 고유진동수와 일치된 세계가 인식된다. 거대한 크기의 천상생명을 보기도 하고 대화를 나누기도 한다.
어떤 경우라도 사마타를 유지하고 현혹되거나 거부해서도 안 된다.
자칫하면 천마의 마장에 빠질 수 있다.
천마란 밝은성품을 탐하는 천상생명을 말한다. 천마에 현혹되면 신통력이 생긴다. 대부분의 사람들은 신통력을 활용하면서 천마에 빠진다.
철저한 사마타행으로써 이 과정을 극복한다.
한 호흡마다 사마타를 행해서 본성을 지켜간다.

경수 7번에서부터 요수 2번까지 천상계와 연결되고, 그 밑으로 내려가서 천수로 내려가면 다시 아수라계와 연결된다. 척수막관법은 각각의 단계마다 정확한 심지법이 있다. 구체적인 내용은 비상비비상처해탈에서 다루어진다.
호흡법과 척수로 운동법, 발성법이 병행되고 삼관법이 함께 쓰여야 척수막관이 순일하게 진행된다.

사마타의 상태에서는 생각이 일어나는 속도가 느리다.
그렇기 때문에 생각이 시작되는 과정과 생각의 상이 맺히는 과정을 명료하게 볼 수 있다. 사람과의 인연을 보는 것이나 생각이 일치되는 현상이 사마타의 상태에서 이루어진다. 여러 가지 방법의 사마타가 있다.
자기 내면으로 들어가는 사마타가 있고, 밖의 경계를 대상으로 사마타를 이루는 법이 있다. 이를 일러서 백천삼매(百千三昧)라 한다.

생각이 떠오르면 그 생각을 본성으로 비춰준다. 그런 다음 생각이 일어나는 경로를 살펴본다.
8식을 활용하는 사람은 8식의 틀에서 표출된 정보가 7식과 6식의 틀을 지나 생각으로 조합되고 연계되는 과정을 인식할 수 있다.
그 경로를 들여다보면서 본성으로 비춰준다.
생각이 비워진 자리를 느껴보면 텅 빈 공간이 감각으로 인식된다.
그렇게 되면 금강해탈이 이루어진 것이다.
식무변처해탈에서는 본성에 머물러서 밝은성품을 함께 인식하고 생각이 일어나는 경로를 본성으로 씻어준다.
식무변처해탈의 대적정문은 본성과 척수막관이다.
대자비문은 식엽의 제도이다.

무소유처해탈(無所有處解脫)

무소유처해탈은 7선정에서 이루어진다.

의식과 감정, 의지를 본성과 분리하는 것을 목적으로 삼는다. 때문에 경계를 놓고서도 별도의 의도를 갖지 않는다.
7선정의 대자비문은 의식·감정·의지를 인식의 대상으로 삼지 않는 것이다. 대적정문은 '무소구행'이다.
무소구행(無所求行)이란 오로지 본성의 상태에 머물 뿐 일체의 경계를 취하지 않는 것을 말한다. 무념 무심에 몰입해서 일체경계에 머물지 않는 것이 '무소구행'이다.
무소구행의 목적은 무념 무심을 한 덩어리로 만들어서 서로 동떨어지지 않도록 하는 것이다.
그 과정에서 일시적무위각(一時的無爲覺)이 본연적무위각(本然的無爲覺)으로 증장된다.

7선정을 무소유처정(無所有處定)이라 한다.
의식·감정·의지조차도 소유하지 않는 것이 무소유이다.
7선정의 무소유처정이 반야해탈도의 과정이다.
본성이 인식의 주체가 되는 것이 반야해탈의 첫 번째 단계이다. 본성·각성·밝은성품과 의식·감정·의지가 서로 분리되는 것이 반야해탈의 두 번째 단계이다. 의식·감정·의지가 인식되지 않는 것이 반야해탈의 세 번째 단계이다.

금강해탈과 허공해탈의 과정에서 무소구행을 가로막는 것이 식의 세업이다.
탐하는 마음, 성내는 마음, 자기를 잃어버리는 마음은 식의 추업이다.

세업은 저절로 일어나는 생각이나 일치된 의식들이다.
대부분의 추업은 일어나는 과정이 인식이 된다.
때문에 무소구행할 수 있는 여유가 있다.
하지만 세업이 일어날 때는 그런 여유조차 없다.
문득 일어나 있기 때문이다.
무의식 속에서 표출되는 생각이나 일치된 의식들은 드러나기 전에는 인식되지 않는다. 그렇기 때문에 금강경에서도 인식한 후에 머물지 않는 마음을 내라고 하셨다.

일치된 의식들에는 상대의 업식이 수반되어 있다.
때문에 이것으로 인한 번뇌가 야기된다.
사마타와 선나가 깨어지고 심지어는 통증까지 전이된다.
이런 상황에 처해지면 머물지 않는 마음이 원활하게 이루어지지 않는다. 이런 상태에서는 관법(觀法)에서 지법(止法)으로 심지법을 전환시켜야 한다.
이때의 지법(止法)으로 활용되는 것이 관여되지 않는 한자리이다.
관여되지 않는 한자리는 중심의 이면에서 인식한다.
중심의 표면으로 일치를 이루고, 이면으로 들어가서 관여되지 않는 자리가 드러나면 그 자리에 머무른다.
관여되지 않는 자리는 2선정에서 체득한 자리이다.

때문에 선정 체계를 통해서 수행을 한 경우에는 임의롭게 활용할 수 있는 자리이다.

금강경의 위의적정분(威儀寂靜分)에서는 관여되지 않는 자리를 정처(靜處)라 했다.

정처에 머물러서 지(止)하는 힘이 증장되면, 일치되는 현상에서 벗어날 수 있게 된다. 그러면서 사마타가 깊어진다.

생각의 세업이 일어날 때는 호흡과 사마타로 막관(膜觀)에 들어간다.

백회에서 척수 말단까지 신경을 억제한 다음 무념처와 텅 빈 공간을 함께 주시한다. 그러면서 그 자리에 머문다. 그 자리가 곧 적처(寂處)이다. 적처(寂處)에 머물러서 지(止)하는 힘이 키워지면 생각의 세업이 제도된다. 정지(靜止)와 적지(寂止)로서 멈추는 힘이 증장되면 무위각이 진보된다. 그러면서 본성과 각성이 하나로 계합된다.

이것이 본각이다.

이 상태에서는 본성이 주체가 되어서 심식의를 인식한다. 본각이 갖춰지면 의식·감정·의지가 객관화된다.

생각이 일어났다 사라지는 것이 커튼 뒤에서 그림자가 일어났다 사라졌다 하는 것처럼 남의 일 같이 느껴진다.

이것이 반야해탈의 첫 번째 단계, 초입반야의 상태이다.

이 과정이 깊어지면 의식·감정·의지가 본성과 분리된다. 이것이 반야해탈의 두 번째 단계, 중간반야의 상태이다. 초입반야에서 중간반야로 가면서 본성과 심식의 사이에 벽이 생겨난다. 이것을 심벽(心壁)이라 한다.
심벽은 중심에 세워지는 벽이다.
3선정에서 철벽을 이루었던 중심이 중간반야의 과정에서는 본성과 심식의를 분리시키는 심벽으로 쓰인다.
중심의 심벽은 정지(靜止)의 과정에서 다시 세워진다.
그런 다음 초입반야를 거쳐서 중간반야로 오면서 그 세력이 강해진다. 중간반야의 상태에서는 심벽이 중심이 돼서 본성과 심식의가 서로 분리된다. 이때 관(觀)의 중점은 오로지 본성에 두어져 있다.
그러다 보면 심·식·의는 인식이 안 되고 본성만 인식되는 경우가 있다,
이 상태에서는 심·식·의가 딴 살림을 한다.
본각으로 일관하면서 밝은성품을 주시하고 있다 보면 심·식·의를 잃어버리게 된다. 그런 상태에서도 심·식·의는 알아서 살림을 한다.
운전도 알아서 하고, 경계에 반응하는 것도 알아서 한다.
이것이 바로 중간반야의 상태이다.
초입반야를 이루고 나서 중간반야로 가는 것은 오래 걸리지 않는다. 하지만 중간반야의 과정에서는 머무는 시간이 길게 이루어진다.
중간반야의 상태에서는 일상생활을 할 수가 있다.
그러다가 어느 날 문득 종반야에 들어간다.

중심을 보면서 본성과 밝은성품을 비춰보면 심벽이 확장되면서 심·식·의가 동떨어진다. 이때에는 허공해탈과 금강해탈, 초입반야와 중간반야가 함께 진행된다.
본성에서 심·식·의가 분리되는 것은 심벽의 확장과 밝은성품의 증장 때문이다.
가슴 바탕에 자리했던 심벽이 머리골 속으로 올라오면서 식의 작용을 분리시킨다.
이 상태가 되면 머리골 속에 심벽으로 이루어진 장막이 생긴다.
그 장막이 시상과 미심 사이의 공간에 세워진다.
그러면서 눈, 귀, 코, 입이 붙어 있는 얼굴 쪽과 시상 뒤쪽을 두 영역으로 나누어준다.
그 상태에서 안식(眼識)이 장막을 보는데 치중하면 눈, 귀, 코, 입, 얼굴이 사라진다.
그러면서 밝은성품이 증폭된다.
밝은성품의 기쁨으로 장막을 바라보다가 장막 너머로 각성이 전이되면 그 상태에서 심·식·의가 분리된다.
이것이 종반야가 진행되는 과정이다.

종반야를 이루는 또 한 가지 방법이 있다.
본성의 간극에 머물러서 무념지(無念止)와 무심지(無心止) 간극지(間隙止)를 행하는 것이다.
무소구행을 하다 보면 본성을 이루고 있는 무념·무심이 한 덩어리를 이룬다. 견성오도의 상태에서는 무념·무심이 서로를 비춰보는 상태이지만 금강해탈도의 상태에서는 무념·무심이 한 덩어리가 된다.
한 덩어리를 이룬 무념 무심은 심·식·의의 바탕이 된다.
그 상태에서는 따로 의도를 두지 않아도 본성이 항상 현전한다. 이때가 되면 본성을 바라보는 여유가 생긴다.
본성과 심·식·의를 함께 관(觀) 하면서 무소구행의 치열함에서 벗어나게 되는 것이다. 칭법행(稱法行)이 이때에 행해진다. 그러면서 체용(體用)과 상용(相用)을 함께 병행한다.
체용은 본성의 활용을 말한다.
상용은 경계와 심·식·의의 활용을 말한다.
칭법행은 존재 목적에 입각해서 나와 상대, 주변 간의 조화를 창출하는 것이다.
체용은 본성에 멈춤(止)으로서 이루어진다.
상용은 본성과 경계를 관(觀) 하면서 이루어진다.
체용을 하면서 본성을 들여다보면 본성이 다시 무념·무심으로 분리되서 인식된다.
그렇게되면 무념에 지(止) 하고 무심에 지(止) 하면서 체용이 이루어진다.
무념·무심에 지(止) 하는 각성이 키워지게 되면 그때 합쳐지지도 않고 동떨어지지도 않는 무념·무심의 관계를 인식하게 된다. 그러면서 무념과 무심 사이의 간극(間隙)을 인식하게 된다.

간극이 드러나면 간극에 지(止) 하면서 체용이 이루어진다.
무념·무심·간극 사이를 오고 가면서 체용이 이루어지면 어느 때부터 의식·감정·의지가 인식되지 않게 된다.
이것이 종반야의 상태이다.
처음 간극을 인식하고 간극지(間隙止)가 이루어질 때가 초입반야의 상태이다.
무념지, 무심지, 간극지가 이루어지면서 심·식·의와 경계가 함께 인식될 때가 중간반야의 상태이다.

초입반야의 상태가 수다원이다.
중간반야의 상태가 사다함이다.
종반야에 들어가면 아라한이다.
중간반야와 종반야사이를 오고 가는 것이 아나함이다.

진여를 이루는 세 가지 요소 중에 밝은성품을 인식하는 것이 해탈도의 한 과정이다. 기쁨과 뿌듯함, 착한 마음이 밝은성품의 성향이다.
밝은성품의 느낌을 인식하는 것은 사람에 따라 다르게 이루어질 수 있다.
중심의 바탕에서 일렁이는 살아있는 느낌을 통해 밝은성품을 인식한다.
살아있는 느낌이 개체 생명의 본질이다.
내가 존재하는 것은 살아있기 때문이다.

숨을 들이쉬고 내쉬면서 살아있는 느낌을 관찰한다.
본다, 듣는다, 느낀다, 생각한다, 말한다 하는 이 모든 행위의 바탕에 깔려 있는 살아있는 느낌을 관찰한다. 이것이 밝은성품을 인식하는 한 가지 방법이다.

비상비비상처해탈(非想非非想處解脫)

비상비비상처해탈은 8선정의 과정이다.
비상(非想)이란 본성의 상태를 말한다.
비비상(非非想)이란 본성도 아니고 심·식·의도 아닌 것을 말한다. 본성의 간극에 머무르다 보면 밝은성품이 생성된다. 그때 생성되는 밝은성품의 형질이 비비상(非非想)이다. 심(心)과 식(識)의 바탕도 비비상(非非想)이다.
식의 바탕은 맑고 투명하다. 심의 바탕은 텅 비워져 있다.
이 상태는 본성도 아니고 심·식·의도 아니다.
밝은성품이 본성과 합쳐진 상태이다.
본성으로 비상(非想)을 관(觀)하고 밝은성품과 심식의 바탕으로 비비상(非非想)의 상태를 관(觀)하는 것이 비상비비상처정(非想非非想處定)이다.
비상비비상처정은 아나함과에서 이루어지는 수행이다.
비상비비상처정을 닦는 것은 진여심을 돈독하게 하고 생멸심을 제도하기 위해서다.
진여심은 본성, 각성, 밝은성품으로 이루어져 있다.

무소유처정에서는 본성을 돈독하게 주시할 수 있는 각성을 증득하는 것을 목적으로 해서 반야해탈도가 행해졌다. 비상비비상처정에서는 밝은성품의 운용과 자시무명의 제도를 목적으로 해서 해탈도가 진행된다.
밝은성품의 운용을 통해 생멸연기의 원인 중 하나인 자연적 성향을 제도한다.
이 과정에서 몸의 제도가 함께 이루어진다.
심식의 바탕을 인식함으로써 자시무명의 원인을 제도한다.
이로써 심(心)과 식(識)의 생멸적 습성이 제도된다.

밝은성품의 운용은 밝은성품의 인식에서부터 시작된다.
본성의 간극에서 머무르다 보면 밝은성품이 생성되는 것을 인식하게 된다.
그렇게 인식한 밝은성품을 몸을 이루고 있는 다른 에너지들과 융화시켜가면서 밝은성품의 운용이 이루어진다.
그 과정에서 장부 순화와 뼈 순화, 신경 순화와 세포 순화가 함께 이루어진다.

식의 바탕을 인식하는 것은 본성의 간극과 밝은성품의 성향이 함께 활용된다.
본성의 간극으로 식을 비춰보면서 식과 본성 사이의 틈을 인식하게 되면 식의 바탕이 드러나게 된다.
식의 바탕은 본성에 뿌리를 두고 있고 밝은성품으로 몸을 이루고 있다.
이때 몸 부위가 세 개의 층으로 이루어져 있다.
첫 번째 층은 밝은성품의 층이다.
두 번째 층은 의지의 층이다.
세 번째 층은 외부 경계와 반응하는 층이다.
첫 번째 층은 미묘한 일렁임으로 채워져 있다.
두 번째 층은 맑고 투명한 것으로 채워져 있다.
세 번째 층은 생멸정보와 기쁨으로 채워져 있다.
세 번째 층의 생멸정보와 기쁨이 외부 경계에 반응하면 그때 식이 발현된다. 이때에는 의도성이 없어도 자연적으로 식이 발현된다.
두 번째 층의 의지가 작용하면 이때에도 식이 발현된다. 이때에는 의도성이 작용해서 식이 발현된다.
첫 번째 층의 밝은성품이 두 번째 층과 세 번째 층을 통과하면 그 순수성이 훼손된다.
두 번째 층을 통과하면서는 의지의 분별로 인해 음기와 양기로 변화되고 세 번째 층을 통과하면서는 경계와 반응해서 탐·진·치로 변화된다.
식의 바탕에서 두 번째 층을 이루고 있는 의지가 자시무명의 흔적이다. 그 자리에 머물러서 의지를 각성으로 전환시키면 자시무명의 습성이 제도된다.
의지가 그 자리를 차지하고 있는 것도 밝은성품에 치중했던 성향 때문이다. 이로 인해 자시무명이 시작되었다.

본성의 간극으로 식의 상태를 비춰보지 않으면 식의 바탕이 드러나지 않는다. 식(識) 자체를 통해서 그 바탕을 보고자 하면 세 번째 층만 인식될 뿐, 두 번째 층과 첫 번째 층은 인식되지 않는다.
밝은성품을 운용해서 몸을 제도하는 것은 4선정 이후에 이루어진다. 그 이전 단계에서는 선천기와 후천기를 활용해서 몸의 제도를 행한다.

선정의 단계마다 몸의 제도를 이루는 범위와 방법이 서로 달라진다.
초선정에서는 육장의 순화를 행한다.
2선정에서는 육장의 순화와 척추뼈 순화를 행한다.
선천 원기를 각성시킨다.
3선정에서는 반신 소주천과 갈비뼈 순화를 행한다.
4선정부터는 밝은성품을 운용하면서 몸을 제도한다.
육부 순화와 꼬리뼈 순화를 행하고 반신 소주천을 완성시킨다. 밝은성품과 선천기, 후천기를 하나로 합쳐서 밝은성품의 자연적 성향을 제도한다.
5선정에서는 말초신경을 순화한다.
생식호르몬을 제도하고 환정보뇌(還精補腦)를 이룬다.
공무변처정에서 행해지는 자기 제도이다.
6선정에서는 머리뼈 순화와 중추신경을 제도한다.
식무변처정에서 행해지는 자기 제도이다.

7선정에서는 세포 제도를 행한다.
이 과정에서는 사륜삼매(四輪三昧)를 활용한다.
사륜이란 풍륜, 지륜, 수륜, 화륜을 말한다.
세포 생명을 이루고 있는 물질의 성분이 바로 사륜이다.
지, 수, 화, 풍 사대와 교류하면서 세포 제도를 행한다.

육장의 순화

장부 순화는 중심을 세우는 것에서부터 시작된다.
명치 위 1㎝, 속으로 5㎝ 정도 들어간 자리에 의지를 두고 그 자리에서 편안함을 느낀다. 이 자리가 중심이다.
중심은 오장의 상태가 반영되는 자리이다.
또한, 머릿속 시상과 공명하는 자리이다.
중심은 마음 거울로 쓰인다.
중심을 통해 장부를 순화한다.

장부는 6장 6부로 이루어져 있다.
6장은 간, 심장, 비장, 폐, 신장, 삼초이다. 생명 에너지를 저장하는 창고이면서 감정이 내재되어 있다.
6부는 담, 소장, 위, 대장, 방광, 심포이다.
생명 에너지를 생성하는 기관이다.

식의 상태에 따라서 6장의 역할과 기능이 달라진다.

6식의 상태에서는 감정이 생겨나고 생명 에너지를 저장하는 역할을 한다.
7식의 상태에서는 6장에 내재되어 있던 각각의 주체 의식들이 깨어난다.
6장의 하나인 삼초는 뇌의 신경 영역이다.
시상핵과 대뇌변연계, 대뇌연합령을 연결하는 파페츠회로가 삼초의 영역이다.
7식의 상태에서 시상으로 들어가면 6개의 주체 의식이 합쳐지는 장소가 있다.
이 자리는 몸의 5장과 서로 연결되어 있다.
5장을 이루고 있는 다섯 개의 주체 의식과 머리를 이루고 있는 한 개의 주체 의식이 이 자리에서 합쳐지면 생각이 일어난다. 오장의 의식을 전5식이라하고 생각을 후6식이라 한다. 전5식이 합쳐져서 후6식이 생긴다.
시상에서 생겨난 생각이 파페츠 회로를 타고 돌면서 사유가 행해진다.
6식의 상태에서는 내가 한 사람이다.
7식으로 들어가면 내가 여섯 사람이다.
6식의 상태에서 이루어지는 장부 순화가 있고 7식의 상태에서 이루어지는 장부 순화가 있다.
6식의 장부 순화는 초선정에서 행해지고 7식의 장부 순화는 2선정에서 행해진다.
6식의 상태에서 행해지는 장부 순화는 표면적 순화이다.

6식의 장부 순화는 장부 간의 균형을 맞춰주는 것을 목표로 삼는다.
간 비장 균형, 심폐 균형, 신장 균형, 머리와 몸통의 균형을 맞춰주는 것이 6식에서 행해지는 장부 순화이다.
7식으로 들어가서 장부 순화를 해야 미세적 순화가 이루어진다.
7식에서는 6장에 내재된 각각의 주체의식을 제도의 대상으로 삼는다.
6장의 주체 의식을 제도하려면 먼저 각각의 주체 의식을 일깨워야 한다. 그런 다음 교류해야 한다.
간의 주체 의식과 만나고, 심장의 주체 의식과 만나고, 폐, 비장, 신장의 주체 의식과 만나야 한다.
육장의 주체 의식이 깨어나는 모습이 있다.
사람에 따라서 각기 다른 모습으로 나타나지만, 공통점이 있다. 그것이 바로 색깔이다.

6식의 상태에서 장부를 순화하는 방법으로 옴자 발성법이 활용된다.
옴자 발성을 통해 장부를 순화하고 중심을 세워준다.
장부는 감정과 의식 상태에 따라 본래의 고유성이 훼손되어 있다.
장부의 균형을 깨뜨리는 요인이 음기(陰氣)이다.
음기를 만드는 가장 큰 원인이 부정적 의식이다.

음기가 정도 이상 누적되면 신경 간의 교류가 과도하게 이루어진다.
의식과 의식이 무작위로 교류되는 것이 번뇌이다.
번뇌가 많은 사람은 수련에 집중할 수 없다.
효율적인 수련을 위해서는 몸 안에 누적된 음기를 적절하게 조절해 주어야 한다.
옴 수련을 하게 되면 발성의 파동을 통해 몸 안에 누적된 음기를 밖으로 배출 시킨다.
옴 소리의 파장은 몸 안의 음기를 제거하면서 수련공간까지 정화한다.

자세를 바로잡고 앉는다.
가부좌나 반가부좌도 좋고 반듯한 의자에 허리를 세우고 앉아도 좋다.
목과 어깨를 가볍게 흔들어 긴장을 풀어 준다.
목과 어깨는 편안하게 하고 척추는 곧게 편다.
그런 다음 명치에서 1cm 위, 몸속으로 5cm 들어간 자리에 의지를 둔다.
숨을 아랫배까지 깊이 들이쉰다.
너무 의도적으로 숨을 밀어 넣지 말고 편하게 들이쉰다.
호흡을 하면서도 가슴 바탕의 중심을 지속적으로 느껴본다.

숨을 내쉬면서 옴~~~ 하고 소리를 낸다.

혀는 입안의 가운데에 위치한다.
중심에서 옴 소리가 시작되어서 둥근 구의 형태로 울려 퍼지도록 한다.
옴 소리를 발성할 때 소리의 파동을 둥글게 형성하는 것이 중요하다.
장부의 순화와 기운의 내장에 영향을 주기 때문이다.
풍선이 점점 부풀어나듯이 가슴에서 몸 전체로 옴 소리가 울려 퍼지도록 한다.
이 과정을 반복해서 연습한다.

옴하고 소리가 둥글게 울려 퍼질 때, 몸에서 일어나는 진동을 좀 더 섬세하게 느껴본다.
가슴 중심에서 시작해서 폐부, 그리고 장부와 머리, 팔다리, 온몸 전체가 진동하는 것을 느껴본다.
옴 소리의 진동을 상상하지 말고 직접 느껴야 한다.
체득(體得) 될 때까지 계속한다.

이렇게 하다 보면 장부에 쌓여있던 탁기가 몸 밖으로 빠져나온다.
그때 몸에서 여러 가지 현상들이 나타난다.
목 부분에 마비가 올 수도 있고 폐와 심장 부위 또는 전신에서 통증이 느껴질 수도 있다. 일종의 명현 반응이다.
그런 증상은 대개 금방 사라진다.

옴 발성을 몇 차례 해보면 자신의 몸 상태에 맞게 소리의 높이가 정해진다.
너무 작게 소리 내지 않도록 한다.
매일 시간을 정해 놓고 규칙적으로 수련하는 것이 좋다.
수련 시간은 1시간 이상해야 한다.
수련이 깊어질수록 같은 시간으로 더 큰 효과를 낼 수 있다.

자세를 취한 다음 중심에 의지를 두고 아랫배 깊숙이 숨을 들이쉰다.
옴~~~하고 발성을 하면서 소리의 진동이 온몸으로 퍼져나가는 것을 느낀다.
진동을 보다 선명하게 느낄 수 있을 때까지 반복한다.

진동이 일어나서 퍼져나갔다가 다시 멈추었을 때 그 바탕에 자리한 '고요함'을 인식한다.
숨을 들이쉬면서도 가슴 바탕의 고요함을 주시한다.
옴~~~ 하고 발성을 하면서도 진동이 퍼져나가는 이면을 주시한다.
아무렇지 않은 자리, 아무것도 일어나지 않는 가슴 바탕을 느껴본다.

처음에는 진동만 느껴지지만 나중에는 진동과 고요함을 동시에 느낄 수 있다.

그렇게 되면 중심이 돈독하게 세워진 것이다.
이때부터는 일상 속의 모든 현상을 가슴으로 비춰 본다.
그러다 보면 고요함이 벽과 같이 튼튼해진다.

숨을 깊이 들이쉬었다가 옴~~~ 하고 내쉰다.
옴~~~소리가 둥글게 퍼져 나가도록 하면서 가슴 바탕의 고요함을 함께 주시한다.

호흡을 들이쉴 때 중심으로 기운을 모아준다.
다시 옴~~~하고 내쉬면서 가슴 바탕을 주시한다.
이 과정을 반복한다.
가슴 바탕을 주시하고 있기만 해도 저절로 기운이 모여든다.
몸 전체의 피부 감각을 활용해서 중심으로 기운을 끌어들인다.
옴 소리가 구의 형태로 울려 퍼지면 들숨을 따라 구의 중심으로 다시 기운이 집약된다. 옴 소리가 둥글게 멀리 울려 퍼질수록 끌어들이는 기운의 양이 많아진다.
기감(氣感)이 깨어나 있으면 몸 전체로 기운을 느낄 수가 있다.
피부와 몸 전체에 조여드는 듯한 느낌이 생기고 저르르한 기감이 형성된다.
가슴이 부풀어서 뻥뻥해진다.
때로는 가슴이 밝은 빛으로 환해지는 것을 보기도 한다.

열이 발생해서 몸이 후끈거리기도 하는데 숙달이 되면 기운이 안으로 갈무리되면서 평안해진다.
그 상태에서 장부 순화는 더욱더 심화된다.
가슴 바탕에 고요함도 더욱더 튼튼하게 자리 잡는다.

중심의 편안함이 깊어지면 중심과 육장을 하나씩 연결한다. 먼저 심장을 연결한다.
편안함을 바탕으로 삼고 심장에 대한 그리움을 일으킨다. 마음이 조급해서도 안 되고 선입관이 있어도 안 된다. 그리움이 지나쳐서 편안함이 흐트러져도 안 된다.
중심과 심장을 연결해 놓고 지극하게 기다린다.
어미 닭이 알을 품는 심정으로 사랑하는 사람을 그리워하는 심정으로 심장을 느껴본다.
심장의 주체 의식이 깨어나면 눈, 귀, 코, 입, 몸, 생각을 통해 경상이 드러난다.
눈으로는 색깔이 인식된다.
붉은색이다.
시야가 온통 붉은색으로 채워질 수도 있고, 붉은색 빛을 인식할 수도 있다.
때론 붉은색 옷을 입은 사람이 나타날 수도 있고, 붉은색 털을 가진 짐승이 나타날 수도 있다.
귀로는 소리가 인식된다.
벌레 소리, 말밥굽 소리, 종소리, 목탁 소리, 속삭이는 소리, 천둥 벼락치는 소리 등등의 다양한 소리가 들려온다.
코로는 냄새가 맡아진다.
천상의 향기 같은 그윽한 꽃향기가 풍겨오기도 하고, 시궁창 냄새 같은 악취가 진동하기도 한다.
입으로는 의도하지 않았던 말들이 튀어나온다.
방언하듯이 못 알아듣는 말이 나오기도 하고, 특정한 대상과 연관된 말이 나오기도 한다. 전생의 일이나 미래를 예언하는 말이 나오기도 한다.
몸으로는 초감각이 발현된다.
감각을 통해 에너지의 흐름을 느끼기도 하고, 자연과 교감할 수 있는 능력이 생기기도 한다. 다른 사람의 몸 상태와 일치가 이루어지기도 한다.
생각으로는 다양한 현상들이 드러난다.
과거와 미래를 보기도 하고, 다른 세계와 교류하기도 한다. 상대의 생각과 일치가 되기도 하고, 영혼으로 존재하는 생명들과 교류할 수 있는 능력이 생기기도 한다.

심장의 주체 의식이 깨어나면 언제 어디서든 임의롭게 소통할 수 있게 된다.
마치 친구처럼 대화하고 서로의 의견을 나눌 수도 있다.
이런 상태가 되면 자기 능력이 비약적으로 발전한다.
이때 조심해야 할 것이 있다.
능력을 쓰면서 아상에 빠지지 않는 것이다.

심장의 주체 의식을 깨웠으면 그다음에는 간이나 비장의 주체 의식을 깨운다.
일치시키는 방법은 똑같다.
다만 심장의 주체 의식이 도움을 줄 때 훨씬 더 수월하게 깨어난다.
때로는 오장의 주체 의식끼리 서로 부딪치는 관계가 될 수도 있다.
그럴 경우에는 따로따로 발현시켜서 서로 화합시켜야 한다. 이 또한 장부 순화의 과정에서 반드시 성취해야 할 과정이다.
나머지 장부의 주체 의식이 깨어날 때 드러나는 안, 이, 비, 설, 신, 의의 경상은 색깔의 경상만 다를 뿐 대부분이 비슷하다.
비장의 주체 의식이 깨어날 때는 황색이 인식된다.
간의 주체 의식이 깨어날 때는 녹색이 인식된다.
폐의 주체 의식이 깨어날 때는 백색이 인식된다.
신장의 주체 의식이 깨어날 때는 푸른색이 인식된다.
머리의 주체 의식이 깨어날 때는 다섯 가지 색깔이 혼재되어 나타난다.
오장의 주체 의식 중 어떤 의식이 머리로 올라왔는가에 따라서 드러나는 색깔의 양상이 서로 다르다.
다섯 개의 주체의식이 함께 모이면 금색 빛이 인식된다.
보라색, 분홍색, 갈색 등등의 색깔들은 서로 다른 주체 의식들끼리 만났을 때 나타나는 색깔이다.
육장(六臟)의 주체의식이 발현될 때는 여러 가지 경상이 나타난다.
어떤 때는 빨간 옷을 입고 있는 아이가 나와서 안녕? 하고 인사를 한다.
빨간 옷을 입었으니 이는 심장의 주체 의식이다.
어떤 때는 파란 옷을 입고 나와서 싸우자고 덤빈다.
파란 옷을 입었으니 이는 신장의 주체 의식이다.
이런 경우에는 외부 의식이 들어와서 자기를 공격한다고 생각할 수도 있다.
그런 인식이 생겨나면 외부 의식을 물리쳐야 한다는 적대감을 갖게 된다.
적대감을 갖고 주체의식을 대하면 장부 순화가 이루어지지 않는다. 오히려 장부 간의 균형이 깨어지게 된다.
이런 경우에는 의식적인 장애가 생길 수도 있다.
공부하는 사람 중에 그런 사람들이 특히 많고 일반 사람 중에도 가끔 그런 사람들이 있다.
이런 현상은 6식과 7식의 경계가 무너져서 7식의 주체 의식이 깨어날 때 나타나는 현상이다. 하지만 그 원인을 모르게 되면 정신분열이나 빙의 현상으로 오해한다.
이런 오류에서 벗어나려면 오장의 주체 의식과 교류할 수 있는 방법을 알아야 한다. 처음 수행문에 들어선 사람이 이 과정을 넘어가는 것은 대단히 어렵다.

혼자서 넘어서는 것은 힘들고 반드시 선지식의 지도가 필요하다.
오장의 주체 의식 중에는 거짓말을 잘하는 의식도 있고, 명석한 의식도 있다. 그런 경우에 거짓말에 속아서도 안 되고, 명석함에 의지해서도 안 된다. 왜냐하면 둘 다 제도해야 할 대상이기 때문이다.
이때 쓰이는 것이 공관법(空觀法)이다.
공관을 할 줄 모르면 이때의 장애를 극복하지 못한다.
공관을 하기 위해서는 중심 분리를 통해 이면을 확보해야 한다.

6장, 6부의 균형이 깨졌을 때 중심에서 드러나는 경상이 있다.
이때 드러나는 경상이 13가지이다.
그중 12가지는 장부가 안 좋을 때 드러나는 경상이고 나머지 한 가지는 장부의 상태가 안정되었을 때 드러나는 경상이다.
중심 자리에서 물결이 일렁이는 듯한 설레임이 일어나면 신장이 안 좋은 것이다.
메슥거림이 느껴지면 비장이 안 좋은 것이다.
누르는 듯한 압박감이 느껴지면서 통증이 있으면 심장이 안 좋은 것이다.
바늘로 찌르는 듯한 통증이 느껴지면 폐가 안 좋은 것이다.

불안함이 느껴지면 담이 안 좋은 것이다. 담이 수축됐을 때 불안함이 생긴다.
울렁거림이 느껴지면 간이 안 좋은 것이다.
울렁거림과 메슥거림이 같이 느껴지면 간, 비장이 함께 안 좋은 것이다.
답답함이 느껴지면 위가 안 좋은 것이다.
더부룩함이 느껴지면 소장이 안 좋은 것이다.
짜글거림과 더불어서 조급함이 일어나면 대장이 안 좋은 것이다.
긴장감이 생기고, 안정이 안되면 방광이 안 좋은 것이다.
격정에 차 있으면 심포가 안 좋은 것이다.
신경이 예민해지고 날카로우면 삼초가 안 좋은 것이다.
장부가 안정된 상태이면 중심이 편안함을 유지한다.
중심을 보고 있을 때 위의 12가지 증상이 나타나면 그 부위에 해당하는 장부가 안 좋은 것이다.

중심을 분리해서 이면이 갖춰지면 심왕(心王)이 깨어났다고 말한다.
심왕이 깨어나면 장부를 이루고 있는 6가지 주체 의식이 심왕에 조복한다.
심왕이 세워지지 않고 6개의 주체 의식이 깨어나면 서로 다투는 관계가 된다.
6장의 주체 의식이 발현될 때 심왕을 먼저 세워주면 주체

의식 간의 부딪침이 최소화된다. 심왕이 세워지면 장부 순화가 수월하게 이루어진다.

심왕을 활용해서 장부 순화를 하는 것도 주체의식을 발현시킬 때와 비슷한 방법으로 진행한다.

중심으로 비추어서 불안함이 일어나면 담이 안 좋은 것이다. 그럴 때는 이면의 관여되지 않는 자리로 불안함을 비춰준다. 담도 함께 비춰준다. 그러다 보면 불안함이 사라지고 다시 편안함이 갖춰진다.

슬픔이 일어나면 슬픔도 관여되지 않는 자리로 비춰준다. 그러다 보면 슬픔이 사라진다. 슬픔이 제도되면서 심·폐도 함께 치료된다.

이렇게 중심을 통해 6식의 장부를 제도해가다 보면 문득문득 7식의 주체 의식들이 깨어나는 현상들이 나타난다. 그때부터 교류가 시작된다.

어떤 여자애가 나타났는데 녹색 모자를 쓰고 있다. 녹색 모자를 쓰고 있으니 간이다. '간 너는 여자였구나' 그때야 자기 간의 주체 의식이 여자인 것을 알게 된다.

나중에 그 의식이 나타나서 뭐라고 뭐라고 하면 '내 간이 말하는구나' 이렇게 알게 된다. 하지만 그 과정을 못 겪어본 사람은 녹색 모자 쓴 여자애가 나타나서 뭐라고 뭐라고 하면 외부 의식으로 착각하게 된다.

5장의 주체 의식이 깨어났을 때 의타심이나, 거부감, 두려움을 갖게 되면 마장(魔障)에 빠지게 된다.

나중에 신경 순화나 의식 순화의 과정에서는 육근원통법(六根圓通法)을 통해 시상으로 직접 들어가서 6장의 주체 의식들을 만나게 된다.

시상의 부위별로 서로 다른 주체 의식들이 내재되어 있다. 뇌척수로 운동을 통해 장부 순화를 하게 되면 훨씬 더 폭넓은 범위에서 자기 제도가 이루어진다.

뇌척수로 운동이 익숙해지면 각 손가락의 움직임을 통해서 원하는 부위를 자극할 수 있게 된다. 3, 4, 5지를 구부려서 연수를 조여주고 소장을 자극한다. 검지를 구부리면서 미주신경을 자극하고 대장을 자극한다.

엄지를 구부리면서 교감신경을 자극하고 심·폐를 자극한다. 이런 방법으로 자기 제도가 이루어지면 신경 경로와 근골격, 장부 순화가 한꺼번에 이루어진다. 업식이 발현되면 업식이 내장된 원인과 내장 경로가 드러나고 업식의 영향을 받는 전체 생명 경로의 상태가 드러난다.

「어깨가 아프다」 이 증상을 중심과 뇌척수로 운동을 병행해서 제도해 본다.

중심으로 어깨의 통증을 비춰보면서 검지를 천천히 구부린다. 검지를 완전하게 구부린 다음 중심을 지켜본다.

생각지도 않았던 장면이 떠오른다.

어렸을 때 겪었던 일이 어제 있었던 일처럼 선명하게 떠오른다.

친구가 나에게 소리를 질렀다. 나는 친구가 두려웠다.

나도 모르게 어깨가 움츠러졌다.
그 두려움이 트라우마가 되어 어깨에 맺혀있다. 어깨가 아픈 것은 그때부터 시작되었다.
어깨에 맺혀있는 트라우마는 승모근을 경직시키고 부신을 수축시켰다.
목신경을 경직되게 하고 횡격막 신경을 수축시켰다.
횡격막이 수축되면서 심·폐가 수축되고 가슴속에는 슬픔이 생기게 되었다.
검지의 자세를 유지하면서 아픈 어깨를 이면으로 비춰본다. 그러다 보면 무언가 한 무더기가 떨어져 나가는 것이 느껴진다.
심·폐가 확장되면서 내 안에 박혀있던 슬픔도 제도된다.
이렇듯 중심과 손가락 하나만으로도 언제든지 내 속으로 들어가서 제도해야 할 대상을 만날 수 있다.
중심법과 뇌척수로운동법이 함께 쓰이면 훨씬 더 빨리 장부 순화가 이루어진다.

중심의 이면이 갖고 있는 두 가지 관점이 있다.
하나는 공간적 관점이다.
또 하나는 상태적 관점이다.
중심의 이면은 텅 비어있다. 이것이 이면이 가진 공간적 관점이다.
중심의 이면은 '아무렇지 않은 상태'이다. 이것이 이면이 가진 상태적 관점이다. '아무렇지 않다'는 것은 각성으로 주시되는 대상의 상태이다.
현상을 대하는 의식이 아무렇지 않을 때 그 상태를 각성이 주시한다.
각성이 없으면 아무렇지 않은 것이 어떤 상태인지 구분하지 못한다.
가끔 아무렇지 않은 상태가 어떤 상태냐고 묻는 사람이 있다. 그러면 손가락을 들어 보이면서 어떠냐고 되묻는다. 선지가 있으면 알아듣지만 그렇지 않으면 어리둥절한다.
의식이 쓰일 때 관여되지 않고 아무렇지 않은 자리를 주시의 대상으로 삼으면 그 자리가 이면이다.
공간적 관점에서 이면이 세워지는 자리는 명치 위 1㎝, 속으로 10㎝ 들어간 자리이다. 중심에서 등 쪽으로 5㎝ 더 들어간 자리에 이면이 세워진다.
이면에서는 어떤 일치도 일어나지 않는다.
관여되지 않고 아무렇지 않은 상태, 그런 상태가 명치 위 1cm, 속으로 10cm 들어간 자리에서 세워진다.

척추뼈 순회

수행이 깊어지려면 먼저 호흡이 안정되어야 한다.
호흡은 일정 속도(均)로 조용(靜)하고 미세(細)하며 길게(長) 이루어져야 한다.

바르게 앉아서 아랫배까지 숨을 들이쉰다.
억지로 아랫배까지 숨을 밀어 넣는 것이 아니다.
단전에 의식을 두고 아랫배가 숨을 빨아들이도록 해야한다. 아랫배를 천천히 내밀면서 그 속도에 맞추어서 코로 숨이 빨려 들어오는 것을 지켜본다.
날숨에는 고요하고 미세하게 천천히 토해 준다.
처음에는 이렇게 숨 쉬는 것이 대단히 불편하다.
반복해서 연습해 주면 불편한 것이 해소된다.

척추뼈 순화의 시작은 양쪽 손바닥의 중심을 여는 것이다.
손바닥의 중심이 '노궁혈'이다
장심을 열기 위해 진동관법이 쓰인다.
진동관이란 심장의 박동을 활용해서 몸의 감각을 일깨우는 수행법이다. 사념처관법 중 신념처관의 기법이다.

목과 어깨를 자연스럽게 풀어 준 다음 척추를 바르게 세우고 앉는다.
엄지 끝과 검지 끝을 서로 맞닿게 하고 양손을 무릎 위에 올려놓는다.
이때 손바닥이 하늘로 향하도록 하고 손가락을 너무 세게 쥐지 않도록 한다.
맞닿은 손끝에서 일어나는 맥박의 진동을 느낀다.
생각이 일어나면 그것을 따라가지 말고, 다시 손끝으로 의식을 돌린다.
때에 따라서, 싸늘한 냉기 같은 것이 손가락 사이나 손끝에서 빠져나가는 것이 느껴진다.
폐, 대장, 삼초(三焦), 심포(心包), 심장 부위의 냉기나 병증이 다스려지면서 그런 증상이 생긴다. 계속하면 사라진다.

손끝의 진동이 순일(純一)하게 느껴지면, 손바닥 전체로 확대시킨다.
손바닥 전체에서 진동이 느껴지면, 손바닥 위로 기운이 모이기 시작한다.
상황에 따라 찌릿찌릿하는 느낌이 올 수도 있고 손바닥 위에 빽빽한 공이 얹힌 느낌이 들 수도 있다.
때로는 후끈한 열기가 느껴지기도 한다.
이 과정을 충분하게 반복해서 연습한다.

그런 다음 손바닥 중심에 구멍을 뚫는다.
손바닥의 중심을 '노궁'이라 한다.
노궁에 구멍이 뻥 뚫렸다고 상상한다.
그 구멍이 팔목뼈를 타고 어깨를 거쳐서 척추뼈까지 이어져 있다고 상상한다.

손바닥 위에 얹힌 기운으로 탁구공을 만든다.
기운이 탁구공처럼 둥글게 뭉친다고 상상하면 실제로 그렇게 된다. 진짜 탁구공처럼 선명하게 뭉쳐지지 않아도 괜찮다. 기운이 둥글게 얹힌 정도의 느낌만 있어도 된다.

손바닥 위에 공이 얹힌 듯한 기감이 생겨나면 이번에는 심장의 박동을 느껴본다. 그런 다음 손바닥의 진동과 심장의 진동을 함께 느껴본다.
손바닥이 둥둥하고 울릴 때, 짧은 호흡으로 숨을 들이쉬면서 낚아채듯이 노궁의 구멍 속으로 공을 빨아들인다. 이때 손목에 약간의 스냅을 가해 준다.
공이 구멍 속으로 빨려 들어가면 손목 쪽이 뻑뻑해진다. 그러면서 뻐근한 통증이 느껴지기도 한다.
이때의 통증은 머리나 흉부 쪽에서 빠져나오던 냉기로 인해 생기는 것이다.
그런 경우에는 옴자 발성법을 통해 장부 순화를 더 한 다음에 진동관을 해야 한다.
들숨에 손목까지 빨아들인 공을 날숨에 손바닥 위로 내보낸다. 그런 다음 다시 공의 형태를 만든다.
이번에는 공을 팔뚝뼈까지 끌어들인다.
날숨에 다시 손바닥으로 공을 내보낸다.
이 과정을 반복하면서 공을 대추혈까지 끌어올린다.
기운이 손목을 지나 뼈 속을 통과할 때 뻑뻑한 기감이 느껴지기도 하고 훈훈한 열기가 올라오기도 한다.

노궁에서 대추혈까지 기운의 통로가 만들어지면, 이번에는 대추에서 명문까지 척추뼈 경로를 열어준다.
척추뼈 경로도 한 번에 열리지 않을 수 있다.
그런 경우는 노궁과 대추, 대추와 명문 사이를 따로 열어 준 다음 연결해 준다.

숨을 들이쉬면서 공을 노궁에서 대추까지 끌어들인다. 그런 다음 숨을 내쉴 때 그대로 대추에 머물게 한다.
다시 숨을 들이쉬면서 대추에서 척추를 따라 명문까지 공을 끌어내린다. 이 과정에서도 명문까지의 경로가 한 번에 열리지 않을 수도 있다.
중간에 막힌 부분이 있으면 날숨에 그 자리에 공을 머물게 하고 들숨에 다시 끌어내린다.
반복하다 보면 막힌 부위가 뚫어지게 된다.
막힌 부위에서 공이 멈춰있을 때 통증이 생길 수도 있다.
어떤 경우는 숨이 턱!하고 막힐 정도로 극심한 통증이 느껴지기도 한다.
그런 경우에도 반복해서 수련하다 보면 통증이 해소된다.
대부분 흉추 4번, 5번, 6번 사이가 막혀있는 경우가 많다.
이 자리는 심장과 위장으로 들어가는 교감신경이 시작되는 부위이다.
이렇게 해서 대추와 명문 사이의 경로가 열리면 노궁과 명문을 서로 연결해 준다.

천천히 호흡을 들이쉬면서 노궁에서부터 팔뼈를 통해 대추혈까지 공을 끌어들인 다음, 척추를 따라 명문까지 끌어내린다.
내쉬는 호흡에 맞춰, 명문에서 척추를 따라 대추, 어깨를 지나 손바닥까지 기운을 다시 옮긴다.
노궁에서 명문까지 기운의 흐름이 원활하게 느껴질 때까지 충분하게 연습한다.
이 과정을 반복하면서 첫 번째 단계의 척추 순화가 이루어진다.
두 번째 단계 척추 순화는 '선천원기(先天源氣)'가 각성되면서 이루어진다. 선천원기를 '쿤달리니'라고 한다.

척추뼈는 선천원기의 통로이다. 선천원기는 선천기(先天氣)와 원기(源氣)가 합쳐진 것이다.
선천기는 생명이 수정란에 깃들기 이전부터 가지고 있던 혼의 에너지이다.
원기는 영혼이 수정란에 깃들 때 생성되는 적정(寂靜) 에너지이다. 영혼이 수정란에 깃들게 되면 영성이 혼절하고 혼성만 활동한다. 이 시간이 삼일 정도 유지되는데 이때 적정 에너지가 생성된다.
육체에서 영혼이 처음 들어온 자리가 척수의 '황정'이다.
척수의 황정에는 선천혼이 생성해 내는 선천기와 영성이 적정에 들었을 때 생성해 내는 원기가 하나로 합쳐져있다.

이 에너지가 요추 2번과 3번 사이에 내장되어 있다. 그 자리가 명문이다.
선천원기는 육체생명의 수명을 결정하는 원인이다.
선천원기가 소진되면 영혼이 육체를 떠나게 된다.
명문에 내장되어 있는 선천원기는 육장과 연결되어 있고 세포의 텔로미어와 연결되어 있다.
육장으로부터는 습득혼이 생성해 내는 선천기를 제공받으면서 소진된 에너지를 보충하고 텔로미어를 충전시켜서 세포수명을 유지시킨다.
명문에 내장되어 있는 선천원기는 척추뼈를 타고 흐른다. 충맥을 통해 육장과 교류하고 경락과 핏줄, 신경을 통해 세포와 교류한다.

노궁을 통해 척추로 끌어들인 공은 '후천기(後天氣)'이다.
후천기란 별에서 생성되는 공간 에너지이다.
후천기를 명문에 집약시키면 선천원기와 후천기가 합쳐진다. 그러면서 선천원기가 보강된다.
이렇게 보강된 선천원기는 뜨거운 열감과 더불어서 물리적 형태를 띠게 된다.
농구공만 한 열기의 덩어리가 명문에 매달려 있는 것이 느껴지면 선천원기가 각성된 것이다.
이와 같은 과정을 통해 깨어난 선천원기를 척추뼈를 따라서 오르내린다. 이것이 두 번째 단계의 척추뼈 순화이다.

이 과정을 반복하다 보면 척추 전체가 열기의 기둥이 된다. 그런 상태가 되면 척추뼈 순화가 끝난 것이다.
다음 단계로 갈비뼈 순화를 행한다.

갈비뼈 순화

갈비뼈 순화는 옴자 발성법과 진동관법이 함께 쓰인다.
숨을 들이쉴 때는 진동관법을 활용하고 내쉴 때는 옴자 발성법을 활용한다.

들숨에 노궁의 기운을 명문까지 끌어들인다.
날숨에 중심을 울려서 옴~~~하고 발성한다.
옴자 발성을 하면서 발성의 진동이 몸 밖으로 퍼져나가는 것을 인식한다. 그러면서 중심과 영대, 하단전과 명문이 함께 울리는 것을 주시한다.

천천히 숨을 들이쉬면서 피부를 통해 접해지는 기운의 감각을 척추의 중심으로 빨아들인다.
그러면서 그 기운을 명문까지 끌어내린다.
이때 노궁에서 들어오는 기운과 이 기운이 하나로 합쳐진다. 숨을 내쉬면서 옴~~~하고 발성한다.
그러면서 명문과 하단전, 중심과 영대의 울림을 함께 주시한다. 이 과정을 반복하다 보면 후천기의 집약이 비약적으로 증가된다. 그러면서 선천원기의 운용이 지속적으로 이루어진다.

중심과 영대, 명문과 하단전을 연결해서 선천원기를 운용하는 것을 '반신 소주천(半身小周天)'이라고 한다.

반신 소주천을 하면서 갈비뼈 순화와 꼬리뼈 순화가 함께 이루어진다.

반신 소주천법(半身小周天法)

옴자 발성의 진동을 이용해서 반신 소주천의 통로를 연결한다. 먼저 중심과 하단전을 연결하고 하단전과 명문, 중심과 영대, 명문과 영대를 순서대로 연결한다. 네 개의 경로를 연결하면 '반신 소주천의 경로'가 확보된 것이다.

반신 소주천의 경로를 확보하는 첫 번째 과정이다.

몸 전체의 감각을 열어놓는다.
들숨에 기운을 척추로 흡수한 다음 명문에 저장한다.

날숨에 옴자 발성으로 중심을 울려준다.
발성의 진동이 명문을 울리는 것을 인식하면서 중심과 명문을 함께 주시한다. 중심과 명문 간에 공명이 일어나면 중심과 명문 사이에 대각선 통로가 형성된다.

그러면서 명문의 진동이 꼬리뼈까지 확대된다.
이때 꼬리뼈에서 일어나는 증상들이 있다.
꼬리뼈에서 통증이 생기고 투쟁심과 경쟁심, 욕정이 치성해지면서 감정이 격해지는 것이 그것이다.

꼬리뼈의 통증은 빈번하게 나타난다.
명문에 기운이 내장되면서도 나타나고 선천원기가 표출될 때에도 나타난다.
이 과정에서는 대부분의 사람들이 통증을 경험한다.
명문의 기운이 농구공만큼 커질 정도가 되면, 명문에서 꼬리뼈까지 전체 부위에서 극심한 통증이 생긴다.
이것은 미추 부위에 쌓여있던 탁기가 빠져가면서 생기는 증상이다. 사람에 따라 그 정도가 다르다.
골반뼈가 출산할 때 처럼 벌어졌다 오므라드는 증상도 생긴다. 그렇게 되면 걸음도 제대로 걸을 수 없게 된다.
이런 증상이 2주 정도 지속된다.
당황하거나 두려워하지 말고 담담한 마음으로 이 과정을 넘어가야 한다.
반신 소주천의 경로를 확보하는 두 번째 과정이다.
가슴바탕의 고요함을 하단전으로 확장시켜서 중심, 하단전 경로를 여는 방법이다.

들숨에 노궁의 기운과 촉감으로 인식되는 기운을 명문으로 집약시킨다.
날숨에 옴자 발성으로 하단전을 울려준다.
중심의 진동이 하단전까지 퍼져나가게 하면서 하단전을 주시한다. 이 과정을 반복해서 수련한다.
가슴바닥의 고요함이 하단전까지 확장되면 고요함이 더 깊어진다. 그러면서 가슴과 하단전 사이에 텅 빈 항아리가 생겨난다.

반신 소주천의 경로를 확보하는 세 번째 과정이다.
하단전과 명문의 통로를 연결하는 방법이다.

들숨에 명문으로 기운을 집약시킨다.
날숨에 옴자 발성으로 하단전을 울려준다.
이때 하단전의 진동을 명문까지 퍼져나가게 하면서 하단전과 명문을 함께 주시한다.
이 과정을 반복한다.
하단전과 명문이 공명하면서 기운의 통로가 형성된다.
그러면서 들숨 때 명문의 기운이 하단전 쪽으로 쭈욱 빨려 들어오고, 날숨 때 밀려나가는 현상이 되풀이된다.
통로가 대롱처럼 인식되는 사람도 있고, 작은 공 같은 것이 왕복하는 경우도 있다. 때로는 기운 덩어리가 펌프질하듯이 느껴지는 경우도 있다.

반신 소주천의 경로를 확보하는 네 번째 과정이다.
중심과 영대의 통로를 연결하는 방법이다.

숨을 들이쉬면서 기운을 명문에 모은다.
날숨에 옴자 발성을 하면서 중심의 진동이 영대까지 퍼져 나가게 한다.
중심과 영대를 함께 주시한다.
점차로 중심과 영대가 공명하면서 통로가 형성된다.
반복해서 수련한다.

중심과 영대 사이에서 이루어지는 기운의 내왕은 들숨 때와 날숨 때에 서로 다른 경로가 쓰인다.
들숨 때는 중심에서 갈비뼈를 통해 영대로 기운이 밀려나가고, 날숨 때는 영대에서 직선 통로로 중심으로 유입된다. 이 과정에서부터 갈비뼈가 열리기 시작한다.
처음 갈비뼈가 열릴 때는 중심에 쌓여졌던 기운이 양쪽 갈비뼈를 타고 흐르면서 쩌르르하는 자극감이 생긴다.
옴자 발성으로 중심과 영대를 함께 울려주면 영대에 모여 있던 기운이 다시 중심으로 이동해온다.
이 과정을 반복해서 행한다.

반신 소주천의 경로를 확보하는 다섯 번째 과정이다.
하단전과 명문, 중단전과 영대 간의 경로를 서로 연결시키는 방법이다.

숨을 들이쉬면서 명문으로 기운을 모은다.
날숨에 옴자 발성을 하면서 중심과 명문을 함께 주시한다.
이 과정을 반복하다 보면 명문의 기운이 영대로 올라와서 중심으로 이동한다.
명문의 기운이 영대로 이동할 때는 농구공만 한 열기의 덩어리가 밀고 올라온다. 그렇게 되면 등판 전체에서 땀방울이 흘러내린다.
명문의 선천원기가 중심으로 모이게 되면 가슴 전체가 빵빵하게 부풀어 오른다. 그러면서 가슴바닥에 철벽이 생긴다. 이때 양쪽 갈비뼈를 타고 쩌르르한 감각이 등 쪽으로 흘러가는 것이 느껴진다.
이런 현상이 일어나면 이때부터 갈비뼈 순화를 행한다.

들숨에 영대를 주시하면서 양쪽 갈비뼈를 통해 기운을 등 쪽으로 보낸다.
날숨에 옴자 발성을 하면서 영대와 중심을 함께 울려준다. 그렇게 하다 보면 직선 통로를 통해 기운이 중심으로 이동해온다. 이 과정을 반복하다 보면 갈비뼈 순화가 완전하게 이루어진다.

갈비뼈 순화가 이루어지면서 선천원기도 함께 순화된다.

그렇게 되면 뜨거웠던 열감도 사라지고 거친 성향도 부드럽고 미세하게 변화된다.
이런 상태가 되면 중심의 기운을 하단전으로 내린다.

이와 같은 방법으로 갈비뼈 순화가 이루어지면 4선정을 성취한 것이다.
중심이 철벽을 이루었을 때가 3선정의 상태이고 갈비뼈 순화가 끝나면 4선정을 이룬 것이다.
4선정은 견성오도를 성취한 것이다.
이 상태에서는 밝은성품이 생성된다.
갈비뼈 순화를 하면서 선천원기의 거칢을 제도해 주는 것이 밝은성품이다.
영대와 중심 사이를 선천원기가 내왕하는 과정에서 밝은성품과 서로 합쳐진다.
갈비뼈 순화를 하면서 견성오도가 이루어지면 심과 식의 추업을 제도할 수 있는 역량이 갖추어진다.
그러면서 공무변처해탈과 식무변처해탈, 비상비비상처해탈을 이룰 수 있는 근기를 갖추게 된다.
이후에 진행되는 반신 소추천의 방법은 5선정의 공무변처해탈의 과정이다.

꼬리뼈 순화

반신 소주천을 운용하면서 꼬리뼈 순화를 병행하는 과정이다. 먼저 중심의 기운을 하단전으로 내려오게 한다.

들숨에 영대를 주시하며, 중심에서 갈비뼈를 타고 영대로 기운을 보낸다.
그런 다음 옴자 발성을 하면서 하단전을 울려준다.
중심과 하단전을 함께 주시한다.
중심에서 하단전으로 기운이 내려온다.
중심의 고요함이 하단전으로 확장되면서 배 쪽에서 변화가 일어난다.
꿈틀거림이 생겨나고 진동이 일어나기도 한다.
싸늘한 냉기가 느껴지기도 하고 극심한 통증이 느껴지기도 한다. 육부가 순화되면서 일어나는 현상들이다.
어떤 경우라도 본성으로 비추어서 제도한다.
그러다 보면 모든 증상들이 사라지고 둥근 기둥처럼 텅 빈 공간이 생겨난다. 그러면서 아랫배 전체가 후끈한 열기로 채워지게 된다.

옴자 발성으로 중심과 하단전이 공명하면 하단전으로 기운이 응집된다. 이때 하단전에서 드러나는 증상이 있다.
마치 물속에 비친 달처럼 푸르스름한 빛이 하단전에 맺히게 된다. 이 상태를 '한 물건이 형성되었다'라고 말한다.
한 물건이 형성되면 한동안 하단전에 머물러 있다.

들숨으로는 갈비뼈를 순화해 주고 날숨으로는 옴자 발성으로 중심과 하단전을 울려주면서 하단전에 맺혀있는 한 물건에 각성을 집중한다. 마치 어미 닭이 알을 품듯이 한 물건을 주시한다.
이 과정을 반복하다 보면 한 물건에서 변화가 일어난다.
뜨거웠던 열기가 사그라들고 은은한 열감만 남아있다. 푸르스름했던 빛이 밝은 달빛처럼 변화된다.
이 상태가 되면 다음 과정으로 넘어간다.

이 이후에 진행되는 수행은 기운을 보다 완전하게 순화시키고 반신 소주천을 완성하는 것이다.
반신 소주천의 완성은 황정을 세워주는 것이다.
황정을 내단전이라고 한다.
반신 소주천의 경로를 운용하는 방법이다
하단전의 한 물건을 명문으로 빼내는 과정이다.

들숨에 온몸으로 후천기를 받아들여서 명문에 집약시킨다.
이때 한 물건은 하단전에 머물러 있는 상태이다.
날숨에 옴자 발성으로 하단전과 명문을 함께 울려준다.
하단전의 한 물건이 명문으로 이동한다.
명문에 농구공만 한 열기의 덩어리가 매달린다.
이때의 열기는 한 물건과 선천원기, 후천기가 합쳐지면서 생겨난 것이다.

명문의 기운을 다시 중심으로 끌어오는 과정이다.
들숨에 온몸으로 후천기를 받아들여서 명문에 저장한다.
날숨에 옴자 발성으로 중심과 명문을 함께 주시한다.
명문의 기운이 중심으로 올라온다.
이 상태에서 다시 갈비뼈 순화를 행한다.

영대를 주시하면서 숨을 들이쉰다.
중심의 기운을 갈비뼈를 통해 영대로 보낸다.
옴~~~하고 숨을 내쉬면서 중심과 영대를 함께 주시한다.
이때 영대와 중심 사이에서 중극 기점을 인식한다.
중극 기점은 영대의 안쪽에 위치해 있다. 약 5cm 정도 안쪽에 있다. 중극은 4선정의 무념처가 세워지는 자리이다.
4선정의 견성오도가 중극 기점에서 이루어진다.
갈비뼈 순화를 하면서 중극을 인식해 주면 기운의 순화가 급속도로 빨리 이루어진다.
기운의 거칢이 사라질 때까지 갈비뼈 순화를 반복한다. 기운이 순화되면 하단전으로 내린다.

들숨에 영대를 주시하고 날숨에 옴자 발성으로 하단전을 울려준다.
하단전에 다시 한 물건이 형성된다.
본성으로 한 물건을 비추면서 중심 기점과 하단전 기점을 함께 주시한다.

한 물건이 밝은 달빛으로 변화되면 명문의 기운이 하단전으로 유입되기 시작한다.
명문의 기운이 하단전으로 유입되는 것은 하단전이 더 안정되었기 때문이다. 반대로 명문이 안정되어 있으면, 하단전의 기운이 명문으로 이동해 간다.

명문의 기운이 하단전으로 흘러 들어오기 시작하면, 하단전의 한 물건을 명문으로 이동시킨다.

들숨에 후천기를 받아들여서 명문에 집약시킨다.
날숨에 옴자 발성을 하면서 하단전과 명문을 공명시킨다.
이 과정을 반복하다 보면 하단전의 고요함이 명문까지 확대된다. 그렇게 되면 하단전과 명문이 하나로 통합된다.
하단전의 한 물건이 명문으로 이동해 간다.
은은한 열기가 명문에 매달리면 한 물건을 다시 중심으로 이끌어 온다.

들숨에 명문의 기운을 주시한다.
날숨에 옴자 발성을 하면서 중심과 명문을 함께 주시한다.
명문의 한 물건이 영대를 거쳐서 중심으로 이동한다.
중심으로 한 물건이 이동해오면 은은한 열감이 느껴진다.
그 상태에서 한 물건으로 갈비뼈 순화를 한다.
갈비뼈 순화를 하다 보면 중심과 영대 사이가 텅 비워진다.

마치 농구공만 한 구멍이 뻥 뚫려 있는 것처럼 느껴진다.
기운은 봄바람처럼 부드럽게 인식된다.
각성을 놓고 보면 일시적 무위각이 돈독한 상태이다.

가슴바탕에서 순화된 한 물건을 하단전으로 내려서 명문으로 안착시키는 과정이다.

숨을 들이쉬면서 중심과 영대를 함께 주시한다.
양쪽 갈비뼈를 따라 한 물건을 영대로 보낸다.
날숨에 옴자 발성을 하면서 하단전과 명문을 함께 주시한다. 영대의 한 물건이 중심을 지나 하단전에 이르고, 다시 명문으로 이동한다. 명문에 머물러서 후천기를 집약시킨다. 여기까지의 과정이 반신 소주천을 일주천(一周天)한 것이다.

일주천을 이룬 후에 명문의 한 물건을 내단전에 안착시키는 과정이다. 반신 소추천의 완성이다.

하단전과 명문에 의지를 두고, 천천히 호흡을 들이쉰다.
그러면서 명문의 한 물건을 하단전으로 이끌어온다.
숨을 내쉬면서, 하단전의 한 물건을 다시 명문으로 밀어낸다. 이때는 옴자 발성을 하지 않고 아랫배의 유격과 호흡의 감각만을 활용한다. 급하게 하지 말고 천천히 명문 쪽으로 밀어낸다.

그때, 툭! 하고 걸리는 느낌이 있으면, 그 자리에 한 물건을 안착시킨다. 그 자리가 내단전 자리이다.

기운이 미세하고 부드럽게 순화되어야 내단전이 감지된다. 내단전을 인식하기 위해서는 호흡도 미세해져야 한다.

숨을 멈춘 것처럼 거의 느낄 수 없을 정도로 호흡이 미세해져야 한다. 툭! 하고 걸리는 느낌이 없으면 기운의 순화가 덜 된 것이다. 이런 경우에는 다시 주천(周天)을 반복해 주어야 한다. 감지될 때까지 반복한다.

이때 툭! 하고 걸리는 느낌은 신장의 선천기와 한 물건이 반응하면서 나타나는 증상이다. 신장의 선천기를 신화(腎火)라 한다.

한 물건이 하단전과 명문 사이를 오고 가다 보면 신장이 자극을 받게 된다. 그러면서 신장에 내장되어 있던 선천혼이 깨어난다. 신화는 신장의 선천혼이 생성해 내는 선천기이다.

하단전에서 배양된 한 물건은 명문의 선천원기와 후천기, 밝은성품이 하나로 합쳐진 것이다.

그 한 물건이 진화해서 나중에 양신(陽身)으로 변화된다.

비상비비상처정을 이루는 목적 중에 한 가지가 양신배양이다. 한 물건이 양신으로 진화되려면 육장의 선천기를 얻어야 한다. 그 시작이 신화를 얻는 것이다.

내단전은 신화와 한 물건이 합쳐지는 자리이다.

신화와 한 물건이 합쳐지면 네 종류 에너지가 합쳐진 것이다. 채약을 이루게 되면 다섯 가지 에너지가 합쳐지게 된다.

순화가 충분하게 이루어지지 않은 한 물건이 내단전에 안착되면 속이 메슥거린다.
그런 경우에도 반신 소주천을 반복해 주어야 한다.
계속되는 주천은 다음의 과정을 따른다.
이 과정에서는 옴자 발성을 하지 않는다.
호흡의 감각만으로 반신 소주천을 행한다.

숨을 들이쉬면서 내단전에 깃든 한 물건을 주시한다.
숨을 내쉬면서 한 물건을 명문으로 밀어낸다.
명문에 한 물건이 맺히면 다시 중심으로 이동시킨다.

숨을 들이쉴 때, 명문을 주시한다.
이때 후천기는 섭취하지 않는다.
숨을 내쉬면서, 중심과 명문을 함께 주시한다.
명문의 한 물건이 영대를 통해 중심으로 이끌려 온다.

영대를 주시하며 숨을 들이쉰다.
중심의 한 물건을 갈비뼈를 타고 영대로 이동시킨다.
숨을 내쉬면서 중심과 영대를 함께 주시한다.
영대의 한 물건이 중심으로 이동해온다.

가슴바탕이 텅 비워질 때까지 이 과정을 반복한다.

들숨에 영대를 인식하고 날숨에 중심, 하단전, 내단전 경로를 인식한다.
툭! 하고 걸리는 느낌이 있으면 그대로 내단전에 안착시킨다.

순화되지 않은 한 물건이 내단전에 내장되면 주변 장부의 고유성이 훼손된다. 그러면서 부정적인 업식들이 깨어난다.

내단전에 한 물건을 내장시키면, 공부의 성취가 비약적으로 빨라진다. 이때를 일러서 황정이 형성되었다고 한다.
황정이 형성되면 저절로 살갖 호흡이 일어나고 몸 전체로 후천기를 받아들일 수 있게 된다. 훈훈한 열기와 함께 백회에서 발끝까지 몸 전체를 감싸는 기운의 막이 형성된다. 몸의 다른 부위들은 텅 비워진다.
무념·무심은 투철해져서 바늘 끝 하나 들어가지 않을 만큼 튼튼해진다.
감정이나 분별이 일어나도 그대로 내단전에 흡수되어 버린다. 뜨거운 화로 위에 눈송이가 떨어지듯, 번뇌 망상이 일어나면 즉시에 제도된다.
비로소 흐트러짐이 없는 안정을 얻게 된다.
여기까지가 반신 소주천의 완성이다.
이 상태에서 꼬리뼈 순화를 행한다.

황정이 형성되면 '마음 달이 떠올랐다'라고 말한다.
이때는 황정을 정(定)의 주체로 삼는다.
지극하게 본성으로 황정을 비춰보면서 모든 경계를 그 자리에 집어넣는다.
아기를 밴 듯, 알을 품은 듯, 황정의 기운을 본성으로 비춰준다. 걸으면서도 비춰주고 누워서도 비춰준다.
이 상태에서도 서두르지 말아야 한다.
처음에는 은은한 열감으로 느껴지고, 나중에는 견고해진다. 그러다가 황색의 빛으로 변화된다.

이때가 되면 꼬리뼈에서 진동이 일어난다.
부르르 떨면서 요동하는데 그러면서 엄청난 냉기가 뿜어져 나온다. 고관절이 벌어지면서 극심한 통증이 생긴다.
부들 부들 다리가 떨리고 발바닥에서 진동이 일어난다.
얼음장같은 냉기가 발바닥으로 빠져나가면서 용천혈 부위가 찢어지는 것처럼 아프다.
신장과 방광에서도 냉기가 폭사되어 나온다.
그러면서 신체적인 변화가 급격하게 일어난다.
70대 할머니가 다시 생리를 하고 80대 할아버지가 정력이 살아난다.
욕정이 일어나고 격정이 생기고, 분노와 짜증이 생겨난다.
마치 발정난 동물과 같다.

처음 꼬리뼈가 열리는 것은 척추뼈 순화의 과정에서다.
특히 선천원기가 깨어날 때 꼬리뼈의 자극이 극렬하게 일어난다. 이 과정에서 꼬리뼈 순화가 충분하게 진행되었으면 내단전이 형성된 이후에 나타나는 증상들이 간소해진다. 만약 척추뼈 순화의 과정에서 양 족심(발바닥의 용천혈)이 열렸으면 그 이후에는 극심한 통증들이 나타나지 않는다.
반신 소주천의 경로를 확보하는 과정에서도 중간중간 꼬리뼈 순화가 진행된다.

가슴에서 일어나는 격정이나 장부에 쌓인 업식들은 척추뼈에 내장된다. 척추의 업식은 꼬리뼈에 내장된다.
때문에 꼬리뼈 속에는 극한의 투쟁심, 성적인 욕망, 생존본능, 동물적 습성, 원초적인 번뇌들이 내재되어 있다.
꼬리뼈가 자극되면서 그런 업식들은 다양하게 표출된다.
꼬리뼈 순화는 단계적인 절차를 통해 이루어진다.
때문에 이 과정에서는 조급한 마음으로 서두르면 안된다. 오히려 그렇게 드러나는 통증조차도 여유로운 마음으로 비춰봐야 한다.
꼬리뼈 순화는 견성오도 이후에 진행되는 자기제도이다. 해탈도 과정이다.
의식 체계를 완전히 바꾸어서 본성이 주체가 될 때까지 충분한 시간 동안 제도해야 한다.

이 상태에서는 오로지 황정만 주시한다.

꼬리뼈의 업식이 깨어나고 냉기가 표출되면 속이 울렁거리거나 뜨거운 열감이 생겨날 수 있다.
그런 경우에는 다시 반신 소주천을 행한다.
갈비뼈 순화를 통해 뜨거움이 다스려지면 황정에 안착시키고 아직 열감이 남아있으면 중심과 영대 사이를 오고 가면서 갈비뼈 순화를 반복한다.
나중 채약(採藥)이 이루어지면 그때 또다시 불덩어리가 형성된다.

말초신경 순화

말초신경은 뇌신경, 경수신경, 흉수신경, 요수신경, 천수신경으로 이루어져 있다.
말초신경을 순화하면서 피질 경로와 자율신경을 함께 순화한다.
말초신경을 순화하는 방법으로 살갗 수행법이 활용된다.

살갗 수행법은 사념처관에서 유래되었다.
사념처란 몸과 마음을 이루고 있는 네 가지 요소를 관찰하는 것이다.
신념처, 수념처, 의념처, 법념처가 그것이다.

신념처관을 행하는 방법 중 한가지 기법이 살갗 수행이다.
부처님께서는 생명의 몸을 바깥 몸과 안 몸으로 구분하셨다. 바깥 몸은 육체의 몸이다.
안 몸은 영혼의 몸이다.
마음 또한 진여심과 생멸심으로 구분하셨다.
사념처관 중 신념처관은 바깥 몸을 관찰하는 방법이고 수념처관은 안 몸을 관찰하는 방법이다.
의념처관은 생멸심을 관찰하는 방법이고 법념처관은 진여심을 관찰하는 방법이다.

살갗 수행은 크게 두 단계로 나누어진다.
첫째가 호흡법이다.
둘째가 관법이다.

살갗 호흡법

천천히 아랫배로 숨을 빨아들인다.
의지를 두는 곳은 백회이다.
숨을 들이쉴 때 호흡의 감각을 백회에서 느낀다.
숨이 빨려 들어갈 때 백회가 조여드는 듯한 느낌이 들면 감각이 열린 것이다.
백회의 들숨 감각이 명확하게 인식되면 조여드는 느낌을 나선 형태로 만든다.

의도를 갖고 노력하면 점차로 나선의 감각이 명료하게 세워진다.
백회의 표면에서 형성된 나선 느낌을 시상까지 끌어들인다. 숨을 들이쉬는 속도와 나선의 느낌을 일치시킨 상태에서 천천히 들이쉬어야 한다.
나선 느낌이 시상까지 내려오면 의식이 몽롱한 상태가 된다. 시상이 가바로 인해 억제되면서 세타파 상태가 된 것이다. 나선 느낌으로 시상 억제가 능숙하게 이루어지면 숨을 끌어들이는 범위를 연수까지 확장시킨다.
백회에서 연수까지 밋밋한 기둥이 세워진 느낌이 들면 성취된 것이다.
여기서부터는 날숨을 수련한다.
연수까지 들이쉰 숨을 좌, 우로 나누어서 얼굴 쪽을 향해 내쉰다.
그러면서 전체 뇌신경의 자극을 느껴 본다.
눈, 귀, 코, 입, 얼굴의 자극을 느끼면서 좌우 감각이 균형 있게 인식되고 있는지를 살펴본다. 좌우 감각의 균형이 깨어져 있으면 복구될 때까지 반복한다.
들숨으로 억제하고 날숨으로 활성화시킨다.
이 과정을 꾸준하게 수련하면 뇌신경의 좌우 균형이 회복된다.
나아가서 두부체감각계(頭部體感覺界)도 교정된다.
연수부까지 뇌신경의 균형이 잡아진 상태에서 두부체감각

을 인식해 본다.
눈, 귀, 코, 입, 얼굴, 두정부 피질의 네 모서리가 균형을 유지하고 있으면 두부체감각계가 교정된 것이다.

연수부 교정이 이루어졌으면 다음 단계 호흡으로 수련을 심화시킨다.
백회에서 끌어들인 나선의 느낌을 꼬리뼈 끝까지 이끌어 간다.
천천히 호흡을 들이쉬면서 연수까지 내려왔던 나선의 느낌을 꼬리뼈 끝까지 끌고 간다.
경수부와 흉수부를 지날 때 느낌이 살아 있는지 관찰하고 요수부와 천수부를 지날 때도 느낌의 상태를 관찰한다. 나선의 감각이 꼬리뼈 쪽으로 내려갈 때는 뻑뻑하게 억제된 느낌이 척수 전반에 걸쳐서 형성된다.
반복해서 수련하면 이 느낌이 더 커진다.
억제된 느낌이 명확해지면 날숨 수련을 한다.
날숨 수련은 네 단계로 나누어서 진행한다.
첫 번째 단계가 경수부 날숨이다.
경수부의 목신경은 8개 분절로 이루어져 있다. 3번 분절부터 팔 신경과 연결된다.
8번 경수까지 숨을 들이쉬고 경수부를 억제시킨다.
그런 다음 천천히 숨을 내쉬면서 양쪽 팔 쪽으로 호흡의 느낌을 유도한다.

목 어깨를 거쳐서 손가락 끝까지 느낌이 전달되면 제대로 된 것이다.
양쪽 팔로 내려가는 느낌이 균등하면 목 신경과 팔 신경이 교정된 것이다.
처음에는 저르르 하는 느낌이 팔을 타고 내려간다.
그러다가 수련이 깊어지면 뻑뻑하고 뜨거운 느낌이 팔을 타고 내려가서 손바닥에 모여 있다.
이런 방법으로 신경을 씻어내는 것을 '세수(洗修)'라 한다.
살갗 수행의 호흡법은 그 자체가 '세수법'이다.
목신경과 팔신경을 세수 할 때는 손가락에 힘을 빼고 자연스럽게 펴 주어야 한다.
경수부 세수가 끝났으면 흉수부를 씻어 준다.
호흡을 요수 2번까지 들이쉰다.
마찬가지로 나선 호흡이다.
흉수부는 12개의 가슴 신경과 2개의 요수 신경으로 이루어져 있다.
요수 2번은 배꼽 반대쪽에 위치한 척추 부위이다.
명문혈이라 부른다.
날숨에 갈비뼈를 타고 호흡의 느낌을 배 쪽으로 끌고 온다. 뻑뻑한 느낌이 배 쪽을 감싸면 제대로 되는 것이다.
반복해서 수련하면 흉부와 배부가 두툼한 에너지로 감싸진다. 갑옷을 입은 것처럼 든든해지는데 이렇게 되면 흉수부 세수가 성취된 것이다.

흉수부 세수가 진행되면서는 다리 쪽으로도 자극이 내려간다. 이는 요수 1, 2번이 씻어지면서 나타나는 현상이다.

다음 단계는 요수부 세수이다.
요수부는 5개의 신경으로 이루어져 있다.
이 중 1, 2번은 흉수와 함께 연동된다.
5번 요수까지 나선 호흡을 들이쉰다.
신경이 억제되면 천천히 숨을 내쉰다.
이때 양쪽 요수를 통해 호흡의 느낌을 양쪽 발로 내려보낸다. 호흡의 느낌이 고관절을 지나갈 때 두두둥 하는 진동이 생길 수 있다.
때로는 엄청난 냉기가 발 쪽으로 빠져나간다.
이런 증상이 생기면 요수부 순화가 제대로 이루어지는 것이다. 당황하지 말고 따뜻한 기운이 발 쪽을 감쌀 때까지 반복한다. 요수부가 세수되면 발바닥이 따뜻해지면서 용천혈 부위에 압력이 형성된다.
에너지가 발 쪽에 모이면서 나타나는 증상이다.

다음은 천수부 세수이다.
천수부는 6개의 신경으로 이루어져 있다.
꼬리뼈 끝부분이 천수부 말단이다.
백회에서 들이쉰 나선 호흡을 꼬리뼈 끝까지 끌고 온다.
신경이 억제되면 숨을 내쉬면서 천수신경을 자극한다.

천천히 숨을 내쉬면서 신경이 자극되는 부위를 느껴 본다.
꼬리뼈 끝이 시리고 아랫배 쪽에서 냉기가 느껴지고 싸늘한 냉기가 등줄기를 타고 머리 쪽으로 올라온다.
어떤 경우는 오한이 생겨서 부들 부들 떨기도 한다.
그야말로 냉기의 폭탄을 맞은 듯 온몸이 아우성친다.
천수부에는 엄청난 냉기가 내장되어 있다. 부교감신경이 과도하게 항진된 사람은 이 증상을 더 심하게 겪는다.
천골에 냉기가 모여 있는 것은 몇 가지 원인이 있다.
그중 가장 큰 원인이 방광이다.
반복해서 수련하면 냉증이 해소된다.
따뜻한 기운이 천골을 감싸면 천수부 세수가 끝난 것이다.
이렇게 해서 머리부와 흉부 천골부의 세수가 이루어지면 한 번의 들숨과 날숨으로 전체 영역을 씻어낸다. 그러려면 충분한 호흡량이 확보되어야 한다.
호흡을 통해 전체 체신경이 세수되면 말초신경의 미세 감각이 살아난다.
이런 상태가 되면 살갗 관법을 수행한다.

살갗 관법
살갗 관법은 손가락 운동과 병행된다.
각각의 손가락마다 살갗에 해당되는 영역이 있다.

검지를 편안하게 구부린다.

끝까지 힘을 주어서 구부리지 않아도 된다.
자세는 의자에 앉은 바른 자세, 무릎 높이를 수평으로 유지하고, 등 받이에 기대지 않고 허리를 세워 준다.
이것이 기본자세이다.
양손을 수평으로 해서 허벅지 위에 올려놓고 검지를 구부린다. 의지를 미심에 둔다.
정확하게는 양쪽 눈썹이 시작되는 부위에 의지를 두고 머리 쪽으로 올라가는 경로와 눈 주변의 반응을 지켜본다.
삼차신경 안분지의 영역을 살펴보는 관법이다.
나선 호흡으로 꼬리뼈까지 들이쉰 다음 천천히 내쉬면서 머리부를 씻어준다. 그러면서 미심의 상태를 지켜본다.
자자작 자자작 자극이 생겨나고 심장 박동이 집중한 부위에서 느껴지면 제대로 하고 있는 것이다.
머리 쪽으로 올라간 경로에서는 두개골 안쪽 감각을 살펴본다. 눈 옆으로는 관자놀이까지 상태를 살펴보고 눈 아래 쪽으로는 상악뼈 접점까지를 살펴본다.
호흡은 반복적으로 지속시킨 상태.
미심관이 원활하게 이루어지면 그다음 단계로 간다.

호흡을 천천히 내쉬면서 경수부를 세수한다.
그러면서 가로막 신경의 경로를 관찰한다.
경수 3, 4, 5번에서 시작된 가로막 신경이 쇄골 밑으로 주행하여 폐 심장으로 들어가고 횡격막을 거쳐서 간, 비장, 부신으로 들어가는 경로를 살펴보는 관법이다.

날 숨에 목신경 3, 4, 5번의 경로를 따라 내려오면서 살갗의 감각을 살피고 해당 장부의 상태를 살펴본다. 특히 호흡이 들고날 때 횡격막의 움직임에 집중하고 그 움직임으로 야기되는 장부 상태를 지켜본다.

부신에 집중했을 때 뜨거운 열기를 감지하고 그 열기가 이동하는 경로를 지켜볼 수 있으면 제대로 된 것이다.

호흡을 꼬리뼈까지 나선으로 들이쉰 다음 천수부를 세수한다. 의지는 천골의 팔요혈(八凹穴)을 주시한다.

검지를 억제하면 검지에 해당하는 모든 영역이 수축되고 항진된 상태이다.

특히 자율신경의 부교감 체계가 항진되어 있다.

천골에는 좌우로 여덟 개의 구멍이 뚫려있다.

그 구멍으로 천골신경이 주행한다.

검지를 억제하면 천골신경이 수축되고 부교감 체계가 항진된다. 그 상태에서 천골 신경의 상태를 주시한다.

신장, 방광, 직장, 성선신경총의 상태가 드러나고 천골 안쪽에서 반응하는 교감신경의 상태가 드러난다.

살갗 호흡을 통해 천골부 세수를 충분히 이루었어도 이 과정에서 그때와 같은 반응이 나타난다. 계속하면 천골 안쪽에서 뜨거운 열기가 일어나면서 냉증이 해소된다.

다음은 **엄지손가락 관법**이다.

바른 자세로 앉아서 엄지손가락을 구부린다.
무리하지 않게 편안한 각도면 된다.
그 자세에서 뒤통수 시각피질 부위에 의지를 둔다.
나선 호흡으로 꼬리뼈 끝까지 들이쉰 다음 천천히 내쉬면서 뒤통수를 주시한다.
자극감이 생겨나고 심장박동이 느껴지면 날숨의 감각을 얼굴 쪽으로 끌고 온다.
뒤통수에서 상악으로 이어지는 경로를 관찰한다.
경로상에서 자극이 일어나면 그 자리에서 멈추고 자극감이 해소될 때까지 지켜본다. 이때 함께 주시해야 할 부위가 있다.
멈춘 부위에 자극이 일어날 때 다른 부위에서 동시에 일어나는 자극을 함께 지켜보는 것이다.
특히 상악부에서 멈추었을 때 다른 부위에서 일어나는 자극들을 세심하게 살펴본다. 체감각 진단의 역량을 키우기 위한 과정이다.
다양한 부위에서 자극이 일어난다. 폐, 심장, 간, 비장에서부터 각 부위의 근골격에 이르기까지 무려 40군데 정도에서 다양한 자극이 일어난다.
충분하게 관찰하고 숙지 되었으면 다음 과정을 진행한다.

엄지 억제 흉수부 관법이다.
호흡을 꼬리뼈까지 들이쉰 다음 천천히 내쉬면서 흉수부

전체를 관찰한다.
자극감과 심장의 박동이 느껴지면 가슴신경 전체로 심장박동을 확장시킨다.
날숨의 감각과 심장박동을 동치시킨 상태로 흉부 전체를 훑어가면서 살갗의 감각을 지켜본다.
특정한 자극이 생겨나면 그 부위에서 멈추고 다른 부위 상태를 함께 관찰한다.
다리부에 자극이 오는 것도 함께 관찰한다.
어떤 경로로 자극이 내려가는지를 살펴보고 경로를 숙지한다. 요수 1, 2번의 다리 경로이다.
가슴신경을 세수하면서 갈비뼈 안쪽의 장부 감각들을 느껴본다. 심장박동을 활용해서 의도하는 장부로 들어가고 그 자리에 멈추어서 장부 상태를 주시한다.
장부마다 반응하는 움직임이 다르다.

엄지 억제 요수부 관법이다.
요수 5번까지 호흡을 들이쉰다.
천천히 내쉬면서 심장박동을 느껴 본다.
날숨과 함께 심장박동을 발 쪽으로 끌고 간다.
고관절, 엉치뼈, 대퇴골의 상태를 살펴보고 무릎과 정강이뼈의 상태도 살펴본다.
발목과 엄지발가락의 상태까지 관찰한다.
이상 자극이 느껴지면 그 자리에서 멈추고 해소될 때까지 관찰한다.
다른 부위의 공명점도 함께 관찰한다.

3지 손가락 끝을 엄지손가락으로 지그시 누른 다음 첫째 마디와 둘째 마디를 살폿하게 구부린다.
3지에는 약간의 힘만 들어가 있는 상태이다.
나선 호흡을 꼬리뼈 끝까지 들이쉰 다음 천천히 숨을 내쉬면서 체감각계 전체를 자극한다.
머리부, 경수부, 흉수부, 요수부, 천골부 순서로 내려가면서 등 쪽에서 배 쪽으로 호흡의 감각을 이끌어 간다.
몸은 힘이 빠진 상태로 긴장하면 안 된다.
앞의 과정을 세 번 반복한 다음 의지를 백회에 둔다.
숨이 머릿속으로 빨려 들어갈 때 호흡의 감각을 따라서 머릿속으로 들어간다.
그런 다음 눈으로 본다는 의도를 갖고 머릿속을 들여다본다. 호흡의 경로를 따라 각 부위를 단계적으로 들여다본다. 꼬리뼈 끝까지 따라 내려갔다가 역으로 되돌아와서 백회에 머문다.
머리부를 지나갈 때는 대뇌막, 시상막, 중뇌막, 교뇌막, 연수막을 인식해 보고 경수부 아래를 지날 때도 각 분절의 상태를 느껴 본다.
숙달되면 시각적으로 피질 경로를 보게 된다.
내 몸속에 피질 경로를 눈으로 볼 수 있게 되면 상대의 피질 경로도 눈으로 볼 수 있다.
3지 억제 살갗 관법을 통해 수행자는 상대의 몸속을 시각적으로 인식할 수 있는 공능을 갖게 된다.

엄지손가락으로 4지를 지긋하게 누른 다음 나선 호흡을 꼬리뼈까지 들이쉰다.
천천히 호흡을 내쉬면서 연수에 의지를 둔다.
숨을 내쉴 때는 전체 체감각 경로를 자극하도록 한다.
4지 억제 살갗 관법은 척수핵 경로를 관찰하는 방법이다.
삼차신경 척수핵은 연수에 위치한다.
4지 굴곡 상태로 연수를 지켜보면 척수핵 경로가 자극되면서 반응점이 나타난다.
꼬리뼈의 꿈틀거림이 느껴지고 어금니에서 반응이 온다.
성선신경총이 반응하고 요의가 느껴진다.
심장의 박동이 연수에서 느껴지면 박동을 이끌어서 반응점에 머무른다.
때로는 점과 점으로 반응점을 연결하고 때로는 선으로 연결하면서 충분한 시간 동안 세수를 행한다. 숙련되면 뇌와 척수의 율동을 감각적으로 인식할 수 있다.

엄지손가락으로 5지를 살포시 억제한 후 나선 호흡을 꼬리뼈까지 끌어내린다.
그런 다음 숨을 내쉬면서 전체 체감각계를 씻어준다.

세 번 반복한 다음 연수 하부에 의지를 둔다.
심장박동이 느껴지면 부신경 경로로 박동을 이끌어 간다.
숨을 내쉬면서 양쪽 어깨로 심장박동을 이끌어간다.
어깨에 머물면서 공명점을 주시한다.
등 쪽 승모근의 반응이 느껴지고 목빗근의 반응이 느껴진다. 귓속에서 웅웅거리는 소리가 들리고 심장박동에 변화가 일어난다.
승모근이 경직될 때는 심장박동이 빨라지고 등줄기를 타고 열기가 올라온다.
어느 한순간 심장박동이 거짓말같이 사라진다.
귓속에 웅웅거리던 소리도 사라지고 팅 비워진 고요가 찾아온다.
그때의 고요를 머릿속 중심에서 바라본다.
양쪽 어깨와 머릿속 중심을 삼각형으로 연결한다.
그 상태를 유지하다가 심장박동이 다시 커지면 앞의 과정을 반복한다.

말초신경의 순화를 통해 육체를 이루고 있는 모든 세포들의 유전적 형질을 복구시킨다. 그러면서 세포통신을 활성화시키고 호르몬 분비가 정상적으로 이루어지도록 한다.
이 과정을 통해 감정의 추업과 세업이 제도되고 식의 추업이 제도된다.

채약법

채약은 공무변처정(空無邊處定)에서 이루어지는 자기제도법이다.
생식호르몬을 생체 에너지로 전환시키는 방법이다.
채약을 이루려면 먼저 욕정을 제도해야 한다.
생식호르몬이 생겨나는 경로를 제도하고 꼬리뼈 순화를 이룬 사람은 욕정이 일어나지 않는다.

황정을 통해 꼬리뼈 순화를 이루고 나면 심·식·의간에 다툼이 일어나지 않는다. 본성을 인식하는 각성이 투철해지고 깊은 편한함에 머무르게 된다.
편안함을 누리면서 지극하게 황정을 주시한다.
그러다 보면 어느 때부터 회음부에서 자극이 올라온다.
움찔거리고 저르르하는 자극이 황정으로 올라온다.
양기가 동하면서 황정이 후끈하게 달아오른다.
이때 욕정이 수반되면 생식호르몬이 생성되는 경로를 다시 한번 제도해 주어야 한다.
삼차신경과 뇌하수체, 성선신경총과 전립선을 제도하고 꼬리뼈 순화를 이루면서 욕정을 제도한다.
양기가 동하는 때를 '활자시(活子時)'라 한다.
생식호르몬이 생성되는 경로가 완전하게 제도되고 꼬리뼈 순화가 이루어지면 활자시가 되어도 욕정이 일어나지 않는다.

만약 욕정이 제도되지 않은 상태에서 억지로 채약을 이루게 되면 나중에 천마(天魔)의 마장(魔障)에 빠지게 된다.

욕정이 사라진 활자시가 되면 지극하게 황정과 회음을 함께 주시한다. 그러면서 또 다른 조짐을 기다린다.
이때의 황정은 이글거리는 화로와 같다.
각성은 투철해서 밖으로부터 어떤 경계가 도래해도 관여되지 않는다. 중심은 뿌듯하고 온몸에서는 기운이 넘쳐난다.
본성은 소소영영(昭昭靈靈)하다.
그런 상태를 음미하고 있다 보면 회음부에서부터 쩌르릉하는 자극이 황정으로 올라온다. 그러면서 황정이 후끈하게 달아오른다.
이 상태가 바로 첫 번째 채약이 이루어진 것이다.
생식호르몬이 황정의 네 가지 에너지와 합쳐져서 생체 에너지로 변화된 것이다.
채약이 이루어지면 생명을 이루는 다섯 가지 에너지가 하나로 합쳐진다. 꼬리뼈 순화를 통해 성선신경총의 순화를 이루고 채약을 통해 생식호르몬을 제도하면 일체의 욕정에서 벗어나게 된다. 그렇게 되면 더 이상의 갈애를 일으키지 않게 된다. 제도된 갈애심으로 나중 각성의 무명적 습성을 제도하게 된다. 그것을 '등각'이라 한다.
생명이 육체를 갖게 된 것도 결국엔 갈애를 해소하기 위해 〈취〉가 행해졌기 때문이다. 육체를 갖게 됨으로써 생로

병사의 사고(四苦)에 들게 되니 결국엔 생사의 고통도 애욕에서 비롯된 것이다.
채약을 이룬 사람은 애욕에서 벗어난 사람이다.
때문에 능히 생사의 굴레에서 벗어날 수 있다.
채약을 이루어서 오기(五氣)의 조화를 이룬 사람은 비로소 의식과 감정이 갖고 있는 추업에서 벗어난다.
채약이 있고 나서 정도 이상으로 황정이 달아오르면 이때에는 반신소주천을 행하면서 갈비뼈 순화를 한다. 채약은 세 번 정도 하는 것이 좋다. 그렇게 하면 좀 더 완전하게 다섯 가지 기운이 조화를 이룬다.
세 번의 채약을 이루는 과정에서도 반신 소주천을 통해 황정의 열기를 다스린다. 그 과정에서 갈비뼈에 내재된 세업(細業)들이 씻어진다.
갈비뼈 순화를 하면서 기운이 안정되면 그 기운을 황정에 안착시키고 심·식·의 화평함을 지극하게 음미한다. 그 상태에 머물러서 새로운 소식이 오기를 기다린다.

심·식·의의 화평함을 누리면서 본성으로 황정을 비춰보다 보면 한 물건이 일으키는 변화를 접하게 된다.
밝은성품이 증장되면서 기쁨이 일어나고 한 물건과 태양신경총이 반응하면서 중극에서 은은한 진동이 일어난다. 그 상태가 되면 중극과 황정을 함께 비춰본다.
황정의 한 물건을 중극으로 천천히 밀어올린다.

한 물건이 중극에 안착되면 태양신경총 전체가 후끈하게 달아오른다. 그 열기가 가슴신경을 타고 앞가슴으로 이동해온다. 앞가슴에서 저르르하는 자극이 일어난다. 그러면서 흉곽 전체에 극격한 변화가 일어난다.
뿌득 뿌득 흉곽의 뼈들이 새롭게 조립된다.
흉곽이 전면부로 돌출되고 양쪽 젖꼭지에서 자극감이 일어난다. 마치 수많은 개미들이 물어뜯는 느낌이다.
이 과정은 순식간에 이루어진다.
어떻게 해보려고 의도조차 일으킬 시간도 없다.
두둑! 두둑! 두두두둑! 하는 것을 지켜보다 보면 어느 순간 그 모든 자극들이 일시에 정지된다.
이 과정을 통해 가슴신경이 순화되고 혈관이 씻어진다.
그러면서 흉곽이 넓어진다.
이 과정을 여성이 겪게 되면 유방에서 변화가 일어난다.
유방이 줄어들어서 사춘기 이전의 상태로 되돌아간다.
남성 같은 경우는 유방이 부풀어난다.

가슴신경이 순화되고 나면 적막 같은 고요함에 처해지게 된다. 오로지 텅 빈 고요함만 현전할 뿐 아무런 의도도 일어나지 않는다. 심지어는 숨 쉬는 것도 인식되지 않는다. 그 상태에 머물러 있다 보면 점차로 중극에서 열감이 느껴진다. 처음에는 은은하게 느껴지다가 시간이 지나면서 점점 더 강해진다. 이는 교감신경의 선천기가 중극의 한 물건과 합쳐지면서 일어나는 현상이다.
정도 이상으로 열기가 강해지면 한 물건을 황정으로 밀어 내린다. 이때 황정은 텅 비워진 상태이다.
날숨에 황정으로 한 물건을 내리고 들숨에 다시 중극으로 이끌어 온다. 이것을 '내호흡(內呼吸)'이라 한다.
내호흡이란 중극과 황정간에 한 물건을 내왕시키는 것이다. 천천히 호흡을 내쉬면서 한 물건을 황정으로 내려보냈다가 천천히 호흡을 들이쉬면서 중극으로 이끌어온다.
이 과정을 반복하다 보면 또다시 신장의 신화가 표출된다. 이때에 표출된 신화는 명문의 선천기와 합쳐진다. 그렇게 되면 명문이 후끈하게 달아오른다.

내호흡을 통해 황정으로 내려온 기운이 중극으로 올라갈 때 명문의 선천기도 함께 이끌려 올라간다. 그렇게 되면 태양신경총의 선천기와 명문의 선천기가 영대에서 합쳐진다. 후끈한 열 덩어리가 영대에 매달린다.
이 상태가 되면 본성으로 한 물건과 선천기를 함께 비춰준다. 그러면서 지극하게 기다린다.
그러다 보면 한 물건이 갖고 있는 염감과 선천기가 갖고 있는 열감이 사그라든다.
중극의 한 물건과 영대의 선천기가 더불어서 순화되면 이때가 바로 공무변처정이 성취된 것이다.
이 상태에서는 중극이 정(定)의 주체가 된다.

순화된 한 물건이 중극에 자리하면 몸을 이루고 있는 모든 장부와 기관들이 서로 통해져서 완전한 연계성을 갖추게 된다.

본성으로 중극의 한 물건을 비춰보다 보면 중극에서부터 밝은 성품의 생성이 왕성하게 일어난다.
그렇게 되면 아래쪽과 위쪽으로 밝은 성품이 퍼져 나가게 된다. 아랫배 쪽으로 내려간 밝은 성품은 다시 신화를 만나 황정을 형성하고 머리 쪽으로 올라간 밝은 성품은 머리뼈를 순화하고 눈, 귀, 코, 입을 여는 바탕이 된다.
아랫배 쪽으로 내려간 밝은 성품이 신화를 만나 황정을 형성하면 다시 채약이 일어난다. 이때 만들어진 불덩이를 중극으로 끌어올려서 중극의 한 물건과 하나가 되게 한다. 이렇게 되면 중극의 상태가 꽉 찬 상태로 변화된다. 이런 방법으로 중극의 한 물건을 진보시킨다.
한 물건의 진보는 황정의 불덩이를 세 번 정도 섭취할 때까지 이루어진다. 이렇게 하다 보면 중극과 중심, 영대 사이에서 활시위가 팽팽하게 당겨진 것 같은 느낌이 생겨난다.
그런 상태가 되면 천천히 내호흡을 반복한다.
내호흡을 하다 보면 영대의 선천기도 함께 내려온다.
그러면서 신장의 신화와 또다시 합쳐진다.
내호흡이 일어나는 동안에는 이 상태가 반복해서 진행된다.
중심과 하단전도 함께 반응한다.

중심의 팽팽한 느낌이 하단전으로 내려오면 하단전과 황정, 명문 사이에서도 팽팽한 연결감이 형성된다.
하단전의 텅 비워진 감각, 황정의 한 물건, 명문의 후끈한 열기가 한 줄로 연결된다.
그 상태에서 다시 중극으로 올라간다.
중극의 한 물건과 영대의 선천기, 중심의 상태를 본성으로 비춰준다.
팽팽한 기운이 꽉 차올라서 중극의 범위가 확장된 듯한 느낌이 들면서도 그 바탕에는 아무렇지 않은 한 자리가 인식된다. 그렇게 되면 그 자리와 본성을 계합시킨다.
그런 다음 그 상태에 몰입한다.

그런 시간을 지속하다 보면 중극의 기운도 점차로 부드러워지고 영대의 기운도 부드러워진다.
뜨거웠던 기운도 은은하게 느껴지고 활시위처럼 팽팽하던 느낌도 다시 텅 비워진다. 이때 중극에 있던 열기들은 모두 뼛속으로 스며든다.
이런 상태가 되면 머리뼈 순화를 할 수 있는 준비가 된 것이다.
공무변처정에서 이루어지는 자기 제도의 목적은 완전한 심의 공(心空)을 얻는 것이다.
꼬리뼈 순화를 행하고 채약을 이룬 사람은 투쟁심이나 욕정을 극복함으로써 대부분의 감정은 제도한 상태이다. 하지만 이것은 감정의 추업을 제도한 것일 뿐, 아직 세업을 제도한 것이 아니다.

감정에 있어서 추업이란 성내는 마음이나 욕정, 투쟁심, 까탈스러움 등이다. 그에 비견해서 세업이란 외로움이나 상실감, 기쁨이나 즐거움 등이다. 심공을 얻고 꼬리뼈 순화와 채약을 거쳤어도 그런 종류의 세업은 제도하지 못한 상태이다.

세업 중 가장 대표적인 것이 기쁨과 즐거움이다. 이는 밝은 성품이 갖고 있는 성향이기 때문에 이 과정에 들어가 있는 사람이 가장 쉽게 빠질 수 있는 감정이다.

중심의 표면에서 기쁨을 드리우고, 이면에서 본성과 아무렇지 않음을 계합시키는 것이, 기쁨에도 부동할 수 있는 각성을 증득하기 위함이다.

기쁨에도 아무렇지 않은 각성을 갖추게 되면 나머지 감정이 갖고 있는 세업에서도 벗어날 수 있게 된다.

공무변처정의 과정에서 밝은성품이 갖고 있는 기쁨에 빠져서 본성을 망각하게 되면 천마의 장애가 오게 된다. 천마(天魔)란 하늘 세계의 아수라가 밝은성품을 생성해 내는 사람에게 접해지는 것이다.

천마가 접해지면 상상도 할 수 없었던 능력들이 생겨나게 된다. 치병(治病)의 능력을 갖게 되고, 축지(縮地)의 능력을 갖게 되며, 숙명통(宿命通)이 열려서 과거와 미래를 볼 수 있게 된다.
심지어는 죽은 사람도 살려낼 수 있는 능력을 갖게 된다. 본성을 망각한 수행자가 이와 같은 능력을 갖게 되면 그 즉시 증상만을 갖게 된다.
그렇게 되면 해탈도를 이루지 못하는 것은 물론이고 견성오도에서도 멀어지게 된다.
밝은 성품이 생성될 때 본성을 망각함으로써 생기는 장애는 이런 경우 말고도 수없이 많다.
때문에 이 과정에 있어서의 자기 제도는 철두철미하게 이루어져야 한다. 기쁨에도 부동(不動) 하고 한 물건의 작용에도 부동한 각성을 지켜가는 것은 나중 반야해탈을 이루기 위해서도 반드시 갖춰야 하는 면모이다.
이 과정에서 행해지는 세업의 제도는 그 자체가 금강해탈이다.

공무변처정에서 이루어지는 교류는 밝은 성품을 활용한 교류와 허공해탈을 목적으로 한 교류이다.
밝은 성품을 활용한 교류는 그 범위가 생멸문이 될 수도 있고, 천상계나 지상신명계가 될 수도 있으며, 무정을 이루는 사대(四大)가 될 수도 있다. 그 각각의 대상과 교류하려면 거기에 맞는 심지법을 얻어야 한다.
생멸문과의 교류는 원초신을 발현시켜서 하고 천상계와의 교류는 척수막관을 통해서 한다.

지상 신명계와의 교류는 7식의 주체의식을 발현시켜서 한다. 사대를 이루고 있는 각각의 원신과 교류하는 것은 이 과정에서 얻을 수 있는 큰 성취이다. 공무변처정에 들어서 자연과 교류할 수 있는 역량을 갖게 되면 스스로가 자연현상을 다스릴 수 있게 된다. 기후변화는 물론이고 물질의 형질조차도 바꿀 수 있는 능력을 갖게 된다.
이런 능력을 행하면서 거기에 대한 상(相)을 갖게 되면 그 또한 스스로를 잃어버리는 원인이 된다. 그렇게 되면 천마가 접해질 수 있는 조건이 된다.
때문에 교류의 폭이 넓어지고 그에 따른 성취가 커질수록 본성을 주시하는 마음을 더욱더 돈독하게 해야 한다. 이때에는 아직 감정이 갖고 있는 세업이 완전하게 제도되지 않았기 때문에 언제라도 마장에 빠질 수 있는 여지가 있다.
특히 처음 접해 보는 생명과 교류가 일어날 때 그 형상에 놀라서 자기를 잃어버리는 경우가 있다. 2선정에서 수의식이 깨어날 때 외부 의식을 접하면서 오는 장애가 많았듯이, 공무변처정의 단계에서도 육도윤회계의 또 다른 생명들을 접하면서 여러 가지 장애를 겪게 된다.
천상생명이 갖고 있는 거대한 몸을 보면서 두려움을 느끼기도 하고 용(龍)이나 지상 신명들이 갖고 있는 이질적인 형상을 보고서 거부감을 일으킬 수도 있다.
또 다른 생명의 의식을 들여다보면서 그 생명에 대한 편견을 가질 수도 있다. 이와 같은 여러 가지 장애의 요인이 있기 때문에 더욱더 자기를 잃어버리기가 쉽다.

공무변처정에 있어서 교류는 밝은성품을 몸 밖으로 펼치면서 이루어진다. 4선정에서는 밝은성품이 생성되었어도 자기 몸의 제도를 이루는데 쓰였지만 이 과정에서는 밝은성품을 활용해서 외부 생명들과 교류하고 그들이 갖고 있는 존재 목적이 성취될 수 있도록 허공해탈을 이루게 된다.
밝은 성품을 활용한 교류는 두 가지 형태로 이루어진다. 하나는 상대와 내가 점과 점으로 연결된 상태로 이루어지는 것이고, 또 하나는 특정한 상대가 없이 밝은 성품을 통해 접해지는 모든 생명과 전체적으로 교류하는 것이다.
처음 교류가 일어날 때는 후자와 같은 형태로 일어난다. 이런 상태를 '원초신을 발현시켰다'라고 말한다.
교류가 익숙해졌을 때는 전자의 형태로 교류가 일어난다. 중극의 한 물건에 지극하게 의지를 두고 본성을 지켜가다 보면 밝은 성품이 일어나서 몸 안을 가득 채우게 된다. 아랫배를 채우고 머릿속을 채운다. 그러다가 점차로 몸 밖으로도 퍼져 나가게 된다. 그렇게 되면 밝은성품을 접한 공간이 진동하게 된다.
처음에는 은은하게 진동하다가 시간이 지날수록 그 진동이 더 심해진다. 이때 진동이 생기는 것은 밝은 성품이 펼쳐진 공간이 불안정하기 때문이다. 지극히 안정된 밝은 성품이 불안정한 공간을 접하게 되면 공간을 이루는 입자들이 변화를 일으키면서 진동이 생긴다. 그러면서 밝은성품을 접한 대상이 갖고 있는 의식들이 중심으로 일치되기 시작한다.
몸의 상태가 일치되고, 감정과 의식 상태가 일치된다.
2선정에서 수의식을 충분하게 발현시켰던 사람은 이때의 경계가 장애로 인식되지 않는다. 하지만 그 과정을 거쳐오지 못한 경우에는 이때의 인식들이 장애로 작용한다. 식물과 일치되면 식물의 광폭한 성향이 중심에서 드러나고, 동물과 일치되면 두려움이 일어난다.
더군다나 몸조차도 진동으로 떨리고 있기 때문에 더욱더 불편하게 느껴진다.
이런 현상이 일어날 때에는 본성을 지켜보는 각성을 투철하게 해야 한다.
그러면서 본성을 통해 밝은성품이 펼쳐지는 느낌과 일치된 현상들을 함께 주시한다.

본성에 두었던 각성을 중심의 표면으로 전이시키면 밝은성품이 확장되던 것이 일시에 멈춰진다. 그렇게 되면 더 이상의 일치도 일어나지 않게 된다.
원초신을 발현시키면서 이와 같은 장애를 겪어본 사람은 밝은성품을 몸 밖으로 펼치는 것을 꺼려하게 된다.
그렇게 되면 밝은성품을 몸 안에 가두어 놓고 중심의 표면에서 그 느낌을 관(觀)하게 된다.

본성을 중극에서 인식하면서 밝은성품의 기쁨을 중심의 표면에서 느끼는 것을 '쌍조(雙照)'라 한다.
쌍조에 몰입하게 되면 식업(識業)이 깨어난다.
스스로가 의도적으로 생각을 일으키지 않아도 저절로 한 생각이 일어나서 쌍조를 방해한다.
이때 일어나는 생각은 대부분 상대의 식업이 일치돼서 나타나는 것이다.
때문에 생각이 드러났을 때에는 상대의 몸 상태나 감정 상태가 함께 인식된다.
이때 의식의 일치가 이루어지는 대상은 자기와 업식을 공유하는 존재이다. 선업으로 맺어진 존재는 호응심으로 다가와서 일치가 되고 악업으로 맺어진 존재는 원망심으로 다가와서 일치가 된다.
이런 경우가 생겨도 거부하면 안 된다. 선업이든 악업이든 스스로가 지은 것이기 때문에 응당 감당해야 할 업보이다.
이때는 그렇게 일치된 의식을 중심의 표면에다 두고 지극한 갈망을 일으킨다.
그러다 보면 일치된 의식의 원인이 드러난다. 이때 드러난 원인은 아는 사람일 수도 있고 모르는 사람일 수도 있다. 영혼으로 존재하는 사람일 수도 있고 살아 있는 사람일 수도 있다. 때에 따라서는 천상 생명이 될 수도 있고 지상 신명이 될 수도 있다.
그렇게 원인이 드러나면 밝은성품의 느낌을 그 대상과 연결시킨다. 중극의 본성 자리는 명료하고 중심의 표면은 상대와 일치된 상태이다. 그 상태에서 밝은성품을 통해 중심에 일치된 느낌을 편안하게 감싸 안는다. 그러다 보면 점차로 일치된 느낌이 순화된다. 상대의 아픔이 느껴졌으면 그 아픔이 다스려지고 상대의 번뇌가 느껴졌으면 그 번뇌가 쉬어진다. 자기 안에서 이런 일이 일어나는 것이 밝은성품이 상대와 점으로 연결되었기 때문이다. 이것이 바로 밝은성품을 활용해서 허공해탈을 이루는 한 가지 방법이다. 식업으로 오는 이러한 장애는 공무변처정의 과정 동안 내내 반복된다. 때문에 그러한 장애를 극복하기 위해서는 식업의 제도를 이루어야 한다. 식업을 제도하는 과정을 '식무변처정'이라 한다.

무정을 이루고 있는 사대와 교류하다 보면 자연을 이루고 있는 원신과도 교류하게 된다. 이 또한 허공해탈의 한 과정이다. 중심과 밝은성품 그리고 본성을 활용해서 사대와 교류한다.
사대(四大)란 물, 불, 바람, 땅을 말한다.

중심에서 편안함을 느끼고 편안함의 표면에서 밝은성품을 느낀다. 그리고 본성의 공적함을 함께 지켜간다.
사대와 교류를 이루는 주체는 중심이다. 중심이 주체가 되고 밝은성품과 본성을 운용하면서 사대와 교류한다. 물과 교류할 때는 수상관(水想觀)을 행한다. 잔잔한 호수나 연못을 바라보며 중심과 물이 갖고 있는 고요함을 일치시킨다. 중심 자리에서 물이 갖고 있는 잔잔함을 느낀다. 물결이 일렁일 때는 그 일렁임을 중심에서 느낀다.

밝은성품의 기쁨과 물이 갖고 있는 고요함을 하나로 일치시킨다. 그 상태에서 중심에서 일어나는 변화를 주시한다. 중심과 신장, 중심과 방광으로 함께 연결한다.

그런 다음에 중심과 본성, 신장과 방광을 함께 주시한다. 이때의 중심은 밝은성품의 기쁨과 물의 고요함이 일치를 이룬 상태이다. 그 상태를 지속하고 있다 보면 시각, 청각, 촉각, 사념등을 통해 새로운 경계가 인식된다.

이때 인식되는 경계들이 물이 갖고 있는 잔재사념이거나 물의 원신이 갖고 있는 의식들이다. 시각적으로는 백색의 빛 무리가 펼쳐지면서 몸으로는 은은한 진동이 느껴진다. 청각적으로는 '쑤우웁' 하는 소리와 재잘거리는 소리가 들린다. 그 소리는 마치 물이 서로 대화하는 것처럼 들린다. 사념은 두서없이 떠올라서 사라지는 것을 반복한다. 이런 현상이 느껴지면 중심의 표면에서 인식하던 밝은성품을 몸 밖으로 펼쳐낸다. 그리고 물의 수면을 밝은성품으로 덮어버린다. 그때에도 진동이 느껴진다. 그 진동을 방광과 연결시킨다. 방광에서 시작된 진동이 몸 전체로 퍼져 나간다. 그 진동에다 자기 몸을 맡긴다.

중심과 본성, 밝은성품과 일치된 느낌을 지켜보면서 몸의 움직임에 관여하지 않는다.
그러다 보면 몸의 진동이 움직임으로 변화된다.
그때 몸에서 일어나는 변화는 고정된 형태가 없다.
사람에 따라 서로 다르게 나타나기도 하고 같은 사람이라도 시간에 따라 다른 움직임이 나타난다. 몸의 움직임이 일어나면 그 움직임을 중심과 본성으로 비춰본다. 그러다 보면 몸의 움직임이 점점 더 다양해진다.
때론 앉아 있는 상태에서 목이나 골반, 허리나 팔 등을 움직이기도 하고 때로는 일어서서 이동하면서 그와 같은 움직임을 보인다. 때로는 천천히, 때로는 빠르게, 때로는 낮고, 때로는 높게, 몸의 움직임이 다양하게 일어난다.
중심과 본성을 통해 몸의 움직임을 주시한다.
스스로는 일엽편주이다. 물결의 흐름이 저절로 자기를 이끌어간다. 몸이 물과 감응하여 움직임을 일으키고 각성은 중심과 본성에 두어져서 그 움직임에 관여되지 않는다. 그러다 보면 시각과 청각, 사념을 통해 새로운 경계들이 들어온다. 이 또한 물의 원신이 갖고 있는 의식들이다. 거기에 아무런 의미를 부여하지 않는다.
그것은 하나의 춤이다. 자연과 어우러져서 자연의 변화에 화답하는 하나의 몸짓이다. 때론 격렬하게 움직이기도 하고 때론 부드럽게 움직이기도 하면서 춤사위가 이어진다.
그러다가 어느 때가 되면 모든 움직임이 일시에 정지된다. 동작이 진행되는 과정에서 갑자기 멈춰질 때도 있고 앉은 자세나 서 있는 자세 그대로 멈춰질 때도 있다. 어떤 상태로 동작이 멈춰지든 간에 그 상태 그대로 머물러서 중심과 본성을 함께 지켜본다.

움직임이 멈춰지고부터는 그때까지 느껴지던 진동이 일어나지 않는다. 마치 수면의 잔잔함이 내 속으로 들어온 것과 같다. 중심도 그러하고 본성도 그러하다. 오로지 밝은성품이 갖고 있는 기쁨만이 오롯하다. 그 기쁨을 음미하면서 방광을 주시한다. 방광 또한 밝은성품이 주는 기쁨으로 채워져서 뿌듯한 상태이다.

방광의 상태를 주시하면서 천천히 숨을 들이쉰다. 밖으로 펼쳐졌던 밝은 성품을 호흡으로 빨아들이면서 방광까지 이끌어간다. 한 호흡, 두 호흡, 몇 번을 반복하다 보면 방광에서 새로운 느낌이 생겨난다.

처음에는 싸늘한 냉기가 느끼진다. 그러다가 시간이 지나면서 그 냉기가 없어진다. 그런 다음 텅 빈 느낌이 생겨난다. 그리고 그 빈자리에서부터 백색의 빛 무리가 뿜어져 나온다.

그 빛 무리가 온몸을 채우면서 중심과 일치되고 본성과 계합된다. 그러면서 밝은성품이 펼쳐졌던 수면 위로 확장된다.

빛 무리가 수면과 접촉되면 물의 느낌이 그대로 인식된다. 마치 손바닥으로 물을 만지듯이 뚜렷한 감각으로 수면을 인식한다. 그런 상태가 되면 의지를 써서 물의 표면에 변화를 주어본다. 잔잔한 물결이 일어나는 것을 떠올려 보기도 하고 큰 물결이 일어나는 것을 떠올려 보기도 한다.
실제로 그런 변화가 수면에서 일어나면 그때가 바로 물의 원신과 교류가 이루어진 것이다.
그런 상태로 물의 원신과 충분한 교감을 이룬 다음에 빛무리를 다시 방광으로 거두어들인다.
본성과 중심, 밝은성품의 느낌과 방광을 함께 주시한다.

물의 원신과 교감하는 법이 이와 같듯이 바람이나 흙, 그리고 불의 원신과 교감하는 방법도 비슷한 과정을 거친다. 다만 처음 시작하는 방법만 다를 뿐이다.
"청정도론"에 그 방법이 상세하게 제시되어 있다.
사대와 교감을 하다 보면 자연을 움직이는 힘을 얻게 된다. 하지만 그 과정에서 중심의 편안함과 한 물건의 순수함이 훼손될 수도 있다.
한 물건의 순수함이 훼손되면 감정의 세업을 제도하는 것이 더뎌진다. 때문에 사대와 교류하는 재미에 빠져서 자기제도를 게을리하면 안 된다.

머리뼈 순화

머리뼈 순화는 식무변처정에서 이루어진다.
식무변처정(識無邊處定)이란 식의 공함을 이루어서 더 이상 그것을 구하지 않는다는 말이다. 이는 식업이 갖고 있는 세업을 제도하는 방법이다.

머리뼈 순화는 중극에 머물러 있던 한 물건을 머리 쪽으로 올리면서 시작된다.

공무변처정의 과정에서 머리 쪽으로 올라왔던 밝은성품은 눈, 귀, 코, 입을 순화하는 원인이 된다.

밝은성품이 머리로 올라오면 눈, 귀, 코, 입에서부터 싸늘한 냉기가 뿜어져 나온다. 눈에서는 눈동자가 시릴 만큼 냉기가 표출되고 귀에서도 에어컨 같은 찬바람이 뿜어진다. 코에서도 콧등이 시릴 정도로 찬바람이 나오고 입에서도 이가 시릴 정도로 냉기가 나온다.

처음 이런 증상을 접하게 되면 당황할 수 있다. 혹시 공부가 잘못된 것이 아닌가 하여 두려움이 생기기도 한다.

그렇게 되면 중극의 본성에 각성을 집중하고 눈, 귀, 코, 입에서 일어나는 변화를 비춰본다. 시간이 지나면 저절로 그런 증상이 사라진다. 그때가 되면 중극에 있던 한 물건을 머리 쪽으로 끌어올린다.

중극의 한 물건을 경수 쪽으로 끌어올리면서 영대의 기운도 대추혈 쪽으로 함께 올린다. 잠시 머물러서 경수와 대추혈의 변화를 살핀 다음 다시 중황 쪽으로 두 갈래 기운을 유도한다. 척추를 타고 올라오는 선천기와 중극에서 올라오는 한 물건이 중황에서 만나면 수천수만의 빛 줄기가 머릿속에서 터져 나온다.

그러면서 눈과 귀, 코와 입을 통해 더운 바람이 폭풍처럼 몰아쳐 나온다. 그러면서 머리뼈 자체가 고무공이 된 것처럼 울렁거린다.
이것이 머리뼈 순화가 일어나는 증상이다.
머리뼈 순화의 과정은 격하고 격렬하게 이루어진다.
머리뼈 순화의 과정 중 가장 힘든 것은 통증이다.
뼈의 구조가 바뀌면서 생기는 통증은 대단히 강렬하다. 만약 충분하게 순화되지 못한 기운이 머리로 올라왔으면 통증이 너무 심해서 정신을 잃어버릴 수도 있다.
아니면 환각에 빠질 수도 있다. 이와 같기 때문에 머리뼈 순화는 충분한 조건이 갖춰진 다음에 해야 한다. 밝은 성품이 생성되기 이전에는 절대로 머리뼈 순화를 도모하지 말아야 한다.
조급한 마음으로 선천기만을 가지고서 머리뼈 순화를 하고자 하면 감당하기 힘든 장애를 겪게 된다.

머리뼈가 울렁거리면서 통증이 생겼을 때 그것을 감당하기가 힘들면 미심과 옥침 라인을 연결해서 호흡을 한다. 눈을 감고, 들숨에 미심에서 옥침 쪽으로 숨을 들이쉬고 날숨에 옥침에서 미심 쪽으로 숨을 내쉰다. 미심으로 숨을 들이쉴 때는 들어가는 숨의 느낌을 명확하게 주시한다. 머리의 중심부를 지날 때 들숨의 느낌이 끊어지는 자리를 인식한다. 날숨에 옥침에서 미심으로 들어오면서도 느낌이 끊어진 자리를 인식한다.
이 과정을 반복하면서 미심과 옥침 라인의 공간 상태를 명확하게 인식한다.
머릿속 공간은 세 영역으로 나누어져 있다.
미심과 중황 사이, 중황 자리, 중황과 옥침 사이가 그것이다. 이 세 영역의 느낌이 모두 다르다.
미심과 중황 사이는 후각신경의 느낌과 텅 빈 공간 감각이 함께 느껴진다.
중황자리는 텅 빈 느낌만 있다.
이 자리에서는 호흡의 느낌도 끊어진다.
중황과 옥침 사이에서는 멍한 느낌이 벽처럼 느껴진다. 호흡으로 미심과 옥침 사이를 오고 가면서 서로 다른 세 가지 느낌을 명확하게 인식한다.
그런 다음 중황자리에 머물러서 텅 빈자리를 주시한다.
그 자리가 무념처다.
무념처에 머물러서 미심 사이의 공간을 바라보고 옥침 사이의 공간을 바라본다.
양쪽 공간의 차이가 인식되면 그 상태에 머문다.

눈을 감고, 양쪽 어금니를 붙인 상태에서 미심, 중황, 옥침 라인을 선(線)으로 인식해 본다.
그 선을 시각적으로 인식한다.
이때 그 선이 사선으로 보이면 안 된다.

선의 면이 보이면 반대쪽 눈동자를 면이 보이는 쪽으로 약간씩 돌려준다. 그런 다음 뒤통수 옥침 자리를 명확하게 인식한다. 옥침에 점을 찍고 그 점에서 미심까지 이어진 선을 바라본다. 그 선의 면이 사라지고 점으로 인식될 때까지 좌우 눈동자의 각도를 조절해 준다.

미심과 옥침 라인이 점으로 인식되면 그 상태에서 양쪽 눈의 높이를 가늠해 본다.
좌우의 높이가 다르게 느껴지면 양쪽 어금니에 압력을 조절하면서 눈 높이를 조절해 준다. 양쪽 눈의 높이가 수평이 되었으면 양쪽 눈의 크기와 밝기를 인식해 본다.
눈의 크기가 차이가 나고 밝기가 차이가 나면 어둡게 느껴지는 쪽의 눈꺼풀의 살짝 올려준다. 이때 눈을 뜨면 안 되고 감은 상태에서 조절해 주어야 한다.
눈의 크기와 밝기가 똑같이 느껴지면 양쪽 귀의 높이를 가늠해 본다.

귀의 높이가 차이가 나면 이때에도 어금니 압력을 조절해서 귀의 높이를 맞춰준다. 지그시 어금니에 힘을 주면서 귀의 높이를 조절해 본다. 양쪽 귀의 높이가 똑같이 맞춰졌으면 눈과 귀의 상태를 함께 인식해 본다.
눈과 귀의 높이가 똑같이 인식되면 이번에는 코끝을 바라본다. 이때에도 눈을 감은 상태이다. 이 과정의 수행은 눈을 감은 상태에서 이루어진다.

눈을 감은 상태에서 양쪽 눈동자로 코 끝을 바라본다.
코 끝이 양쪽 눈동자의 중간에서 느껴지는지 그 거리를 가늠해 본다.
양쪽 눈동자는 수평을 이루고 있고 코 끝이 중앙에서 느껴지면, 코 끝을 꼭짓점으로 해서 양쪽 눈동자를 삼각형으로 연결한다. 그 상태에 머물러서 양쪽 귀의 높이를 다시 한번 가늠해 본다. 귀의 높이가 다르게 느껴지면 어금니 압력으로 조절해 주고 똑같이 느껴지면 그대로 입술 감각을 인식해 본다.

눈을 감고, 양쪽 입술 꼬리를 주시하면서 입술 전체의 감각을 느껴본다. 윗 입술과 아랫입술이 맞닿아있는 촉감을 느껴보고 수평감을 인식해 본다.
입술 꼬리의 높이와 입술의 수평감을 함께 인식한다.
기울게 느껴지면 입술에 가해지는 압력을 조절해서 수평감을 잡아준다. 수평감이 회복되면 양쪽 입술 꼬리에 살포시 힘을 주면서 미소를 띠어본다.
그 자세로 머물러서 양쪽 볼의 느낌을 살펴본다.
이때 한쪽 볼에서 경직감이 느껴지면 그쪽 손바닥을 볼에 대준다. 그런 다음 손바닥의 느낌과 볼의 느낌을 함께 주시한다. 따뜻한 느낌이 느껴지면 손바닥을 떼고 다시 볼의 느낌을 관찰한다. 양쪽 볼의 느낌이 똑같아질 때까지 이 동작을 반복한다.
양쪽 볼의 감각이 균등해지면 미소를 머금은 자세로 눈, 귀, 코의 감각을 느껴본다.
코가 얼굴의 중앙에서 느껴지고, 양쪽 눈이 수평으로 인식되고, 귀의 높이가 똑같이 느껴지면 그 상태를 주시하며 잠시 머무른다. 그런 다음 중황의 무념처로 인식을 전이시킨다. 중황에 머물러서 미심과 옥침을 함께 주시한다.
이렇게 하다 보면 머리의 통증이 씻은 듯이 사라진다.
이 과정에서 뇌신경의 불균형이 잡아지고 머리뼈가 다시 조립된다. 더불어서 식의 추업도 함께 제도된다.
눈, 귀, 코, 입, 얼굴이 제자리를 찾으면 식의 번민이 사라진다. 그렇게 되면 식의 바탕을 인식할 수 있게 된다.

엄지 끝과 삼지 끝을 맞닿게 하고, 중황의 무념처에 머물러서 중심과 중극을 함께 비춰본다.
중심의 바탕에서는 텅 빈 자리가 인식되고 중극과 중황사이에서는 뻑뻑한 기둥이 느껴진다.
천천히 호흡을 들이쉬면서 중황에서 중극으로 감각을 끌어내린다. 그러다 보면 한 물건의 감각이 다시 인식된다.
호흡이 중극에 가까워지면, 뻑뻑한 느낌이 더 굵게 느껴진다. 그것이 한 물건의 느낌이다.
머리뼈 순화가 이루어지면서 눈, 귀, 코, 입, 얼굴을 제도하는데 각성이 두어지면 한 물건은 다시 중극으로 내려간다. 그런 다음 중극과 중황 사이를 내왕하게 된다.
이 과정에서 한 물건이 갖고 있던 에너지는 대부분 소모된다. 머리뼈 순화가 끝날 즈음에는 중극과 중황 사이에서 늘어진 상태로 내재되어 있다. 이 상태가 뻑뻑한 기둥처럼 인식된다.
그 상태에서 중황과 중극 사이의 호흡이 시작되면 한 물건이 다시 응집된다.
호흡이 중극까지 내려가면 한 물건이 완전하게 응결된다.
그 상태에 잠시 머물러서 본성으로 한 물건을 비춰본다.
본성과 한 물건을 동치시킨 상태에서 숨을 내쉰다.
날숨에는 중극과 중심을 함께 주시한다.
혀끝을 입천장에 붙인다. 그런 다음 천천히 숨을 들이쉬면서 한 물건을 중황으로 끌어올린다.
중황에 잠시 머무른다. 혀를 입천장에서 떼고 숨을 내쉬면서 중극으로 한 물건을 내려보낸다.
혀를 입천장에 붙이고 다시 중황으로 한 물건을 끌어올린다. 이 과정을 일곱 번 반복한다.
그런 다음 한 물건을 중황에 안차시킨다.
텅 비워졌던 중황이 한 물건으로 채워지면 뻑뻑한 상태로 인식된다. 그 상태에서 중심을 바라본다.
중심은 텅 비워진 상태이다.
중황의 뻑뻑함이 중심의 텅 빈자리를 내려다 본다.

이때는 호흡에도 신경을 쓰지 않는다.
고요하고 담담하게 중심을 바라본다.
그러면서 중심의 질감을 인식해 본다.
처음에는 그저 텅 빈 느낌만 인식된다.
그러다가 각성이 집중되면 점차로 중심의 공간에서 질감이 생겨난다. 그때의 질감은 형상도 아니고 형체도 아니다.
그렇다고 밝은성품의 느낌도 아니다.
그냥 나 자신에 대한 느낌이다.
그 자리에서 내가 느껴진다.
형체도 없고 형상도 아니다.
다만 맑고 투명하고 명료할 뿐이다.
그 상태를 적멸상(寂滅相)이라 부른다.
적멸상을 음미하며 그 자리에 머무른다.
그러면서 적멸상의 느낌을 중황의 바탕에서 인식해 본다.

중황의 바탕에 적멸상이 드리워지면 맑고 투명한 공간이 중황의 아래쪽에서 인식된다. 그것이 바로 식의 바탕이다.
식의 바탕과 중황의 한 물건을 함께 인식한다.
그런 다음 식의 바탕을 눈, 귀, 코, 입으로 연결해 준다.
그렇게 되면 눈, 귀, 코, 입으로 맑고 투명한 관이 연결된다.
시상막관이나 척수막관을 통해 식무변처정을 미리 체득한 사람은 식의 바탕에 대한 지각성을 갖추고 있다.
하지만 머리뼈 순화를 하면서 식무변처정에 들어갈 경우에는 반드시 이 과정을 거쳐가야 한다.

이때부터는 식의 세업을 제도해 간다.
식의 세업을 제도하는 것은 세 영역으로 나누어서 이루어진다.
첫 번째 영역은 눈, 귀, 코, 입, 몸, 머리를 이루고 있는 육근(六根) 영역이다.
두 번째 영역은 유전 형질과 습득 형질을 이루고 있는 소뇌와 대뇌 영역이다.
세 번째 영역은 선천 형질이 내재된 척수 영역이다.

첫 번째 영역의 제도는 식의 바탕과 눈, 귀, 코, 입, 몸, 머리를 연결해 줌으로써 이루어진다.
두 번째 영역의 제도는 소뇌 막관과 대뇌 막관을 통해 이루어진다.
세 번째 영역의 제도는 척수막관과 32진로 수행을 통해 이루어진다.

눈의 세업을 제도하는 방법이다.
눈과 연결된 식의 바탕에 각성을 둔다. 맑고 투명한 식의 바탕을 인식하면서 보는 형질을 관찰해 본다.
눈을 떠도 괜찮고 눈을 감아도 괜찮다.
'본다'라는 느낌을 인식해 본다.

중황의 한 물건과 식의 바탕이 눈으로 연결된 느낌을 들여다 본다.
눈의 망막에서 식의 바탕이 갖고 있던 맑고 투명한 느낌을 인식한다.
뒤통수 시각피질에다 각성을 두고 양쪽 눈을 들여다 본다.
왼쪽 시각피질을 오른쪽 눈동자로 연결하고 오른쪽 시각피질을 왼쪽 눈으로 연결한다.
그런 다음에 양쪽 눈의 망막을 주시한다.
망막에서 식의 바탕을 인식한다.
좌우 시각피질과 중황을 교차시켜서 연결하고 양쪽 눈의 망막에서 식의 바탕을 인식한다.
그 상태에 머물러서 떠오르는 업식들을 지켜본다.
깊은 잠에 들어가듯이 순식간에 세타파에 들어간다.
세타파에 머물러서 망막에서 인식되는 식의 바탕을 인식한다. 맑고 투명한 공간이 시야를 가득 채운다.

중황의 한 물건을 무념처로 삼고 그 아래의 적멸상을 무심처로 삼는다. 그 상태를 본성으로 삼아서 뒤통수와 양쪽 눈을 함께 비춰본다.
뒤통수의 밋밋한 느낌이 중황의 뒤쪽에 달라붙고 양쪽 눈의 투명함이 중황의 앞쪽으로 달라붙는다.
중황의 본성으로 앞뒤의 느낌을 비춰본다.
뒤쪽으로는 밋밋한 벽이 느껴지고 앞쪽으로는 식의 투명함이 느껴진다. 그 상태에 머무른다.
이 과정을 통해 보는 작용의 청정함이 드러난다.

엄지손가락 끝으로 3지 끝을 살짝 눌러준다.
그런 다음 중황의 한 물건을 중뇌로 내린다.
한 물건의 앞쪽으로는 보는 식의 청정함이 달라붙어 있고 뒤 쪽으로는 시각피질의 밋밋함이 달라붙어 있다.
그 느낌을 그대로 중뇌에서 인식한다.
중뇌에 머물러서 중뇌를 들여다본다.

3지끝에서 '자자자작'하는 자극감을 느낀다.
그 느낌을 중뇌에서 함께 느낀다.
중뇌의 자극감이 양쪽 눈 사이 콧등을 자극하고 관자놀이와 아래턱, 아랫이빨, 양쪽 눈썹 사이를 자극한다.
눈썹 사이 자극이 이마로 올라가서 전두엽피질로 들어간다. 전두엽 피질의 자극을 중뇌와 연결시킨다.
보는 시각을 한 물건에서 분리시켜서 전두엽피질로 올라간다. 그런 다음 전두엽에서 중뇌를 내려다본다.
중뇌 위 상부를 넓은 판으로 인식한다.
그 판을 전두엽에서 내려다본다.
'자자자작'하는 자극감이 뒤통수 시각피질로 확장되고 눈동자에서도 뻑뻑한 자극감이 생겨난다.
그 상태를 주시하고 있다 보면 뒤통수의 자극감이 점차로 목부위로 내려가게 된다. 처음에는 한쪽에서 자극감이 느껴진다. 그러다가 시간이 지나면서 양쪽으로 느껴진다.
양쪽의 자극감이 어깨까지 내려가면 그때 자극감을 대추혈로 집중시킨다.
대추혈에 머물러서 자극감을 지켜본다.
이때 보는 시각은 계속해서 전두엽에 머물러 있다.
전두엽에서 그 과정들을 지켜본다.
대추혈의 자극감을 주시하다 보면 심장박동이 빨라진다.
심장의 박동을 대추혈과 연결시키고 중뇌와 연결시킨다.
중뇌와 대추혈에서 심장박동이 똑같이 느껴지면 중뇌의 한 물건을 대추혈까지 밀어내린다.

3지 손가락 끝에 맞닿아있던 엄지손가락 끝을 3지 손톱 쪽으로 옮긴다. 그런 다음 3지를 지긋하게 눌러 주면서 중뇌에서 교뇌로 내려간다. 아래로 내려 갈수록 엄지손가락에 가해주는 힘을 더 늘려준다.
천천히 백회로 숨을 들이쉬면서 중뇌의 한 물건을 교뇌로 끌어내린다. 그런 다음 연수를 거쳐서 경수로 내린다.
교뇌부를 지날 때는 소뇌의 자극을 함께 인식한다.
'자자자작'하는 자극감과 심장의 박동으로 소뇌와 교뇌를 함께 씻어준다. 교뇌부와 연결되어 있는 뇌신경의 상태도 함께 살펴본다. 콧속의 자극감과 상악의 자극감, 윗이빨에서 일어나는 자극감을 함께 인식한다.

연수로 내려와서도 소뇌의 상태와 뇌신경의 상태들을 함께 살펴본다. 얼굴의 자극감과 목의 자극감, 쇠골의 자극감과 위장, 소장, 대장에서 일어나는 자극감을 함께 지켜본다. 하단전의 상태를 느껴보고 중심의 상태를 인식해 본다. 천골의 상태도 인식해 본다.
양쪽 어깨와 날개뼈로 이어지는 승모근의 상태도 인식해 본다. 그런 다음 경수의 분절들을 한마디씩 타고 내려오면서 그 느낌을 관찰해 본다. 팔로 가는 자극, 다리 쪽으로 내려가는 자극을 함께 느껴본다.
대추혈로 내려가면 그 자리에서 한 물건을 머물게 한다.
여기까지의 과정을 한 번의 들숨으로 살펴본다.
숨을 내쉬면서 대추혈에 머물러 있는 심장의 박동과 자극감을 함께 인식한다. 그 상태에 머물러서 심장과 간을 내려다본다.
이때의 시각은 계속해서 전두엽에 머물러 있다.

전두엽에서 중뇌, 교뇌, 소뇌, 연수, 경수, 대추혈, 심장, 간으로 이어지는 경로를 내려다본다.
대추혈에 머물러 있는 한 물건의 진동을 심장과 간으로 내려보낸다. 이때 손가락의 모양은 3지의 지문이 손바닥에 닿아있는 상태이다.
한 물건의 진동으로 심장을 씻어내고 간을 씻어낸다.
간의 아래쪽에서 한 물건의 진동이 느껴지면 그 상태에

머무른다. 간의 진동이 오른쪽 갈비뼈 안쪽에서 느껴진다. 그러면서 싸늘한 냉기가 빠져나온다.
간에서 빠져나오던 냉기가 표출될 때는 눈동자가 뻑뻑해진다. 냉기가 모두 해소되고 따뜻해지면 눈동자의 느낌이 다시 맑아진다.
눈동자가 맑아지면 대추의 한 물건을 다시 시상으로 끌어올린다.

혀를 입천장에 붙인다.
그런 다음 억제시켰던 3지를 다시 펴준다.
천천히 숨을 들이쉬면서 대추의 한 물건을 중황으로 끌어올린다. 중황의 한 물건을 전두엽에서 내려다본다.
그런 다음 시각을 다시 한 물건의 앞쪽으로 이동해 온다. 그 상태에서 양쪽 눈으로 이어지는 보는 형질을 들여다본다.

전두엽피질은 삼차신경 안분지의 종점이다.
삼차신경 안분지는 삼차신경 중뇌핵에서 분지된다.
삼차신경 중뇌핵은 동안신경과 시냅스를 주고 받는다.
때문에 전두엽피질과 시각 경로는 감각적으로 연결되어 있다.
시상, 중뇌, 교뇌, 소뇌, 연수, 경수, 흉수1, 2, 3번, 심장, 간은 시개척수로의 경로이다.
심장과 간에서는 보는 경로에 에너지를 제공해 준다.
시개척수로의 경로를 한 물건과 식의 청정함으로 씻어주는 것이 보는 경로의 세업을 제도하는 것이다.

귀의 세업을 제도하는 방법이다.
중황의 본성을 인식한다.
무심의 적멸상을 양쪽 귀로 연결한다.
중황과 양쪽 귀가 연결된 식의 바탕을 들여다본다.
투명한 관이 양쪽 귀와 연결되어 있는 것을 주시한다.
양쪽 귀와 연결된 공간의 형질을 시각적으로 들여다본다.
심장의 박동과 더불어서 미세하게 울리는 파동을 느껴본다.
징징징징! 웅웅웅웅! 찌이이잉! 고주파와 저주파의 파동들이 빈 관을 가득 채우고 있는 것을 주시한다.
그 파동 중에서 끊어짐이 없이 지속적으로 유지되는 파동을 선별한다. 그런 다음 그 파동과 중황의 본성을 연결시킨다. 중황의 한 물건이 그 파동과 함께 요동하는 것을 인식한다. '징징징징' 한 물건이 요동하면서 머릿속이 부풀어 오른다. 그 파동으로 대뇌 피질을 씻어준다.
양쪽 귀의 빈 관과 백회의 꼭짓점을 연결한다.
그런 다음 귀의 빈 관과 중황에서 일어나는 파동으로 머릿속 전체를 씻어준다. 미세진동이 머릿속을 울리면서 눈과 코로 '자자자작'하는 자극감이 표출되고 두피와 얼굴 피부, 뒤통수와 목 부위에서도 자극감이 일어난다.
그러면서 피부 속에서 가려움이 일어난다.
얼굴과 머리 부위 전체에서 부어오르는 느낌이 생긴다.

그 느낌을 주시하면서 중황과 귀의 진동에 집중한다.
부어오르는 느낌에 집중하고 얼굴 피부의 감각을 들여다본다. 미세한 자극감과 심장의 박동이 피부의 표면에서 느껴진다. 그 상태를 주시하면서 피부의 파동을 양쪽 어깨로 끌고 내려온다. 양쪽 어깨의 파동을 느끼면서 높이를 가늠해 본다. 똑같이 느껴지면 어깨의 파동을 양 손바닥으로 내린다. 양쪽 손바닥에서 '자자자작'하는 자극감이 느껴진다. 그 자극감을 유지하면서 다시 어깨로 올라간다. 어깨 높이가 다르게 느껴지면 높이를 맞춰준다. 그런 다음에 자극감을 흉부로 내린다. 흉부의 피부 감각을 느껴본다. '자자자작'하는 자극감이 느껴지면 그 자극감을 어깨와 연결하고, 얼굴 피부와 연결하고, 머리 전체와 연결한다.
그런 다음 양쪽 귀의 빈 관과 연결한다.
양쪽 귀의 빈 관에서 일어난 요동이 연결된 부위 전체를 자극한다. 그 상태를 유지하면서 흉부의 요동을 아래쪽으로 전이시킨다.
앞쪽의 요동은 배를 타고 내려가고 뒤쪽의 요동은 등을 타고 내려간다. 아랫배와 천골부에 머물러서 피부에서 일어나는 요동을 함께 주시한다. 이때에도 양쪽 귀의 빈 관에서 일어나는 진동을 함께 인식한다.
하복부와 천골부의 진동을 다리 쪽으로 전이시킨다.
허벅지를 지나 장딴지, 발등과 발바닥까지 끌어내린다.
그런 다음 발바닥에 머문다. 양쪽 발바닥의 요동과 양쪽 귀에서 일어나는 요동을 함께 지켜본다. 그러면서 몸 전체에서 일어나는 피부의 요동을 연결해서 인식한다.
그 요동으로 몸 전체의 피부를 씻어낸다.
피부에서 일어나던 가려움이나 '자작 자작'하는 자극감이 사라지면 이번에는 뼈의 진동을 인식해 본다.

양쪽 귀의 빈 관에서 일어나는 요동에 집중한다.
그 요동으로 머리뼈를 울려준다.
머리뼈의 울림을 얼굴뼈로 내린다.
얼굴뼈, 머리뼈, 목뼈의 진동을 함께 느껴본다.
목뼈의 진동을 양쪽 팔뼈로 내린다.
팔뼈에서 일어나는 진동을 느껴본다.
팔뼈와 목뼈, 얼굴뼈와 머리뼈, 양쪽 귀속의 진동을 함께 인식한다.
목뼈의 진동을 척추뼈로 내린다.
척추뼈를 타고 내려가면서 갈비뼈의 진동도 함께 인식한다. 꼬리뼈 끝까지 끌고 내려간다. 그 상태에 머물러서 귓속의 파동을 함께 주시한다.
머리 쪽이나 얼굴 쪽에서 드문 드문 자극감이 느껴지고 갈비뼈로 내려가면 가슴바닥에서 기쁨이 차오른다.
꼬리뼈의 파동은 엉덩이뼈와 고관절로 연결되고 엉덩이뼈 안쪽으로는 빈 동공이 인식된다.
그 상태에 머물러서 황정과 명문 하단전을 주시한다.

중황의 파동과 황정의 진동을 서로 연결한다.
그런 다음 고관절에서 일어나는 진동을 다리뼈 전체로 확장시킨다.
귓속에서 일어나는 진동으로 몸 전체를 이루고 있는 뼈를 씻어낸다.

갈비뼈의 진동을 인식하면서 그 진동을 폐로 전이시킨다.
미세하게 진동하는 폐포들의 느낌을 관찰해 본다. 폐포의 떨림을 양쪽 신장으로 연결시킨다.
폐와 신장의 진동을 양쪽 귀의 진동과 연결시킨다.
그 상태에 머물러서 폐의 상태를 주시한다.
폐에서부터 물방울 같은 것이 뚝뚝 떨어지는 것이 느껴진다. 그 물방울들을 양쪽 신장에서 받아들인다.
신장에서 후끈한 열기가 일어난다.
그 열기를 황정으로 내리고 폐와 신장의 진동을 계속해서 주시한다.
황정에 안착된 열기를 중극으로 올린다.
그런 다음 중황에 있던 한 물건을 중극으로 내린다.
중극에서 두 가지 기운이 하나로 합쳐지면 그 자리에 머무른다.
한 물건이 중극으로 내려가고 나면 중황에서는 텅 빈 식의 바탕만 남아있게 된다. 양쪽 귀의 진동을 중황의 텅 빈 상태와 일치시킨다. 그런 다음 중황에 머무른다.

텅 빈 식의 바탕으로 양쪽 귀에서 일어나는 진동을 비춰준다. 그러면서 몸 전체에서 일어나는 뼈의 진동을 함께 지켜본다. 폐와 신장의 진동도 함께 인식하고 중극의 한 물건과 중황을 함께 주시한다.
그 상태에 머무른다.
여기까지가 귀의 세엽을 제도하는 과정이다.
들음은 뼈의 진동으로 이루어진다.
때문에 들음의 업식은 뼛속에 내장되어 있다.
귀의 미세진동으로 뼈가 씻어지면서 듣는 식의 세엽이 제도된다.
폐와 신장은 듣는 경로에 에너지를 공급하는 장(腸)이다.
귀의 미세진동으로 폐와 신장을 씻어내면 순수한 선천기가 귀로 제공된다. 이 과정을 통해 폐의 진액이 채취된다. 폐에서 떨어져 내리던 물방울이 폐의 진액이다.

코의 세엽을 제도하는 과정이다.
중극의 한 물건을 중황으로 끌어올린다.
혀끝을 입천장에 붙이고 천천히 숨을 들이쉰다.
그런 다음 중극의 한 물건을 중황으로 끌어올린다.
중황에 머물러서 양쪽 코로 들어오는 호흡을 지켜본다.
아랫배 호흡으로 천천히 숨을 들이쉬고 내쉬면서 코로 들고나는 빈 공간의 형질을 들여다본다.
콧속에서 느껴지는 빈 공간의 형질을 중황까지 이끌어 간다. 그런 다음 중황의 한 물건과 만나게 한다.
숨을 내쉬면서 후각신경을 인식해 본다.
그런 다음 숨을 들이쉬면서 후각신경의 느낌을 주시한다. 바람의 움직임이 후각신경을 자극하면서 중황의 한 물건과 접촉하는 것을 인식한다.
숨을 내쉬면서 숨결 속에 깃들어있는 식의 바탕을 인식한다. 숨을 들이쉬면서 숨결 속의 식의 바탕을 중황을 거쳐서 옥침까지 이끌어간다.
내쉬면서 다시 옥침에서 중황을 거쳐서 미심으로 이끌어온다. 이때 중황을 지나면서 식의 바탕에 대한 느낌이 끊어졌다가 다시 이어지는 것을 인식한다.
숨을 들이쉬면서 미심에서 옥침으로 이어지는 숨결을 주시한다. 숨결이 후각신경을 자극할 때 등줄기에서 일어나는 변화를 인식해 본다. 숨결이 중황의 한 물건을 자극할 때 등줄기에서 일어나는 변화를 지켜보고 옥침부로 이어질 때 드러나는 변화를 지켜본다.
숨을 내쉬면서 옥침과 중황 사이, 중황의 한 물건, 중황과 미심 사이에서 느껴지는 숨결의 차이를 인식한다.
숨을 들이쉬면서 숨결이 후각신경을 자극할 때 등줄기에서 일어나는 열기를 느껴본다.
중황부위를 지날 때는 한 물건과 식의 바탕이 갖고 있는 서로 다른 느낌을 관찰하고 중황에서 옥침부로 이어질 때는 미심과 중황 사이에서 인식되는 감각과 중황과 옥침 사이에서 인식되는 감각의 차이를 느껴본다.
숨을 내쉬면서 세 영역에서 인식되는 감각의 차이를 명확하게 인식한다.
이 과정을 반복한다.
후각신경이 자극될 때 등줄기에서 일어나는 열감을 꼬리뼈에서 인식하고 후각신경의 자극과 꼬리뼈를 서로 연결해 준다. 미심과 옥침 사이에서 세 영역이 갖고 있는 감각의 차이를 명확하게 인식하고 시각적으로 세 영역을 들여다본다. 세 영역의 서로 다른 느낌 속에서 숨결 속에 깃들어 있는 식의 바탕을 인식한다.

숨을 들이쉬면서, 숨결 속에 깃들어있는 식의 바탕을 옥침을 지나서 꼬리뼈까지 끌어 내린다.
각 부위를 지날 때 숨결의 느낌이 끊어지지 않도록 하고 그 속에 내재되어 있는 식의 바탕을 인식한다.
숨을 내쉬면서, 숨결의 느낌과 식의 바탕으로 천골신경을 씻어준다.
숨을 들이쉬면서, 미심과 중황 사이의 공간 감각, 중황의 공간 감각, 중황과 옥침 사이의 공간 감각을 들여다본다.
그런 다음 옥침, 대추, 영대, 명문, 꼬리뼈 경로를 타고 내려오면서 숨결의 느낌과 식의 바탕을 함께 인식한다.
내쉬면서 천골신경을 씻어준다.
이 과정을 반복한다.

숨을 들이쉬면서, 왼쪽 코로 들어가는 공기의 흐름을 주시한다. 공기의 흐름이 왼쪽 후각신경을 자극하는 것을 인식한다. 그때 왼쪽 등줄기와 꼬리뼈로 이어지는 경로를 함께 주시한다. 열감이 느껴지면 그 열감을 주시하면서 왼쪽 후각신경과 연결되는 중황의 느낌과 옥침 경로의 느낌을 주시한다. 옥침의 왼쪽 기점에서 목의 왼쪽 중앙선을 따라 척추로 이어지는 경로로 숨결의 감각을 끌어내린다. 그러면서 식의 바탕을 함께 주시한다.
장부의 반응을 주시한다. 장부의 큰 움직임들이 느껴지면 숨을 내쉬면서 숨결과 식의 바탕으로 그 장부를 씻어준다. 이 과정을 반복하다 보면 어느 순간부터 깊은 무의식으로 들어가게 된다. 그러면서 잠든 상태처럼 꿈을 꾸게 된다. 꿈속에서 장부의 주체의식들이 깨어난다.
이런저런 말도 해주고 이것저것 물어보기도 한다.
그 상태에서 각성을 유지하고 주체의식들을 지켜본다.

오른쪽 코로 들어가는 공기의 흐름을 인식한다.
왼쪽 코의 경로처럼 오른쪽 후각신경, 오른쪽 중황 경로, 오른쪽 옥침 경로, 오른쪽 경추 경로, 오른쪽 흉추 경로, 오른쪽 요추 경로, 오른쪽 천추 경로를 차례대로 인식한다. 숨결의 자극과 식의 바탕을 함께 인식하고 날숨에 움직임이 일어나는 장부를 씻어준다.
무의식에 들어가서 장부의 주체의식들과 교류한다.

양쪽 코로 숨을 들이쉬면서 미심과 옥침 사이에서 인식되는 서로 다른 감각을 주시한다.
그 감각으로 호흡 경로 전체를 비춰본다.
숨결의 느낌과 식의 바탕이 호흡 경로를 따라 내려가면서 드러나는 모든 감각을 비춰주고 날숨에는 전체 장부를 한꺼번에 비춰준다.
중황의 한 물건에 머물러서 앞뒤의 서로 다른 공간 감각을 인식한다. 옥침의 앞쪽으로 밋밋한 판자때기가 느껴지고 미심 사이에서 투명한 공간감이 느껴지면 그 상태에 머무른다.

코의 세업은 호흡 경로와 교감신경, 교감신경이 영입하는 모든 장부에 내재되어 있다. 중황의 한 물건과 식의 바탕, 본성을 활용해서 코의 세업을 제도한다.

몸의 세업은 장부 순화, 뼈 순화, 말초신경 순화, 채약, 눈과 귀의 세업, 코의 세업을 제도하면서 대부분 제도되었다. 생각 경로와 언어 경로의 세업이 제도되면서 나머지 세업이 함께 제도된다.

생각 경로의 세업을 제도하는 것은 중추신경막관을 통해 이루어진다. 중추신경막관을 하는 방법에 대해서는 '식무변처해탈법'에서 이미 다루었다.

식무변처해탈에서는 본성과 사마타로써 식의 세업을 제도했다. 비상비비상처해탈에서는 한 물건과 본성, 식의 바탕을 활용해서 식의 세업을 제도한다.
중추신경막관이 이루어지는 절차나 과정은 식무변처해탈과 똑같이 이루어진다. 식의 세업을 제도하는 방법과 제도되는 범위가 다를 뿐이다.
개체생명의 식은 6식, 7식, 8식으로 이루어져 있다.
6식은 육체의식의 식이다.
전 5식의 정보가 합쳐져서 생겨난다.
후 6식이라 한다.
눈, 귀, 코, 입, 몸의 의식이 전 5식이다.
6식의 제도는 초선정의 과정과 기본적인 장부 순화, 척추뼈 순화를 통해 이루어진다. 표면적 유위각과 중심, 후천기가 활용된다.

7식은 혼의식이다.
선천혼, 유전혼, 습득혼에 내재된 혼의식이 합쳐져서 발현된다. 선천혼은 육장에 내재되어 있고 유전혼은 소뇌와 세포의 유전사에 내장되어 있다. 습득혼은 세포에 내재되어 있다.
7식의 제도는 단계적으로 이루어진다.
2선정에서 시작해서 비상비비상처정까지 이어진다.
선정의 단계마다 7식이 제도되는 범위가 서로 다르다.

8식은 영의식이다.
영의 몸에 내장된 식(識)과 의(意)의 정보가 8식이다.
영의 몸은 세 영역으로 나누어서 내장되어 있다.
척추 영역에는 선천영의 정보가 내장되어 있다.
소뇌 영역에는 유전영의 정보가 내장되어 있다.
대뇌 영역에는 습득영의 정보가 내장되어 있다.
비상비비상처해탈에서 이루어지는 생각 경로의 제도는 8식의 제도이다.
중황의 한 물건과 본성, 식의 바탕을 활용해서 중추신경막관을 행한다.

대뇌피질 막관이다.
중황의 한 물건과 양쪽 측두엽피질을 연결한다.
혈관의 박동으로 가쪽뇌실을 울려주고 양쪽 측두엽의 끝점을 주시한다. 중황과 양쪽 측두엽 끝을 연결시켜 놓고 그 상태에 머무른다. 식의 바탕을 양쪽 측두엽으로 확장시킨다. 그 상태를 중황, 중극과 연결시킨다.
양쪽 측두엽과 중황, 중극을 "Y"자 형태로 연결시키고 그 경로를 본성으로 비춰준다.
나선 호흡으로 백회에서 중황까지 숨을 들이쉬고 날숨에 중극을 거쳐서 황정까지 숨을 내려보낸다. 이때 식의 바탕을 황정까지 확장시킨다. 숨을 들이쉬면서 측두엽과 중황 사이에서 식의 바탕을 인식하고 그 느낌을 날숨을 따라서 황정까지 이끌어 간다.
이 호흡을 반복하면서 식의 바탕으로 측두엽 경로와 척수 전체를 씻어준다. 그 과정을 본성으로 비춰준다.
반복하다 보면 식의 세업들이 깨어난다.
꿈을 꾸듯이 실제 일어나고 있는 일처럼 다양한 업식들이 표출된다. 어제 겪었던 일들도 떠오르고 어렸을 때 겪었던 일들도 지금 겪고 있는 일처럼 느껴지기도 한다. 그런 업식들을 본성으로 비춰준다.
업식이 줄어들고 Y자 경로가 식의 바탕으로 채워지면 전두엽피질과 후두엽피질을 제도한다.

중황의 한 물건과 전두엽피질을 서로 연결한다.
그런 다음 그 경로 안에서 식의 바탕을 인식한다.
들숨에 백회에서 중황까지 들이쉬고 날숨에 중황에서 전두엽피질로 내쉰다. 그러면서 식의 바탕을 인식한다.
이 과정을 반복하면서 떠오르는 업식들을 주시한다.
본성으로 비춰준다.

중황의 한 물건과 후두엽피질을 서로 연결한다.
그런 다음 그 경로에서 식의 바탕을 인식한다.
나선 호흡으로 중황까지 들이쉬고 날숨에 후두엽피질로 내쉰다. 날숨 경로에서 식의 바탕을 인식한다.
깨어나는 업식들은 본성으로 비춰준다.

두정부피질은 나선 호흡의 과정에서 제도된다.
수없이 반복되는 나선 호흡을 통해 이미 제도되어 있다.
후두엽피질의 제도가 끝나면 대뇌변연계와 뇌하수체, 송과체를 제도한다.
대뇌변연계는 해마체와 편도체 뇌량으로 이루어져 있다.
뇌량은 좌뇌와 우뇌를 연결해 주는 다리이다.
뇌량의 천정에서 해마체와 편도체가 좌우 쌍으로 발원한다.
뇌하수체는 비공 뒤쪽에 있고 송과체는 중뇌 시각둔덕 사이에 있다.
해마체는 인식되는 정보를 이성적 관점으로 인지하는 기능을 갖고 있다.
편도체는 인식되는 정보를 감성적 관점으로 인지하는 기능을 갖고 있다.
양쪽 위 눈썹 끝에서 관자놀이로 이어지고, 관자놀이에서 옥침으로 이어지는 띠를 만든다.
마치 손오공의 머리띠와 같은 모양이다.
중황의 한 물건이 중심이 되고 손오공의 머리띠가 테두리가 된다.
중황과 테두리 사이의 빈 공간을 인식한다.
그 빈 공간에 식의 바탕이 펼쳐진다.
호흡을 들이쉬면서 손오공의 머리띠를 중황으로 수축시킨다. 손오공의 머리띠를 한 물건의 테두리로 삼는다.
호흡을 멈추고 그 상태를 주시한다.

숨을 내쉬면서 손오공의 머리띠를 본래 자리로 되돌린다.
머리띠와 한 물건 사이에 펼쳐져 있는 식의 바탕을 인식한다. 이 과정을 반복한다. 업식들이 깨어나면 본성으로 비춰준다.
해마체와 편도체가 통합적으로 쓰이면 이성과 감성 간에 균형이 이루어진다. 그렇게 되면 모든 인식 작용이 세타파에서 이루어진다.
뇌하수체와 송과체의 균형이 잡아지면 호르몬의 분비가 균형 있게 이루어진다.
그렇게 되면 몸과 마음이 화평해진다.

엄지손가락 끝으로 3지 끝을 살짝 눌러준다.
그 상태에서 중뇌에 머문다.
나선 호흡으로 중황의 한 물건을 중뇌로 이동시킨다.
그 상태에 머물러서 떠오르는 업식을 주시한다.
본성으로 비춰주면서 시각 경로와 청각 경로를 살펴본다.
시각 경로와 청각 경로에서 식의 바탕을 인식한다.

엄지손가락으로 3지 끝을 지긋하게 눌러준다.
3지 둘째 마디에 힘이 들어가 있는 것을 느끼면서 교뇌와 소뇌에 각성을 둔다.
나선 호흡으로 들이쉬면서 중뇌의 한 물건을 교뇌로 내린다. 교뇌에 머물러서 소뇌를 함께 주시한다.

무의식으로 떨어져서 깊은 세타파에 들어간다.
그 상태에서 떠오르는 업식들을 주시한다.
깊은 잠에 들어가 있는 상태에서 꿈을 꾸듯이 업식들이 표출된다. 그 상태들을 본성으로 비춰준다.
나선 호흡으로 교뇌까지 들이쉬고 숨을 내쉬면서 식의 바탕을 소뇌로 펼쳐준다. 그 상태를 반복한다.
식의 바탕으로 소뇌가 씻어지면서 드러나는 업식들을 들여다본다. 본성으로 비춰준다.

엄지손가락으로 3지 둘째 마디를 힘을 주면서 눌러준다.
각성을 연수에 둔다.
나선 호흡으로 교뇌의 한 물건을 연수로 내린다.
연수에 머물러서 일어나는 업식들을 지켜본다.
본성으로 비춰준다.
연수와 소뇌를 연결한다.
그런 다음 식의 바탕으로 소뇌를 씻어준다.

연수와 뇌줄기를 연결하고 파페츠회로를 거쳐서 대뇌연합령을 연결한다.
먼저 파페츠회로를 비춰보면서 생각 경로를 주시한다.
해마체 – 뇌궁 – 유두체 – 시상로 – 시상전핵 – 시상피질 방사로 – 대상회 – 대상다발 – 해마방회 – 내후각피질 – 관통로 – 해마체로 이어지는 파페츠회로를 관찰하면서 생각이 일어나는 경로를 지켜본다.
연수와 소뇌에서 올라가는 업식이 파페츠회로를 돌면서 생각으로 드러나는 과정을 비춰보고 그렇게 생겨난 생각이 대뇌연합령과 연결되면서 시각적, 청각적, 사유적으로 연계되고 언어화되는 과정을 들여다본다.

전전두엽, 편도체, 시각연합령, 청각연합령, 베로니카영역, 체감각연합령을 차례대로 비춰준다.
식의 바탕을 확장시키고 본성으로 비춰준다.

청각연합령과 베로니카영역에 머물러서 한 생각이 이슬방울처럼 맺혀지는 과정을 들여다본다. 그러면서 그 이슬방울이 언어화되는 과정을 명료하게 비춰본다.
체감각연합령이 반응하고, 시상내섬유막이 자극되고, 배쪽 후내핵과 외핵이 반응하고, 중뇌로 내려와서 삼차신경 중뇌핵과 적핵, 피질 경로가 반응하고, 교뇌로 내려가서 삼차신경 운동핵과 주감각핵, 전정핵이 반응하고, 소뇌가 반응하고, 연수의 미주신경핵과 안면신경핵, 삼차신경 척수핵, 설인신경핵, 하올리브핵, 설하신경핵이 반응하면서 혀의 꿈틀거림이 일어나는 과정을 들여다본다.
각각의 신경핵에 머물러서 신경이 반응을 하는 경로들을 들여다본다.
생각이 언어화되는 과정을 들여다보면서 본성으로 비춰보

고 식의 바탕으로 씻어준다.

각각의 단계에 머물러서 생각이 언어화되는 과정을 임의대로 조절해 본다.
연수, 소뇌를 거쳐서 중뇌로 이어지는 경로와 교뇌에서 중뇌로 직접 올라가는 경로를 살펴보고, 시상으로 올라가서 파페츠회로와 대뇌연합령으로 올라가는 경로를 주시한다.
각각의 오름 경로에서 멈춰보고 생각의 흐름을 차단시킨다. 그 상태에 머물러서 식의 바탕을 인식한다.

각각의 내림 경로에 머물러서 생각이 언어화되는 것을 차단시킨다. 그 상태에 머물러서 식의 바탕을 인식하고 본성으로 비춰준다.
이 과정은 충분한 시간을 두고 수없이 반복해야 한다.
이 과정을 통해 언어 경로의 세업이 함께 제도된다.

엄지손가락으로 3,4지 손톱을 지긋하게 눌러준다.
나선 호흡으로 숨을 들이쉬면서 경수 1번으로 한 물건을 내린다. 경수 1번에 머물러서 눈, 귀, 코, 입, 생가 경로의 상태를 본성으로 비춰본다. 식의 바탕을 펼쳐서 머릿속과 얼굴 전체를 감싸준다. 눈, 귀, 코, 입, 머리의 경계를 없애버리고 오관의 감각이 지워진 밋밋한 얼굴 면을 주시한다. 그 모습으로 자기 얼굴을 삼는다.

이목구비(耳目口鼻)가 없는 그 얼굴이 본래의 자기 모습이다.

엄지손가락으로 3, 4지를 지긋하게 눌러준다.
나선 호흡으로 한 물건을 경수 2번으로 내린다.
경수 2번에 머물러서 먹는 것에 대해 떠올려본다.
입안에 침이 고이고 어금니와 관자놀이에 힘이 들어간다. 삼차신경 척수핵분지가 수축되면서 얼굴 감각이 활성화된다. 마치 폭탄을 맞은 것처럼 온몸의 세포들이 아우성친다. 그야말로 지금까지 경험해보지 못했던 극단적인 변화들이 몸 전체에서 일어난다. 단순하게 먹는다는 생각을 일으킨 것만으로도 그와 같은 변화가 일어난다. 그 과정들을 본성으로 비춰준다.
다른 사람의 몸을 들여다보는 것처럼, 인식되는 현상들을 객관화 시킨다. 그런 다음 하나하나의 현상들을 세밀하게 주시해 본다.

식의 바탕을 머리 전체로 확장시키면서 삼차신경의 상태를 살펴보고 입안에 고인 침의 양을 살펴본다.
삼차신경의 수축감이 해소되고 이빨에 힘이 빠지면서 침의 양이 줄어들면 그 상태에 머무른다.
침의 양이 줄어들지 않으면 경수 2번과 연수를 연결해 놓고 그 상태에서 일어나는 변화를 지켜본다.
본성으로 경수 2번과 연수를 함께 비춰준다.

그런 다음에 다시 먹는 것에 대해 떠올려 본다.
미주신경이 항진되고 고립로핵이 반응하면서 침샘이 자극된다. 간과 비장이 반응하고 위장, 소장, 대장의 운동이 활성화된다. 턱관절에 힘이 들어가고 얼굴과 두피에서 열기가 느껴진다.
시상부에서 피질 경로가 자극되고 중뇌부에서 적핵 경로가 자극된다. 그러면서 기쁨이 일어난다.
음식의 맛이 떠오르기 시작한다.
묵직한 느낌이 뇌하수체에서 느껴지고 뇌와 척수 전체에서 미세한 요동이 일어난다.

연수의 요동이 미주신경을 타고 장부로 내려가는 경로를 관찰해 본다. 양쪽 귀 뒤쪽을 타고 쇄골로 이어지는 미세 진동을 느껴본다.
먼저 오른쪽 미주신경의 경로를 인식한다.
목 부위로 내려와서 식도 바깥쪽을 타고 오른쪽 폐, 심장, 횡격막, 간, 위, 소장, 대장, 신장으로 이어지는 경로를 관찰한다.
왼쪽 미주신경의 경로를 관찰한다.
식도 안쪽, 왼쪽 폐, 심장, 횡격막, 위, 간, 췌장, 십이지장으로 들어가는 경로를 관찰한다.
목 부위에서 거슬러 올라와서 입천장과 혀로 연결되고 귀 뒤쪽으로 연결되는 경로를 관찰한다.

그 경로들을 본성으로 비춰준다.
식의 바탕을 미주신경의 경로를 따라서 해당 장부까지 확장 시킨다. 폐, 심장, 간, 담, 비장, 췌장, 위, 신장, 소장, 대장, 방광으로 식의 바탕을 확장시키면서 장부의 요동과 떠오르는 업식들을 함께 주시한다. 드러나는 모든 현상을 본성으로 비춰준다.
그런 다음 그 상태에 머물러서 경수 2번의 한 물건과 식의 바탕을 함께 주시한다.
뇌와 척수에서 일어났던 요동이 줄어들면 다시 먹는 생각을 떠올리면서 이 과정을 반복해 준다.
식의 바탕이 모든 장부에 채워지고 입안에서 고이던 침의 양이 줄어들면 다음 과정으로 넘어간다.

먹는 습성의 세업은 이 과정만으로는 완전하게 제도되지 않는다. 나중 황중(黃中) 기점이 세워지고 대약(大藥)이 이루어져야 완전하게 제도된다.

엄지손가락으로 3, 4지를 지긋하게 눌러준다.
나선 호흡으로 한 물건을 경수 3번으로 내린다.
그 상태에 머물러서 식의 바탕을 머리 전체로 확장시킨다. 이목구비가 사라진 본래 면목을 인식하면서 식의 경로를 한 가지씩 지워나간다.
보는 의도를 지우고, 듣는 의도를 지우고, 호흡의 느낌을 지우고, 입술의 촉감을 지운다. 그런 다음 그 상태와 느낌을 주시한다.

보고자 하는 의도가 일어날 때 식의 바탕에서 생겨나는 변화를 관찰해 본다. 보는 의도가 거두어졌을 때 식의 바탕에서 일어나는 변화를 관찰해 본다.
그 차이를 관찰해 본다.
보고자 하는 의도가 일어날 때 식의 바탕에서 생겨나는 미세한 압력을 인식한다. 보고자 하는 의도에 따라서 그 압력이 생겨났다가 사라지는 것을 지켜본다.
그 압력과 함께 생겨났다가 사라지는 업식들을 지켜본다. 오만심, 집착, 답답함, 조급함, 기쁨 등을 세밀하게 주시하고 그 속에 깃들어있는 에고를 인식한다.
본성으로 비추어서 씻어준다.

듣는 경로에서도 의도가 일어났을 때 식의 바탕에서 일어나는 변화를 살펴본다.
의도에 따라서 식의 바탕에서 진동이 일어나고 진동이 가라앉는 것을 지켜본다. 그 진동에 내재되어 있는 오만과 편견, 집착과 답답함, 조급함과 기쁨 등을 지켜본다.
본성으로 비추어서 씻어준다.
호흡 경로에 의도를 둔다.
들숨에 스며있는 식의 바탕을 인식하고 날숨에 스며있는

식의 바탕을 인식한다.
숨결 속에 담겨있는 이기심을 들여다본다.
본성으로 비추어서 제도해 준다.
안 몸의 팽창과 수축을 인식하고 바깥 몸의 팽창과 수축을 인식한다. 그 속에 깃들어 있는 답답함과 조급함을 들여다본다. 본성으로 비추어서 제도해 준다.

미소를 띠우고 그 자세에서 일어나는 느낌을 지켜본다.
미소를 거두고 그 상태에서 일어나는 느낌을 주시한다.
의도에 따라 식의 바탕에서 일어나는 변화를 지켜본다.
몽롱함을 인식하고 기쁨이 생겼다가 사라지는 것을 인식한다. 기쁨에 집착하는 식의 습성을 들여다본다.
본성으로 비추어서 아무렇지 않도록 한다.

경수 3번에 머물러 있는 한 물건을 주시한다.
아래로는 천수 말단까지 식의 바탕을 확장시키고, 위로는 대뇌 피질까지 식의 바탕을 확장시킨다.
그 상태에서 일어나는 업식들을 관찰한다.
오만과 편견, 답답함과 거부감, 조급함과 두려움, 기쁨을 탐하는 생각의 습성들을 들여다보고 본성으로 씻어준다.
그 모든 마음이 축생적 습성이다.

엄지손가락으로 3, 4지를 지긋하게 눌러준다.

나선 호흡으로 한 물건을 경수 4번으로 내린다.
그 자리에 머물러서 한 물건과 식의 바탕을 일치시킨다.
교감신경이 항진되면서 등줄기를 타고 열기가 내려가는 것을 인식한다. 심장박동이 빨라지고 폐가 확장되는 것을 인식하면서 식의 바탕을 꼬리뼈까지 확장시킨다.
이다와 핑갈라 에너지를 한 물건과 결합시킨다.
한 물건이 뜨거워지는 것을 인식하면서 본성으로 비춰준다. 폐의 확장과 심장의 박동 속에서 밝은성품을 인식하고 중심, 하단전, 회음, 명문, 영대, 옥침, 백회, 미심, 중황 기점들을 차례로 점검한다.
각각의 기점을 본성으로 비춰주고 밝은성품으로 씻어준다.
그런 다음 그 자리에서 식의 바탕을 인식한다.
텅 비워지면 다음 기점으로 넘어간다.
열한 개의 기점을 모두 씻어주고 기점들을 서로 연결한다. 중황에서 미심, 옥침, 백회를 연결하고 중극에서 중심과 영대를 연결한다. 황정에서 하단전과 명문, 회음을 연결한다.
각 단에서 연결감이 공고해지면 다음 과정으로 넘어간다.

엄지손가락으로 3, 4지를 지긋하게 눌러준다.
나선 호흡으로 한 물건을 경수 5번으로 내린다.
그 자리에 머물러서 본성으로 비춰주고 식의 바탕을 위아래로 확장시킨다.
백회, 중황, 중극, 황정, 회음으로 이어지는 중간 기둥을 인식한다. 중간 기둥 전체를 본성과 식의 바탕으로 씻어준다.
미심, 중심, 하단전으로 이어지는 앞 기둥을 인식한다.
앞 기둥을 본성과 식의 바탕으로 씻어준다.
옥침, 영대, 명문으로 이어지는 뒷 기둥을 인식한다.
뒷 기둥을 본성과 식의 바탕으로 씻어준다.
중간 기둥을 중심으로 앞 기둥, 뒷 기둥을 서로 연결한다.
중황 기점에서 미심과 옥침을 연결하고, 중극 기점에서 중심과 영대를 연결한다.
황정 기점에서 하단전과 명문을 연결한다.
그런 다음 회음과 백회를 연결한다.
열한 개의 기점을 하나로 연결시키고 그 상태를 본성과 식의 바탕으로 씻어준다.
중황, 중극, 황정을 오르내리면서 전체 기점의 연결을 공고하게 해준다.
열한 개의 기점으로 연결된 그 모습이 나의 모습이다.
이목구비(耳目口鼻)도 내가 아니고 심·식·의(心識意)도 내가 아니다. 몸 또한 내가 아니다.
나는 생명이다.
본성과 각성, 생명 에너지와 식의 바탕으로 이루어진 근본 생명, 그것이 나의 본래 모습이다.
열한 개의 기점으로 연결된 나의 면목을 인간(人間)이라 부른다. 人이란 열한 개의 기점이 서로 연결된 형태를 상형화한 문자이다.

間이란 각성과 한 물건의 상태를 상형화한 문자이다.
본성과 의식, 감정 사이에 끼여있는 각성과 한 물건의 모습을 間이라 표현했다.
間자는 門 사이로 태양(日)이 떠오르는 것을 상형화한 글자이다. 이때의 門은 본성과 심·식·의일 수도 있고 생멸문과 진여문일 수도 있다.
이때의 日은 본성과 한 물건일 수도 있고 생멸문과 진여문 사이에 서 있는 나 자신일 수도 있다.
비상비비상처해탈의 모든 과정이 스스로를 태양(日)이 되도록 만들어 가는 것이다.

부처님의 열 가지 명호중에 세간해(世間解)라는 말이 있다. 이 말이 인간에서 유래된 것이다.
'세간해'의 世는 의식·감정·의지를 자기라고 생각하는 존재들이 펼쳐놓은 세계를 말한다.
間은 인간을 말한다. 解는 의식·감정·의지가 생겨난 과정을 알고 그것을 제도할 수 있는 방법을 안다는 말이다.
각성의 무명적 습성을 제도하고 밝은성품의 자연적 성향을 제도해서 그것을 바탕으로 심과 식을 제도할 수 있는 역량을 갖춘 인간을 '세간해'라 한다.

열한 개의 기점을 세우고 그것을 서로 연결한 상태에서, 엄지손가락으로 3, 4지를 지긋하게 눌러준다.

그런 다음에 나선 호흡으로 한 물건을 경수 6번으로 내린다. 그 자리에 머물러서 은혜와 의리를 생각해 본다.
부모와 스승님의 은혜를 생각하고 나라와 동포의 은혜를 생각한다. 착한 마음으로 떳떳하게 보은(報恩) 할 수 있는 방법을 생각한다.
땅의 형질을 떠올려본다.
견고함과 평평함, 뭇 생명들을 양육하는 공덕을 생각하고 땅에 대한 보은심을 일으킨다.
'감사하고 고맙습니다.'

경수 6번의 한 물건과 중극, 중심, 영대 기점을 서로 연결한다. 그런 다음에 한 물건으로 중심과 중극, 영대 경로를 비춰준다. 그 경로를 본성으로 씻어준다.
경수 6번과 영대를 연결하고 영대와 중심을 연결한다.
중심과 경수 6번을 연결한다.
그 상태에서 경수 6번과 영대, 중심 사이에 형성된 삼각형을 인식한다. 삼각형의 내부를 본성으로 비춰준다. 그러면서 식의 바탕으로 채워준다.
본성과 식의 바탕을 함께 인식하면서 그 상태에 머무른다.
보은의 대상을 떠올려서 삼각형 안에 넣어 준다.
밝은성품이 뿌듯하게 차오르면서 아래쪽의 기점들이 부풀어 오르는 것을 인식한다.
아래쪽 네 개의 기점들이 부풀어나면서 중심과 영대 사이의 거리가 함께 부풀어나는 것을 인식한다.
위쪽 네 개의 기점도 부풀어 나면서 몸의 경계가 무한하게 확장되는 것을 인식한다. 그 상태에서도 삼각형에 대한 인식과 나머지 기점들에 대한 인식을 놓치지 않는다. 중심과 영대 기점이 서로 멀어지고 삼각형의 내부 공간이 무한하게 펼쳐지는 것을 인식한다. 그 상태에서도 본성과 식의 바탕으로 비춰주는 것을 멈추지 않는다. 광대하게 펼쳐진 기점들을 몸으로 삼고 그 자리에 머무른다.
이것이 원초신이 발현되면서 나타나는 현상이다.
은혜와 보은심을 통해 확장된 몸의 기점들은 사천왕천과 서로 연결된다. 보은의 공덕으로 몸의 크기가 40Km 정도 부풀어나면 사천왕천의 생명과 같은 크기의 몸을 갖춘 것이다. 그 상태에서는 사왕천과 교류할 수 있게 된다.
사천왕천은 욕계 제1천이다.
보은의 대상을 바꿔가면서 똑같은 과정을 반복해 준다.
감사한 마음으로 보듬어 주면서 원초신의 확장을 함께 주시한다.
땅에 대한 감사를 행할 때는 땅의 견고함과 부동한 성품을 함께 담아준다.
그런 다음에 본성과 식의 바탕으로 삼각 공간을 비춰준다. 원초신이 확장되는 것을 지켜본다.

호흡을 들이쉬면서 펼쳐졌던 몸의 기점들을 다시 거두어들인다. 날숨으로 살갗의 감각을 인식하면서 바깥 몸과 안 몸의 기점들을 서로 연결시킨다.
3, 4지를 지긋하게 눌러준다. 나선 호흡으로 숨을 들이쉬면서 한 물건을 경수 7번으로 내린다.
그 상태에 머물러서 물의 청정함을 떠올려본다.
맑고 투명하고 깨끗한 물을 떠올리면서 식의 바탕과 동치시킨다.

경수 7번의 한 물건과 영대, 중극, 중심을 서로 연결한다.
그런 다음에 물의 청정함을 삼각형 안에서 떠올려본다.
본성으로 비추면서 그 상태에 머무른다.

삼각형 안에서 일어나는 물의 요동을 인식한다.
심장박동의 여운 속에 내재되어 있는 미세한 요동으로 중심, 중극, 영대기점을 연결시킨다. 그런 다음에 회음과 백회의 요동을 함께 인식한다. 백회의 요동으로 중황, 미심, 옥침을 요동시키고 회음의 요동을 황정, 명문, 하단전으로 확장시킨다. 경수 7번의 한 물건에 머물러서 전체 기점을 물의 요동으로 자극해 준다. 본성으로 비춰주고 물의 청정함으로 기점들을 씻어준다.
중심 기점에 각성을 두고 물의 요동을 바깥 공간으로 확장시킨다. 그러면서 바깥 공간에 펼쳐져 있는 물의 요동을 인식한다. 중심에서 퍼져나간 물의 요동과 바깥 공간에 펼쳐져 있는 물의 요동을 서로 일치시킨다.
그 상태에 머물러서 요동의 흐름에 자기를 맡긴다.
미심과 하단전 기점도 중심과 함께 확장시킨다.
그런 다음 물의 요동과 일치시킨다.
영대와 옥침, 명문과 회음, 백회 기점을 확장시킨다.
회음은 아래로 확장시키고 백회는 위로 확장시킨다.
경수 7번 한 물건에 머물러서 중황, 중극, 황정 기점에서 일어나는 물의 요동을 인식하고 밖으로 펼쳐진 다른 기점에서 일어나는 요동들도 함께 지켜본다.
망망대해의 파도가 끝없이 펼쳐지면서도 서로 연결되어 있는 것처럼 물의 요동도 끝없이 연결되어 있다.
기점들이 펼쳐진 공간을 본성으로 비춰준다.
경수 7번과 중심, 중극, 영대 기점으로 연결된 삼각 공간을 인식한다. 그 공간에서 물의 요동을 느끼면서 밖으로 펼쳐졌던 기점들을 거두어들인다.

물의 요동을 따라서 몸이 80Km 정도 확장되면 욕계 2천인 도리천과 교류하게 된다.
경수 7번에 한 물건을 머물게 하고 본성과 식의 바탕, 물의 청정함으로 열한 개의 기점들을 제도해 준다.

엄지손가락으로 3, 4지를 지긋하게 눌러준다.
나선 호흡으로 숨을 들이쉬면서 한 물건을 흉수 1번으로 내린다. 그 자리에 머물러서 중심, 중극, 영대 기점과 삼각형으로 연결시킨다.
온유한 마음과 자비심을 일으킨다.
온유한 마음으로 삼각 공간을 비추면서 열한 개의 기점을 함께 비춰준다. 중심을 비춰주고, 미심을 비춰주고, 백회를 비춰준다. 옥침, 영대, 명문, 회음, 하단전, 황정, 중극, 중황 기점을 차례로 비춰준다.
자비심을 일으켜서 삼각 공간을 비춰준다.
그런 다음에 열한 개의 기점들을 차례대로 비춰준다.
온유함과 자비심을 삼각 공간에서 함께 떠올린다.
두 가지 마음이 내포하고 있는 서로 다른 느낌을 인식해 본다.
온유함은 그윽하게 바탕에 깔려있고 자비심은 미세하게 진동으로 드러난다.
자비심의 진동으로 열한 개의 기점들을 공명시킨다.
기점에서 일어나는 자비 진동을 바깥 공간으로 확장시킨다. 중심에서 일어나는 자비 진동을 먼저 확장시키고 미심과 백회의 진동을 함께 확장시킨다.
인연 되었던 생명들을 떠올리면서 그들이 살고 있는 공간까지 자비 진동을 확장시킨다.
떠올리고 일치하고 씻어주면서 자비 진동을 확장시킨다.
업식이 일치되면 자비심으로 감싸주고 본성으로 비춰준다.
어떤 상황이 접해지더라도 자비심으로 감싸주고 온유한 마음으로 보듬어 준다.
일치되는 모든 중생들의 모습이 나의 또 다른 모습이다.
내가 나를 제도하듯이 참회하고 비춰준다.
자비 진동을 펼치다 보면 모르는 인연과도 일치가 된다.
이런 인연들은 지각하지 못한 상태에서 맺어진 인연이다.
똑같은 방법으로 제도해 준다.
반연 중생들이 살아가는 모든 공간으로 자비 진동이 펼쳐진다. 그 중생들이 천상계에 살고 있으면 천상계까지 펼쳐지고 그 중생들이 지옥계에 살고 있으면 지옥계까지 펼쳐진다.

밖으로 두어졌던 각성을 거두어서 삼각형의 바탕을 주시한다. 바탕에 깔려있는 온유함을 인식하면서 본성으로 비춰준다. 삼각형의 바탕과 열한 개의 기점들을 연결해주고 그 상태를 점검해 본다.
이때 밖으로 펼쳤던 자비 진동은 거두어들이지 않는다.
오히려 온유한 마음과 분리시킨다.
미심 기점과 백회 기점, 중심 기점을 별도로 운용해서 시시때때로 분리시켜놓은 자비 진동과 일치해본다.
그러면서 온유한 마음과 본성으로 제도해 준다.
이 과정을 반복해서 수련하다 보면 식을 분리시킬 수 있는 능력을 갖추게 된다.
파라타이족의 시조인 마고는 이 방법을 활용해서 일심이체

(一心二體)를 이루게 되었다.
마고의 몸은 야마와 염마로 나누어졌다.
온유함은 '야마'가 되어 야마천왕이 되었고 자비심은 '염마'가 되어 염라대왕이 되었다.
두 몸으로 나누어진 이후에도 마음은 한마음을 유지한다.
흉수 1번에 머물러서 자비 진동을 펼치다 보면 욕계 3천과 교류하게 된다. 욕계 3천이 야마천이다.

엄지손가락으로 3, 4지를 지긋하게 눌러준다.
나선 호흡으로 들이쉬면서 한 물건을 흉수 2번으로 내린다. 그 자리에 머물러서 본성으로 비춰준다.
한 물건에서 일어나는 큰 진동과 미세한 진동을 함께 주시한다. 중심, 중극, 영대 라인과 한 물건을 삼각형으로 연결시킨다. 삼각형 공간을 식의 바탕으로 채워준다.
삼각형 공간을 두 영역으로 나누어준다.
흉수 2번과 중극을 연결시켜서 영대 쪽 삼각형과 중심 쪽 삼각형으로 구분해 준다.
중심 쪽 삼각형은 식의 바탕으로 채워주고 영대 쪽 삼각형은 무념처로 활용한다.
들숨에 흉수 2번에 머물러 있던 한 물건을 영대로 내린다.
영대는 흉수 4번과 5번 사이 등 쪽에서 세워지는 자리이다. 때문에 흉수 2번과는 세 마디 거리에 있다.
날숨에 영대의 한 물건을 흉수 2번으로 올린다.

이 과정을 반복한다.

영대 쪽 삼각형이 뻑뻑하게 느껴지면 그 느낌으로 중심 쪽 삼각형에 펼쳐져 있는 식의 바탕을 주시한다.

호흡에 따라서 한 물건의 내왕은 자동으로 이루어지도록 하고 각성으로는 영대 쪽의 무념주와 중심 쪽의 식의 바탕을 함께 주시한다. 그 상태에 머무른다.

식의 바탕이 밝은성품으로 채워지면서 중심 기점이 뿌듯하게 부풀어 오른다. 그때의 뿌듯함으로 나머지 열 개의 기점들을 차례대로 씻어준다.

먼저 하단전을 씻어준다. 그 다음에 황정을 씻어주고 명문, 회음을 씻어준다.

중극을 씻어주고 영대를 씻어준다.

옥침, 백회, 미심을 씻어주고 마지막으로 중황을 씻어준다.

한 물건을 흉수 2번에 머물게 하고 열한 개의 기점을 한꺼번에 씻어준다.

한 물건에서 일어나는 미세한 진동과 밝은성품의 뿌듯함을 열한 개의 기점에서 함께 인식한다.

한 물건의 미세 진동과 밝은성품을 밖으로 확장시킨다.

무한하게 확장시켜놓고 그 상태에 머무른다.

이 과정의 수행을 통해 도솔천과 교류한다.

미륵보살은 자기 밝은성품을 펼쳐서 도솔천의 내원을 이루고 있다.

엄지손가락으로 3, 4지를 지긋하게 눌러준다.
나선 호흡으로 들이쉬면서 한 물건을 흉수 3번으로 내린다. 그 자리에 머물러서 생각이 일어나지 않는 상태를 비추어 본다. 문득문득 떠오르는 생각들이 인식되더라도 관여되지 않는다. 오로지 한 물건의 상태를 본성으로 비춰준다. 그 상태에 머무른다.
각각의 기점에서 반응이 일어나면 그때마다 한 물건과 본성으로 비춰준다.

한 물건과 중심을 연결시킨다.
그런 다음 한 물건과 중황을 연결시키고 중황과 중심을 연결시킨다.
한 물건에 머물러서 중황과 중심을 연결하는 사선을 바라본다. 사선의 두께를 인식한다. 두께를 넓게도 만들어보고 좁게도 만들어 본다. 사선의 두께를 가장 얇게 만든다. 그런 다음에 사선의 면을 둥글게 만들면서 밖으로 확장시킨다.
중황과 중심이 반원 형태의 둥근 사선으로 연결되고 미심과 코끝이 사선의 경로상에 걸려있는 상태이다.
나선 호흡으로 백회에서 흉수 3번까지 숨을 들이쉰다.
한 물건을 기점으로 삼고 사선 쪽으로 숨을 내쉰다.
그러면서 팽팽하게 당겨져있는 사선의 압력을 느껴본다.
들숨으로 중황과 한 물건을 연결시키고 날숨으로 사선을 자극한다. 이 과정을 반복하다 보면 사선의 압력이 점점 더 커진다.
사선의 내부 공간은 밝은성품과 식의 바탕으로 채워준다.
그 상태에서 호흡을 반복한다.
날숨으로 사선을 자극하다 보면 어느 때부터 미세한 진동이 일어난다. 그 진동을 한 물건과 연결시킨다.
호흡을 자연 호흡으로 전환시킨다.
그런 다음 한 물건과 연결되어 있는 사선의 진동에 집중한다. 사선의 진동이 점점 더 커지면서 한 물건이 함께 요동한다. 그러면서 사선의 굵기가 점점 더 부풀어 난다. 부풀어나는 사선 속에서 새로운 공간이 생겨난다.
처음에는 공간이 쪼개지는 것처럼 인식되다가 나중에는 밝은 공간이 드러난다. 그 상태에서는 사선도 인식되지 않는다. 밝은 공간을 주시하다 보면 점차로 사물의 형상이 인식된다. 그 공간은 다른 차원의 세계이다.
그곳이 바로 욕계 5천인 화락천이다.
화락천은 생각의 습성을 다스려야 갈 수 있는 세계이다.
화락천에서는 원하는 것이 즉시 이루어진다.
이 과정의 수련을 반복해서 하다 보면 공간의 차원을 넘나들 수 있는 힘을 얻게 된다.

엄지손가락으로 3, 4지를 지긋하게 눌러준다.
나선 호흡으로 숨을 들이쉬면서 한 물건을 흉수 4번으로 내린다. 그 자리가 중극이다. 중극에 머물러서 황정, 회음,

중황, 백회, 중심, 영대를 연결하고 그 상태를 주시한다.
중극을 기점으로 나머지 여섯 개의 기점들을 十 자 형태로 연결시킨다.
나선 호흡과 살갗 호흡을 병행하면서, 백회에서 중극, 회음에서 중극, 중심에서 중극, 영대에서 중극으로 동시에 숨을 빨아들인다. 날숨에는 들이쉰 경로로 똑같이 숨을 내보낸다. 호흡을 반복하면서 떠오르는 상념들을 지켜본다.
가장 먼저 떠오르는 상념들이 자식의 일이다.
자식들이 다치고 아팠던 일, 좀 더 잘해주지 못했던 일, 지켜주고 보호하고 함께하지 못했던 일들이 회한심과 후회로 떠오른다. 아쉽다.
떠오르는 상념들을 본성으로 비춰주고 자식들도 떠올려서 본성으로 비춰준다. 그러면서 참회한다.
본성과 각성, 밝은성품으로 살지 못하고 의식·감정·의지를 내세워서 살았던 이기적인 삶에 대해 일심으로 참회한다.
참회가 이루어지고 나서 찾아오는 평안과 책임감에 머무른다.
평안한 마음과 책임감으로 十 자를 이루고 있는 기점들을 씻어준다.
날숨을 길게 내쉬면서 백회, 회음, 중심, 영대 기점을 밖으로 확장시킨다. 평안한 마음과 책임감을 담아서 사방으로 무한하게 확장시킨다. 인식되는 모든 경계는 각성으로 지켜보고, 본성으로 비춰주고, 밝은성품으로 보듬어 안는다. 그러면서 네 개의 기점을 하염없이 확장시킨다.

그렇게 하다 보면 어느 때부터 심마(心魔)가 생겨난다.
처음에는 그렇게 인식되는 경계들이 심마인 줄 자각하지 못한다. 그러다 보니 호응하게 된다.
문득 한 생각이 떠오른다.
'참 잘했지? 할 만큼 했지? 이제 그만 돌아갈까?'
'그래. 이만큼 하면 되었지'
이렇게 생각한다. 그래서 확장을 멈추고 돌아가고자 한다.
하지만 돌이켜 보면 '이게 뭐지?'라는 생각이 든다.
그 생각들은 내가 일으킨 것이 아니다.
어디선가 들어온 생각이다. 그것이 바로 심마이다.
심마가 인식되면 그 자리에 머무른다.
그런 다음에 접촉하고 교류했던 모든 세계들을 떠올려 본다. 그 세계들을 자식처럼 생각한다. 평안한 마음으로 보듬어주고 지키고 보호하겠다는 서원을 세운다.
화락천, 도솔천, 야마천, 도리천, 사천왕천을 하방에 두고 황정과 회음 기점으로 보듬어준다.
상방에는 대범천과 광음천, 변정천, 광과천, 오불환천, 무색계 3천을 두고 중황과 백회 기점으로 보듬어준다.
전방과 후방에는 도리천의 삼십삼천과 사대주를 두고 자비진동이 펼쳐진 모든 세계를 중심과 영대 기점으로 보듬어준다. 그 상태에 머물러서 평안한 마음을 유지하고 책임감을 공고히 한다.

마음속에서 일어나는 심마는 마왕천에서 온 것이다.
심마가 시작되는 지점이 타화자재천이다.
타화자재천에 머물다 보면 각양 각색의 심마에 시달리게 된다. 각성으로 관하고 본성으로 비추면서 심마를 제도한다. 심마를 제도하는 과정에서 식의 세업들이 제도된다. 때문에 마왕천의 장애는 반드시 겪어야 할 과정이다.
충분하게 머물러서 낱낱이 제도한다.

엄지손가락으로 3, 4지를 지긋하게 눌러준다.
나선 호흡으로 한 물건을 흥수 5번으로 내린다.
그 자리에 머물러서 열한 개의 기점들을 비추어본다.
본성으로 비춰주고 각성으로 연결시킨다.
각 기점들에서 일어나는 생명의 요동을 느껴본다.
심장의 박동을 느껴보고 뇌척수액의 파동을 인식해 본다.
신경과 세포에서 생성되는 미세한 진동을 느껴본다.
진동의 여운을 들여다본다.
여운 속에 깃들어있는 따뜻함을 느껴본다.

본성으로 열한 개의 기점들을 비추면서 기점들이 내포하고 있는 따뜻함을 느껴본다.
지극하게 살아있음을 음미한다.
생명이 깃들 수 있는 몸을 주신 부모님께 감사드린다. 세상을 창조하신 창조주께도 감사드린다.

어머니를 떠올려서 밝은성품으로 감싸준다.
본성으로 씻어주고, 각성으로 비춰주고, 따뜻함을 나눠준다. 아버지를 떠올려서 밝은성품으로 감싸준다.
본성으로 씻어주고, 각성으로 비춰주고, 따뜻함을 나눠준다.
창조주를 갈망한다.
감사와 따뜻함을 담아서 열한 개의 기점들을 밖으로 확장시킨다. 한 물건에 머물러서 기도를 드린다.
'이 세계가 평안하기를, 이 생명들이 영원하기를, 감사하는 마음과 따뜻한 마음으로 서로를 비추어주기를....'

흉수 5번의 한 물건과 중심을 연결한다.
그런 다음에 중심과 옥침을 연결하고 옥침과 한 물건을 연결한다.
감사한 마음과 따뜻한 마음으로 옥침을 비춰준다.
옥침에서 일어나는 박동으로 나머지 열 개의 기점들을 함께 울려준다.
그 울림을 타고 안으로 들어가서 따뜻함의 근본을 들여다본다.
몸의 열기가 생성되는 과정을 들여다보고 마음의 온정이 일어나는 경로를 들여다본다.

무념과 무심 사이에서 작용하는 본원의 그리움에서 요동이 일어난다. 그 요동에 적응하기 위해 물질 입자들이 결합하고 분열한다. 그 과정에서 몸의 열기가 생성된다.
연민과 자비심에서 마음의 온정이 생겨난다.
합쳐지지도 않고 동떨어지지도 않는 무념·무심을 지켜보면서 간극에서 일어나는 요동을 인식한다.
그 요동에 연민과 자비심을 담아서 밖으로 펼쳐낸다.

옥침 기점을 중황으로 이동시키고 흉수 5번과 중심 기점, 중황 기점을 서로 연결시킨다.
삼각형의 내부를 따뜻함으로 채워주고 본성으로 비춰준다.
흉수 5번의 한 물건과 중심을 연결시키고 편안하게 머무른다.
중황의 무념처와 중심의 무심처가 서로 마주 보도록 하고 초선정에 머무른다. 무념처와 무심처 간에 작용하는 그리움을 들여다본다. 그리움에서 일어나는 요동을 인식한다. 요동에 머물러서 초선천과 교류한다.

엄지손가락으로 3, 4지를 지긋하게 눌러준다.
나선 호흡으로 한 물건을 흉수 6번으로 내린다.
한 물건과 중극을 연결하고 중극과 중심을 연결한다.
그런 다음에 중심과 한 물건을 서로 연결한다.
세 기점을 연결시킨 삼각형의 내부를 들여다본다.
식의 바탕으로 채워주고 본성으로 비춰준다.
중심을 표면으로 삼고 삼각형의 내부를 이면으로 삼는다.

그 상태를 한 물건으로 비추어 본다.
2선정에 머물러서 중황을 올려다본다.
백회, 미심, 옥침 기점을 점검해 보고, 영대, 명문, 황정, 하단전 기점을 점검해 본다. 본성으로 비춰주고 이면으로 씻어준다.
한 물건과 중심 중극을 연결시킨 삼각형으로 중황 기점을 비추어준다. 그 상태에 머물러서 중황에서 일어나는 요동을 지켜본다.
심장의 박동을 인식하고 뇌척수액이 일으키는 파동을 인식한다. 그런 다음 밝은성품에서 일어나는 미세한 요동을 인식한다.
밝은성품이 요동하면 광명이 일어난다.
중황 기점에서 광명을 인식하면 옥침 기점으로 옮겨간다.
옥침 기점에서도 세 가지 파동을 단계적으로 인식한다.
광명이 인식되면 백회기점으로 올라간다.
같은 방법으로 광명을 인식한다.
미심, 중심, 중극, 영대, 명문, 황정, 하단전, 회음에서도 같은 방법으로 광명을 인식한다.
열한 개 기점 전체에서 광명을 인시하면 그 상태에 머무른다.

흉수 6번에 머물러 있는 한 물건에 각성을 두고 열한 개의 기점들을 서로 연결시킨다.

그런 다음에 중황과 양쪽 이도(耳道)를 연결시킨다.
양쪽 이도(耳道)에서 일어나는 진동을 느낀다.
진동의 상태를 세밀하게 관찰한다.
여덟 종류의 진동이 구분되면 제대로 된 것이다.
양쪽 이도의 진동으로 중황의 빛무리가 요동하는 것을 인식한다.
진동의 상태에 따라서 빛무리의 색깔이 달라지는 것을 인식한다.
이도의 진동을 뼈를 타고 내려보내면서 전체 기점에서 일어나는 빛무리의 변화를 들여다본다.
무지개 색깔의 빛무리가 전체 기점에서 인식되면 2선천과 교류한다.

엄지손가락으로 3, 4지를 지긋하게 눌러준다.
나선 호흡으로 한 물건을 흉수 7번으로 내린다.
한 물건에 머물러서 열 한 개의 기점들을 연결시킨다.
밝은성품이 일으키는 요동을 멈추고 빛을 갈무리한다.
흉수 7번의 한 물건과 중극, 중심을 삼각으로 연결한다.
삼각의 내부면을 식의 바탕으로 채워주고 본성으로 비춰준다.
나선 호흡으로 백회에서 한 물건까지 숨을 들이쉬고 날숨으로 중심과 중극을 동시에 자극한다.
이 과정을 반복한다.
중심의 표면에 철벽을 세우고 3선정에 들어간다.

호흡을 반복하면서 철벽과 삼각형을 함께 주시한다.
중심의 철벽을 머리로 올려서 미심의 뒤쪽까지 확장시킨다. 머리와 몸통을 철벽으로 연결시킨다.
그런 다음에 심의 바탕과 식의 바탕으로 철벽을 동시에 비춰본다. 심도 부동(不動) 하고 식도 부동하다.
식의 부동함을 일면불(日面佛)로 삼고 심의 부동함을 월면불(月面佛)로 삼는다.
한 물건으로 일면불과 월면불을 동시에 비춰본다.
그 상태로 3선천에 들어간다.

엄지손가락으로 3, 4지를 지긋하게 눌러준다.
나선 호흡으로 한 물건을 흉수 8번으로 내린다.
한 물건에 머물러서 본성으로 비춰준다.
나선 호흡으로 한 물건까지 들이쉬고 날숨에 중극과 중심을 동시에 자극한다.
세 기점을 연결해서 삼각형을 만들어주고 식의 바탕으로 채워준다.
중심과 미심을 연결해서 월면불과 일면불을 세워준다. 중극에서 월면불을 비춰보고 중항에서 일면불을 비춰본다. 월면불을 비춰보는 심의 바탕과 일면불을 비춰보는 식의 바탕을 동시에 지켜보면서 심의 바탕과 식의 바탕이 갖고 있는 서로 다른 형질을 인식한다.
심의 바탕과 식의 바탕을 서로 마주 보게 하면서 4선정에 들어간다.
흉수 8번과 중극, 중심은 삼각형으로 연결되어 있고 중심과 미심은 월면불과 일면불로 철벽을 이루고 있다.
그 상태로 중극에서 월면불을 비춰보고 중황에서 일면불을 비춰본다. 중극과 월면불 사이에 작용하는 심의 바탕과 중황과 일면불 사이에 작용하는 식의 바탕을 함께 지켜보면서 서로 마주 보게 한다.

나선 호흡으로 백회에서 한 물건까지 호흡을 들이쉬면서 중황과 미심라인을 들여다보고 식의 바탕과 일면불을 인식한다. 중극과 중심 라인을 들여다보면서 심의 바탕과 월면불을 인식한다.
한 물건에서 호흡을 멈추고 열한 개의 기점들을 동시에 비춰준다.
숨을 내쉬면서 한 물건과 중극, 중심 사이에 형성된 삼각형을 씻어준다.
이 과정을 반복하면서 4선천에 들어간다.

4선정에 머물러서 엄지손가락으로 3, 4지를 지긋하게 눌러준다. 나선 호흡으로 한 물건을 흉수 9번으로 내린다.
날숨으로 한 물건과 중극, 중심 사이에서 형성된 삼각형을 씻어준다.
나선 호흡으로 백회에서 한 물건까지 숨을 들이쉰다.

중황과 미심 경로, 중극과 중심 경로를 비춰 보면서 식의 바탕과 심의 바탕이 서로 합쳐지지 않는 중간 공간을 인식한다. 날숨으로 삼각 공간을 씻어주고 들숨에 다시 중간 공간을 들여다본다. 이 과정을 반복하면서 중간 공간에 대한 각성을 키워간다. 중간 공간에 대한 각성이 돈독해지면 식의 바탕과 심의 바탕 사이에서 중간 공간의 영역이 명확하게 인식된다. 중간공간이 곧 간극(間隙)이다.

초입반야에서 인식하는 간극은 본성을 이루고 있는 무념과 무심의 사이에서 인식한다. 때문에 처음에는 그 틈새가 좁게 느껴진다. 하지만 이 과정에서 인식하는 간극은 그 폭이 넓게 느껴진다. 너무 넓게 느껴져서 그것을 간극이라고 생각하지 못하고 중간 공간이라고 생각하게 된다. 초입반야의 과정에서 인식하는 무심과 이 과정에서 인식하는 심의 바탕은 같은 무심이다. 하지만 서로 다른 형질을 갖고 있다.
초입반야해탈에서 인식하는 무심은 두텁고 거친 형질을 갖고 있다. 심의 세업이 완전하게 제도되지 않았기 때문이다. 반면에 비상비비상처해탈의 과정에서 인식하는 무심은 가볍고 은은한 형질을 갖고 있다. 심의 세업이 제도되었기 때문이다.

무념의 경우도 마찬가지이다.

초입반야해탈에서 인식하는 무념과 이 과정에서 인식하는 식의 바탕은 똑같은 무념이다.
하지만 그 형질에 있어서는 현격하게 차이가 난다.
이 또한 식의 세업이 제도되었기 때문에 나타나는 현상이다. 심과 식의 세업이 제도되면 고유진동수가 급격하게 떨어진다. 그 상태에서는 본성에 대한 인식력도 달라지고 무념, 무심, 간극에 대한 인식력도 현격하게 달라진다. 무소유처해탈에서 멸수상정해탈로 곧바로 들어가지 않고 비상비비상처해탈을 거쳐가는 이유가 여기에 있다.

중간 공간을 간극으로 인식하게 되면 월면불과 일면불 사이에도 철벽이 끊어진다.
그렇게 되면 월면불은 중심과 흉부 영역에서 세워지고 일면불은 미심과 얼굴 영역에서 세워진다. 중간 공간은 목부위에서 세워진다.

나선 호흡으로 백회에서 한 물건까지 숨을 들이쉰다.
들숨 경로에서 '중황·미심일면불', '간극', '중극·중심월면불', '한 물건'과 '삼각 공간'을 뚜렷하게 구분해서 인식한다.
숨을 내쉬면서 삼각 공간을 씻어준다.
이 과정을 반복하면서 나머지 기점들을 함께 비춰준다.

흉수 9번의 한 물건에 머물러서 중극과 황정을 함께 주시한다. 들숨과 날숨을 반복하면서도 중극과 황정을 함께 주시한다. 들숨의 느낌과 황정의 상태를 함께 느껴보고 날숨의 느낌과 중극의 상태를 함께 느껴본다. 들숨에는 황정과 한 물건 사이에서 당기는 느낌이 생겨나고 날숨에는 중극과 한 물건 사이에서 당기는 느낌이 생겨난다. 그 느낌을 지켜보면서 '식의 바탕과 일면불', '간극', '심의 바탕과 월면불', '삼각 공간'을 함께 인식한다.
호흡이 반복될수록 한 물건과 황정, 중극 사이에서 작용하는 당기는 힘이 점점 더 커진다.
그러다가 한 물건에서부터 미세한 떨림이 일어난다.
그 떨림을 주시하다 보면 간과 비장에서도 똑같은 떨림이 일어난다.
한 물건과 간, 비장 사이에도 서로 당기는 힘이 생겨난다.
팽팽하게 당겨진 상태에서 간, 비장의 떨림이 지속되다 보면 어느 때부터 후끈한 열기가 표출된다.
간과 비장에서 표출된 열기는 간, 비장의 선천기이다.
한 물건과 간, 비장의 선천기가 합쳐지면 한 물건이 후끈하게 달아오른다. 그러면서 열한 개의 기점들이 동시에 요동한다 흉수 9번에 머물러있는 한 물건과 열한 개의 기점 사이에서도 팽팽하게 당기는 힘이 생겨난다.
마치 투명한 실로 연결된 느낌이다.
흉수 9번의 한 물건을 기점으로 중극, 황정, 중심, 영대, 명문, 하단전, 회음, 미심, 중황, 옥침, 백회가 한꺼번에 연결된다.
그 상태에서 열기와 진동이 함께 공유된다.
한 물건과 열한 개 기점에서 일어나는 진동을 함께 주시하면서 하나하나 기점들의 상태를 세밀하게 살펴본다.
한 물건과 백회를 연결해서 그 상태를 살펴보고, 한 물건과 중황을 연결해서 그 상태를 살펴본다.
똑같은 방법으로 한 물건과 미심, 한 물건과 옥침, 한 물건과 중심, 한 물건과 중극, 한 물건과 영대, 한 물건과 황정, 한 물건과 명문, 한 물건과 하단전, 한 물건과 회음을 연결한다. 각 기점을 연결했을 때 몸 전체에서 일어나는 변화들을 세밀하게 살펴본다.
각각의 기점에서 식의 바탕과 심의 바탕을 함께 인식하고 간극과 '월면불, 일면불'의 상태를 함께 인식한다.
먼저 심의 바탕과 해당 기점을 연결해서 '월면불, 일면불'을 세워주고 그다음에 식의 바탕과 해당 기점을 연결해서 '월면불, 일면불'을 세워준다. 심의 바탕은 중극과 중심 사이에서 세워진 느낌을 활용하고 식의 바탕은 중황과 미심 사이에서 세워진 느낌을 활용한다.
해당 기점에서 '월면불, 일면불'이 세워지면 심의 바탕과 '월면불, 일면불' 사이에서 간극을 인식하고 식의 바탕과 '월면불, 일면불' 사이에서도 간극을 인식한다.

처음 간극이 인식될 때는 공간이 어둡게 느껴진다.

간극 안에 머물러서 밝은성품의 요동을 인식하다 보면 빛이 생성되면서 밝음이 생겨난다. 그렇게 되면 다음 기점으로 옮겨간다. 똑같은 방법으로 열한 개의 기점들을 모두 씻어준다.
그런 다음에 흉수 9번에 머물러 있는 한 물건도 똑같이 씻어준다. 한 물건이 빛으로 감싸이게 되면 나머지 열한 개의 기점들도 함께 발광(發光) 한다.
한 물건과 열한 개 기점에서 일어나는 발광을 동시에 지켜보면서 그 상태에 머무른다.

흉수 9번에 한 물건이 안착되면 열두 번째 기점이 세워진 것이다. 이 자리를 일러서 '황중(黃中)'이라 한다.
외도 선문(仙門)에서는 '황중통리(黃中通理)'라 한다.
황중이 세워지면 비로소 몸을 이루고 있는 모든 혈맥이 하나로 통하게 된다는 뜻이다.
황중을 세우는 방법은 문파에 따라 서로 다른 방법을 활용한다. 중국의 전진도가는 황정과 중극 사이에서 내호흡을 하면서 황중을 세운다.
여기에서 활용하는 방법은 천수막관법과 삼십이진로 수행법을 병용하는 것이다.

황중과 열한 개의 기점을 연결한 상태로 오불환천의 첫 번째 하늘인 무번천(無煩天)으로 들어간다.

엄지손가락으로 3, 4지를 지긋하게 눌러준다.
나선 호흡으로 한 물건을 흉수 10번으로 내린다.
흉수 10번에 머물러서 열두개의 기점들을 함께 지켜본다.
각 기점들에 세워진 '일면불, 월면불'을 인식한다.
머리부는 식의 바탕과 일면불을 세워주고 몸통부는 심의 바탕과 월면불을 세워준다.
중황을 기점으로 미심, 옥침, 백회를 연결하고 기점 사이의 공간에서 식의 바탕을 인식한다. 미심, 옥침, 백회 기점에서는 일면불을 인식한다.
황중을 기점으로 중심, 중극, 영대, 명문, 황정, 하단전, 회음을 연결한다. 황중과 각 기점 사이에서 심의 바탕을 인식한다. 각 기점에서는 월면불을 인식한다.
이 상태에 머물러서 머리부와 몸통부를 구분해서 인식하고 목 부위에서 간극을 인식한다.

흉수 10번에 머무르다 보면 환상과 환각에 빠지게 된다.
몸이 없는 것 같이 느껴지고, 앉아있는지, 서있는지, 누워있는지, 구분이 안 될 정도로 환각에 빠진다.
정신도 혼몽한 상태가 된다. 꿈인지 생시인지 구분이 잘안되고 수행 과정에서 드러나는 경계들도 상상으로 나타나는 것인지 실제로 일어나는 현상인지 구분이 잘 안된다. 이런 상태에 처해지면 오로지 황중에 머물러서 열두 개의 기점들을 하나로 연결한다.

그런 다음에 머리 기점에서 식의 바탕과 일면불을 인식하고 몸통 기점에서 심의 바탕과 월면불을 인식한다.
머리부와 몸통부 사이에서 간극이 세워지면 간극에 머물러서 대적정에 들어간다. 그 상태에 몰입하면 본성과 심·식·의가 서로 분리된다.
각성이 간극과 합일되고 식의 바탕과 심의 바탕을 상하로 두게 되면 심·식·의가 동떨어지면서 환상과 환각의 장애에서 벗어나게 된다.
그 상태에 머물러서 무열천(無熱天)에 들어간다.

엄지손가락으로 3, 4지를 지긋하게 눌러준다.
나선 호흡으로 한 물건을 흡수 11번으로 내린다.
그 자리에 머물러서 열두 개의 기점들을 함께 인식한다.
머리부 기점에서는 일면불을 인식하고 몸통부 기점에서는 월면불을 인식한다. 일면불의 바탕에서 식의 바탕을 인식하고 월면불의 바탕에서 심의 바탕을 인식한다.
간극으로 들어가서 식의 바탕과 심의 바탕을 함께 껴안는다. 그런 다음에 일면불과 월면불을 함께 지켜본다.
심, 시의 바탕에서 서로에 대한 그리움이 일어나고 간극에서 요동이 일어난다. 이 과정에서 밝은성품이 생성된다. 밝은성품이 머리부와 몸통부를 감싸게 되면 일면불과 월면불이 밖으로 확장된다. 이때 아홉 개의 기점과 일면불, 월면불 사이에는 뻑뻑한 압력이 생겨난다.

몸 밖으로 확장된 일면불, 월면불은 몸을 보호하는 장막이 된다. 간극에 머물러서 밝은성품을 지속적으로 생성하게 되면 장막의 범위가 점점 더 넓어지게 된다.

몸 밖으로 확장되는 일면불과 월면불이 광배(光背)이다.
광배가 퍼져나가면서 공간이 제도된다.
공간이 제도될 때는 진동이 일어난다.
광배가 확장되면서 제도된 세계를 선현천(善現天)이라 한다.
선현천이 형성되면서 비로소 성스러움이 실현된다.
성스러움이란 의식·감정·의지를 벗어나서 본성·각성·밝은성품이 함께 쓰여지는 것이다.

엄지손가락으로 3, 4지를 지긋하게 눌러준다.
나선 호흡으로 한 물건을 흉수 12번으로 내린다.
그 자리에 머물러서 몸통부의 심의 바탕과 머리부의 식의 바탕, 간극을 함께 비춰본다.
각성을 간극에 두고 심의 바탕을 비추다가 식의 바탕을 비춰보고 한 물건을 비춰본다.
각성을 식의 바탕에 두고 간극, 심의 바탕, 한 물건을 차례대로 비춰준다.
각성을 심의 바탕에 두고 한 물건, 간극, 식의 바탕을 차례대로 비춰본다.
이와 같은 방법으로 25가지 원통관(圓通觀)을 행한다.

그러면서 몸의 바탕에서 의식·감정·의지가 일어나는 경로를 들여다본다.

간극에 머물러서 흉수 12번의 한 물건을 비춰보면, 의식과 감정이 일어나는 경로를 인식하게 된다.
의식은 요수 2번에서 시작되고 감정은 요수 1번에서 시작된다.

간극에서 한 물건을 비춰보면서 요수 1번을 연결한다.
그러면서 드러나는 감정들을 지켜본다.
그리움이 일어나고 외로움이 일어난다.
외로움과 그리움이 최초의 감정이며 최후의 감정이다.
간극으로 비춰주고 한 물건과 계합시킨다.

간극에서 한 물건을 비춰보면서 요수 2번을 연결한다.
그러면서 드러나는 현상들을 지켜본다.
뿌드득 뿌드득 신경세포들이 부풀어 나면서 발 쪽으로 경련이 일어난다. 그러면서 미묘한 설레임이 심의 바탕에서 인식된다. 식의 바탕에서는 가끔씩 미세한 요동이 일어난다. 요동이 사라지면 '특정지어지지 않은 이미지'가 흔적으로 남아있다. 이것이 최초의 생각이며 최후의 생각이다.
간극으로 비춰주고 한 물건과 계합시킨다.

명색이 일어나기 이전에는 식의 정보가 생각으로 인식되지 않는다. 진동의 여운과 '특정지어지지 않은 이미지'로 인식될 뿐이다.
감정이 시작된 경로와 의식이 시작된 경로를 들여다보면 의식과 감정에 물들기 이전의 본래면목을 보게 된다. 이것을 일러 선견천(善見天)을 이루었다 말한다.

엄지손가락으로 3, 4지를 지긋하게 눌러준다.
나선 호흡으로 한 물건을 요수 1번으로 내린다.
그 자리에 머물러서 최초 감정을 제도하고 몸의 원인을 궁구해 본다.
외로움과 그리움이 일어나는 과정을 들여다본다.
외로움과 그리움은 혼성에서 비롯된다.

외로움은 요수 1번의 한 물건과 신장이 반응하면서 생겨난다. 한 물건과 신장 사이에서 뻑뻑한 압력이 생겨나면서 외로움이 일어난다. 신장의 선천혼이 발현돼서 한 물건과 합쳐지면 외로움이 사라진다.

그리움은 요수 1번의 한 물건과 심장이 연결되면서 인식된다. 심장은 식의 바탕을 그리워하고 식의 바탕은 심장을 그리워한다. 심장에서 일어나는 박동 속에 식의 바탕에 대한 그리움이 스며있다. 식의 바탕이 시작되는 자리가 요수

1번이다. 심장에서 일어난 박동이 중추신경 전체를 울려주면, 요수 1번에 내재되어 있던 식의 정보들이 깨어난다. 식의 정보들이 깨어날 때는 신경세포들이 부풀어 오른다. 그러면서 밝은성품의 요동이 일어난다.
밝은성품의 요동으로 기쁨이 생겨난다. 그때의 기쁨으로 인해 그리움이 해소된다.

외로움과 그리움이 제도되면 육체의 근본을 궁구해본다.
육체는 세포로 이루어져 있다.
세포의 습성이 육체를 지배한다.
세포는 이기적 습성을 갖고 있다.
세포의 이기성은 생존하고자 하는 본능에서 비롯된 것이다. 세포의 생존본능으로 인해 먹는 습성이 생겨났다.
먹음으로써 섭취되는 양분으로 세포가 생존한다.
육체의 습성 중에 마지막까지 남아있는 것이 먹는 습성이다. 먹는 습성이 제도되려면 먼저 육부의 순화가 이루어져야 한다. 그런 다음에 미토콘드리아 기반으로 이루어지는 세포대사를 선천백(先天魄)의 기반으로 바꿔줘야 한다. 요수 1번에 머물러있는 한 물건과 열두 개의 기점을 운용해서 먹는 습성을 제도한다.

생(生)의 과정을 거쳐서 태어난 몸은 먹지 않으면 살 수가 없다. 육체의 구조를 유(有)의 상태로 되돌려놓아야 먹지 않고서도 살 수가 있다.
육체를 유(有)의 상태로 되돌리려면 세포 대사의 구조를 바꿔줘야 한다. 그러려면 세포 구조 안에서 미토콘드리아의 기능을 억제시켜 줘야 한다.
미토콘드리아의 기능이 억제되려면 세 가지 조건이 갖춰져야 한다.
첫 번째 조건은 육부의 본래 기능을 회복시켜주는 것이다. 물질 양분을 섭취하기 이전에는 육부가 밝은성품을 생성해 내는 기관이었다. 육부에서 밝은성품이 생성되면 육장에 저장되고, 육장에서 의식 경로와 세포로 밝은성품이 공급되었다. 의식 경로에 제공된 밝은성품은 눈, 귀, 코, 입, 몸, 생각이 쓰여지는 에너지원이 되었고 세포에 제공된 밝은성품은 세포의 양식이 되었다.
육부가 밝은성품을 생성해 내지 못하게 되면서 의식 활동이 둔화되었다. 세포 또한 양식을 공급받지 못해서 구조적인 변화를 일으키게 되었다.
의식 활동의 둔화로 인해 천안통, 천이통, 타심통, 숙명통, 신족통을 잃어버리게 되었다.
세포 구조 안에서는 선천혼이 내재되고 선천백의 기능이 약화되었다. 그러면서 미토콘드리아와의 공생이 시작되었다. 미토콘드리아가 세포 대사를 주관하면서부터 다량의 전자(電子)를 소모하게 되었다. 그 결과로 선천백의 기능이 더욱더 약화되고 세포의 수명이 줄어들게 되었다. 수명이

짧아진 세포들은 생존본능을 갖게 되었다. 그로 인해 이기성이 극대화되고 더 많은 양분을 섭취하게 되었다.

열두 개의 기점을 한 물건과 연결시켜서 운용하고 심의 바탕으로 육부를 씻어주면 육부에서부터 밝은성품이 생성된다.

육부에서 생성된 밝은성품을 세포에게 공급해 주면 선천혼이 활동하고 선천백의 기능이 극대화된다. 그러면서 미토콘드리아의 기능이 최소화된다.

두번째 조건은 뇌하수체 자극호르몬(TSH)의 분비를 높여주는 것이다. TSH의 분비량이 많아지면 갑상선호르몬 분비가 저하된다.

갑상선호르몬이 줄어들면 인산기와 콜린기의 생성이 줄어든다. 인산기의 생성이 줄어들면 미토콘드리아의 ATP 분해 기능이 저하되고, 콜린기의 생성이 줄어들면 중추신경 전도성이 떨어지게 된다. 그러면서 생각의 속도가 느려진다. 호흡의 속도를 최대한 느리게 하고 산소의 유입량을 최소화함으로써 TSH의 생성량을 극대화한다.

그렇게 되면 갑상선호르몬의 분비가 저하되면서 미토콘드리아의 기능이 최대한 억제된다.

세 번째 조건은 선천혼을 깨우고 선천백의 기능을 극대화시켜주는 것이다.

선천혼이 깨어나려면 슈슘나 에너지를 촉발시키고 돈독한 사마타에 머물러야 한다. 발성 수행으로 뇌척수액을 파동시켜서 슈슘나 에너지를 촉발시키고 식의 바탕을 인식해서 돈독한 사마타에 머문다.
슈슘나 에너지가 촉발되면 선천백의 기능이 다시 살아난다. 그렇게 되면 미토콘드리아의 도움이 없어도 세포 대사가 정상적으로 이루어진다.

먹는 습성을 제도하고 나면 호흡을 다스린다.
미토콘드리아의 기능이 최소화되면 극소량의 호흡으로도 세포 대사를 유지할 수 있게된다.
이렇게 되면 요수 1번의 한 물건을 요수 2번으로 내리면서 내호흡에 들어간다.
내호흡이란 황정과 중극 사이를 한 물건이 오르내리는 것이다. 요수 2번이 황정 기점이다.
나선 호흡으로 백회에서 숨을 들이쉬면서 한 물건을 황정으로 내린다. 그런 다음에 그 자리에 머물러서 육체의 근본을 들여다본다.

먹는 습성이 제도된 세포는 생존 본능을 일으키지 않는다.
때문에 배고픔도 없고 목마름도 없다.
일면불, 월면불도 자취가 없고 오로지 텅 빈 허공만 존재한다. 몸의 경계가 사라지고 청량한 바람이 일어난다.

그 바람에 몸을 맡기고 텅 빈 허공을 누빈다.
형상이 다하고 허공의 몸을 누리면서 색구경천(色究竟天)에 들어간다.

혀끝을 입천장에 붙이고 엄지로 3, 4지를 지긋이 억제한다. 그런 다음에 천천히 호흡을 들이쉬면서 황정의 한 물건을 중극으로 올린다.
혀끝을 아래로 내리고 숨을 내쉬면서 한 물건을 황정으로 내린다. 이 과정을 반복한다.
오르내리면서 황중이 자극되는 것을 인식해 본다.
그러면서 가끔씩 코로 들어가는 숨의 느낌을 주시해 본다.
코로 들어가는 숨의 느낌이 안 느껴지면 혀의 위치를 바꾸는 것을 중단하고 중극과 황정 사이를 오르내리는 한 물건에 집중한다.
호흡도 자연 호흡으로 돌리고 한 물건의 오르내림에 집중한다. 코 호흡을 멈추고 한 물건의 내왕만으로 호흡이 이루어지도록 한다.
그 상태를 지속하면서 열두 개의 기점들을 함께 주시한다. 텅 빈 허공 속에서 식의 바탕과 심의 바탕을 구분할 수 있게 되면 황정에 머문다.

황정에 머물러서 식의 바탕과 심의 바탕 간극의 상태를 비추어본다. 간극과 황정의 한 물건을 마주 보게 하고 그 상태에 머무른다.
웅웅거리면서 한 물건이 요동하면서 육체와 원신이 분리된다. 그러면서 혼의 몸을 인식하게 된다.
혼의 몸은 오색의 빛무리에 휩싸여있다.
오색의 빛무리 속을 들여다보면 맑고 투명한 공간이 인식된다. 그것이 영의 몸이다.
영혼의 몸이 육체와 분리되면 그 상태 그대로 무색계에 들어간다. 공무변처천, 식무변처천, 무소유처천, 비상비비상천을 돌아보고 다시 황정으로 돌아온다.
황정의 한 물건을 황중으로 올린다.
그 상태에 머물러서 식의 바탕, 심의 바탕, 간극을 함께 주시한다. 25원통관을 하면서 대적정에 들어간다.

4선정 이후에 최초로 형성되었던 한 물건이 비상비비상처 해탈을 거치게 되면 나의 모든 생명 정보를 내장하게 된다. 그로써 나와 똑같은 생명성을 갖추게 된다.
내 몸 안에 나와 똑같은 생명성을 갖고 있는 새로운 생명이 창조된 것이다.
한 물건을 황중에 내장시키게 되면 이때부터는 두 갈래 방향으로 수행이 이루어진다.
한 가지 방향은 양신배양(陽身培養)을 이루는 것이다.
한 물건을 양신(陽身)으로 변화시켜가는 것이 양신배양법이다. 양신배양을 이루려면 대약(大藥)을 완성시키고 도태(道

胎)를 이루어야 한다.
부처님께서는 이 과정의 수행을 '범부수행(範夫修行)'이라 하셨다.

또 한 가지 방향은 멸진정(滅盡定)에 드는 것이다.
본성의 간극에 머물러서 의식·감정·의지를 완전하게 분리시킨 것이 멸진정에 든 것이다.
두 종류의 멸진정이 있다.
하나는 종반야해탈의 과정에서 비상비비상처해탈을 거치지 않고 그대로 멸진정에 들어가는 것이다.
이런 경우는 대부분 육체를 벗어나서 멸진정에 들어간다.
또 하나는 비상비비상처해탈을 거쳐서 멸진정에 들어가는 것이다. 이런 경우는 육체와 함께 멸진정에 들어간다.

몸의 근본을 요달한 사람이 대약을 완성시키려면 사대의 체백을 얻어야 한다.
그러려면 두 가지 조건이 갖춰져야 한다.
첫 번째 조건은 사대와 교류할 수 있는 역량을 갖추는 것이다.
두 번째 조건은 인연지(因緣地)를 만나는 것이다.

사대와 교류하는 역량은 식의 세업을 제도하는 과정에서 갖추어진다.

경수 6번 막관에서 지륜삼매로 지대와 교류하는 방법을 체득한다.
경수 7번 막관에서 수륜삼매로 수대와 교류하는 방법을 체득한다.
흉수 6번 막관에서 화륜삼매로 화대와 교류하는 방법을 체득한다.
흉수 9번 막관에서 풍륜삼매로 풍대와 교류하는 방법을 체득한다.
표상수행(標相修行)을 통해 사대의 체백과 교류하는 방법도 있다.
그 방법이 "청정도론"에 상세하게 제시되어 있다.

인연지(因緣地)란 사대의 체백들이 다량으로 모여있는 장소를 말한다.
업보와 공덕에 따라서 인연지가 정해진다.
전진도가의 창시자인 왕중양은 종남산의 땅속에 들어가서 6년 만에 대약을 완성했다.
고려조에 균여 스님은 우물 속에 들어가서 100일 만에 대약을 완성했다.
왕중양의 제자인 손불이는 낙양성 밖에 대로변에서 대약을 이루었다.
사대의 체백과 교류할 수 있는 역량이 갖춰지면 인연지를 만나게 된다. 인연지가 정해지면 그 자리에 머물러서 대약을 완성한다.

황중의 한 물건과 열한 개의 기점들을 연결시킨다.
그 상태에서 간극과 황중을 함께 주시한다.
밝은성품이 생성되면서 사대의 체백이 한 물건과 합쳐진다. 한 물건이 성장하면서 도태가 이루어진다.

대약이 완성되는 시간은 인연지에 따라서 서로 달라진다.
하지만 도태가 완성되는 시간은 똑같이 소요된다.
도태는 10개월 동안 이루어진다.
도태가 이루어지는 시간 동안에는 열한 개의 기점과 황중 간의 연결이 단절되면 안 된다. 그렇게 되면 양신의 몸이 불완전하게 형성된다.
간극과 황중 간의 연결도 단절되면 안 된다.
그렇게 되면 양신의 정신이 생멸심에 물들게 된다.
그 상태로 10개월을 유지하면 도태가 완성된다.
도태가 완성되면 출태(出胎)를 해야 한다.
출태의 과정부터는 멸수상정해탈에서 다루어진다.

멸수상정해탈(滅受想靜解脫)

멸수상정해탈은 멸진정 이후에 이루어지는 해탈이다.
아라한도의 과정에서 이루어지는 멸수상정해탈이 있고 보

살도의 과정에서 이루어지는 멸수상정해탈이 있다.

아라한이 멸수상정해탈을 이루려면 멸진정에서 벗어나야 한다. 그런 다음에 분리시켰던 자기 생멸심을 제도의 대상으로 삼아야 한다. 이것을 '대자비문 수행'이라 한다.
아라한이 대자비문을 성취하기 위해서는 진여출가를 해야 한다. 진여출가란 보살도에 들어가는 것이다.

멸진정에서 벗어난 아라한은 그 상태에 머물러서 분리시켰던 생멸심을 다시 인식의 대상으로 삼는다.
생멸심을 인식한 아라한은 생멸심과 진여심을 활용해서 육바라밀을 행한다.
그러면서 자기 생멸심과 육도윤회계를 함께 제도한다.
아라한의 제도행은 화신행, 보신행, 법신행을 통해서 이루어진다.
화신행은 육도윤회계와 교류할 때 인식되는 모든 생명들을 본성의 무심으로 비춰주는 것이다.
무심으로 비추어서 일치를 이루고 무념과 간극으로 제도해 준다.
보신행은 교류하는 모든 생명들을 본성의 무념으로 비춰주는 것이다. 무념으로 비추어서 원만함을 갖춰주고 무심과 간극으로 제도해 준다.
법신행은 본성의 간극으로 비춰주는 것이다.

간극으로 비추어서 밝은성품으로 제도해 준다.

아라한이 삼신구족행을 하게 되면 이미 진여출가를 이룬 것이다. 간극에 머물러서 법신행을 하게 되면 보살도 환희지를 성취한 것이다. 이것이 아라한이 행하는 멸수상정해탈이다.

보살도에서 이루어지는 멸수상정해탈은 오십과위를 통해서 이루어진다.

종반야의 단계에서 진여심과 심·식·의를 분리시켜서 곧바로 상수멸정(想受滅定)에 들어온 경우에는 심·식·의는 생멸문에 남아있고 진여심만 진여문을 이루게 된다. 이때 생멸문에 남아있는 심·식·의는 영혼의 상태로 존재할 수도 있고 육체의 상태로 존재할 수도 있다.

비상비비상처정의 과정에서 양신배양을 통해 상수멸정에 들어온 사람은 진여심과 생멸심을 따로 분리시키지 않는다. 몸 또한 벗어나지 않고 그대로 열반에 든다.
전자의 경우와 후자의 경우 보살도를 닦아가는 과정이 서로 달라진다.
전자의 경우에는 오십과위 전체를 닦아야 하지만 후자의 경우는 오십과위 전체를 닦지 않는다.

이미 그 과정의 대부분을 비상비비상처정에서 닦았기 때문이다.

오십과위의 수행은 밝은성품과 본성, 각성을 활용해서 분리시켰던 심·식·의를 제도하는 것이다.
비상비비상처정을 거치지 않고 종반야의 과정에서 상수멸정에 들어온 초지보살이 환희지에 머물러서 밝은성품의 기쁨을 음미하고 있다 보면 그 즐거움을 가로막는 장애들이 드러나게 된다.
그리움이나 외로움이 일어나는 것이 그때의 장애이다.
이 경계들은 본래 자기를 이루고 있던 생멸심으로부터 비롯되는 것이다.
진여심과 분리된 생멸심은 두 가지 형태로 생멸문에 존재한다.
하나는 심·식·의가 독자적인 개체로 존재하는 경우이다.
또 하나는 심·식·의가 흩어져서 본래 원인이 되었던 대상에게 돌아간 경우이다.
첫 번째 경우의 생멸심은 원인을 알 수 없는 고독에 시달린다.
본성과 분리된 채로 막연한 그리움에 빠져 있던 생멸심이 초지보살에게 연결되면 무심처에서 그리움을 느끼게 된다.
그렇게 되면 그 원인을 찾게 된다.
보살의 의도가 그 원인에게 향해질 때는 밝은성품이 함께 수반된다. 그러면서 밝은성품의 기쁨이 생멸심에게 전해진다. 이 과정에서 생멸심이 갖고 있던 그리움이 해소된다. 그리움이 가라앉으면 보살은 다시 상수멸정에 들어간다.
이와 같은 교류는 생멸심이 완전하게 제도될 때까지 반복해서 이루어진다. 초지에서부터 6지 현전지까지 이 과정이 반복된다. 7지 원행지부터는 생멸문을 이루고 있는 다른 중생들이 제도의 대상이 된다.
만약 보살이 상락아정의 즐거움에 빠져서 생멸심의 제도를 외면하게 되면 진보를 이루지도 못하고 오히려 마장에 빠지게 된다.
그러한 경우를 일러 '열반상(涅槃相)에 빠졌다'라고 말한다. 금강삼매경에서는 '깨달은 자는 열반에 머무르지 않는다'라고 말씀하셨고, 능엄경에서는 '오십변마장(五十辨魔障)의 마지막이 보살이 열반상을 갖는 것'이라고 말씀하셨다. 때문에 보살도에 들어간 사람은 스스로를 이루고 있던 생멸심을 제도하면서 반드시 오십과위를 성취해야 한다.

자기를 이루었던 생멸심은 또 다른 생명들과 교류를 통해서 쌓아진 것이다. 때문에 생멸심의 원인이 되었던 대상이란 보살이 생멸문에서 접촉했던 모든 생명들이다. 보살의 생멸심을 이루고 있던 각각의 업식이 그 원인에게 돌아가면 그 존재는 자기도 모르게 보살과 교류했던 추억을 떠올리게 된다. 그리고 막연하게 보살을 그리워하게 된다.

이때의 추억은 그 사람이 의도적으로 일으킨 것이 아니다. 보살을 이루었던 심·식·의가 그 사람의 의식을 자극해서 자기도 모르게 일으난 것이다.

그런 상태가 되면 그 사람이 갖고 있는 그 당시의 의식상태가 보살에게 전달된다. 그렇게 되면 보살이 무심처를 통해서 그 상태를 인식하게 된다. 그런 경우에도 밝은성품으로 그 사람을 감싸주면 그 상태가 다스려진다.

그로 인해서 중생은 스스로의 추업을 씻어내고 바른 법에 귀의(歸依) 할 수 있는 인연을 만나게 된다.

이와 같은 방법으로 생멸문을 제도하다 보면 그 과정 속에서 오십과위가 성취된다.

개별적 형태로 생멸문과 교류를 행하다 보면 보살의 제도력이 점점 더 향상된다. 이 과정을 통해 초지보살이 십지보살로 진보한다.

십지보살은 스스로의 밝은성품을 펼쳐서 생멸문 전체를 덮을 수 있다. 이 경지를 법운지라 한다.

황중에 도태를 이룬 채로 상수멸정에 든 초지보살은 양신과 열 개의 기점, 본성의 간극을 연결시켜놓고 쌍차쌍조를 행한다. 그러다 보면 출태의 조짐이 드러난다.

출태의 조짐은 시각에서 나타난다.

마치 허공에서 꽃잎이 어지러이 떨어져내리는 듯한 현상이 시각으로 인식된다.

이런 현상은 황중에 있던 양신이 중황으로 올라오면서 생기는 것이다.

열 달 동안 황중에서 배양된 양신이 몸 밖으로 벗어나기 위해 중황으로 이동해 오면 그때 꽃송이가 날리는 것과 같은 현상이 시각적으로 인식된다. 그와 같은 조짐이 드러나면 양신을 출신시킨다.

양신의 출신은 백회를 통해 이루어진다.

마치 영혼이 빠져나가는 것처럼 양신이 출신한다.

양신이 출신한 이후에도 열두 개의 기점과 간극은 지속적으로 주시한다. 그러면서 양신의 상태를 함께 지켜본다.

양신과 본신(本身) 사이에는 서로를 연결해 주는 생명선(生命線)이 있다. 그 생명선을 통해 서로 교감한다.

출신된 양신은 교육을 받아야 한다.

양신의 교육은 단계적으로 이루어진다.

처음에는 가까운 곳을 내왕시키면서 가르친다. 그러다가 점차로 먼 곳으로 보낸다. 나중에는 육도윤회계 전체를 돌아보게 한다.

양신은 접촉하는 생명들이 갖고 있는 습성들을 가리지 않고 받아들인다. 마치 이기와 같다.

양신이 나쁜 습성에 물들지 않게 하려면 각성으로 잡아주고 본성으로 비춰줘야 한다.

충분하게 성장할 때까지 보살펴 줘야 한다.

신경 순화나 심·식·의 세업을 완전하게 제도한 상태에서 양신이 배양되었으면 이때의 교육이 수월하게 이루어진다. 하지만 그 과정이 충실하게 행해지지 못했으면 많은 장애를 겪게 된다.

양신이 겪게 되는 가장 큰 장애가 천마의 접촉이다.

천마와의 접촉은 욕계 6천을 여행하면서 이루어진다.

천마는 마왕천에 사는 아수라들이다.

아수라들은 양신이 갖고 있는 넘쳐나는 생명력을 빼앗기 위해 양신을 유혹한다. 본신의 보살핌이 없으면 천마의 장애를 극복하지 못한다. 간극으로 비춰주고 열두 개의 기점을 확장시켜서 천마의 장애에서 벗어나게 해준다.

처음 출신이 이루어진 이후에 양신의 성장이 완전하게 이루어지기까지는 십일 년 정도의 시간이 소요된다.

천마의 장애는 견성오도 이후부터 반복적으로 겪게 된다. 부처님께서는 능엄경의 오십변마장을 통해서 그것을 극복하는 방법에 대해 상세하게 말씀해 주셨다. 양신을 배양하고 교육하면서도 그와 같은 장애를 겪는다.

양신배양의 과정을 거치지 않고 반야해탈로써 상수멸정에 든 사람은 오십과위 중 십심(十心)의 과정을 거치면서 양신배양과 같은 과정을 거친다. 이는 밝은 성품을 활용해서 화신을 나투는 방법이다.

양신배양을 통해 상수멸정에 든 사람은 양신을 교육하면서 오십과위를 닦는다.

오십과위란 십심(十心), 십주(十住), 십행(十行), 십회향(十廻向), 십지(十地)를 말한다.

십심(十心)이란 신심(信心), 염심(念心), 정진심(精進心), 혜심(慧心), 정심(定心), 호법심(護法心), 회향심(廻向心), 계심(戒心), 사심(捨心), 원심(願心)를 말한다.

십주(十住)란 발심주(發心住), 치지주(治地住), 수행주(修行住), 생귀주(生貴住), 구족방편주(具足方便住), 정심주(正心住), 불퇴주(不退住), 동진주(童眞住), 법왕자주(法王子住), 관정주(灌頂住)를 말한다.

십행(十行)이란 환희행(歡喜行), 요익행(饒益行), 무위역행(無違逆行), 무굴요행(無屈撓行), 이치란행(離癡亂行), 선현행(善現行), 무착행(無着行), 난득행(難得行), 선법행(善法行), 진실행(眞實行)을 말한다.

십회향(十廻向)이란 구호일체중생리중생상회향(救護一切衆生離衆生相廻向), 불괴회향(不壞廻向), 등일체불회향(等一切佛廻向), 지일체처회향(至一切處廻向), 무진공덕장회향(無盡功德藏廻向), 수순일체견고선근회향(隨順一切堅固善根廻向), 수순등관일체중생회향(隨順等觀一切衆生廻向), 여상회향(如相廻向), 무박무착해탈회향(無縛無着解脫廻向), 법계무량회향(法界無量

廻向)을 말한다.

십지(十地)란 환희지(歡喜地), 이구지(離垢地), 발광지(發光地), 염혜지(焰慧地), 난승지(難勝地), 현전지(現前地), 원행지(遠行地), 부동지(不動地), 선혜지(善慧地), 법운지(法雲地)를 말한다.

십신(十心)은 보살이 갖추어야 할 열 가지 마음을 말한다.
'신심(信心)'이란 보살이 갖추고 있는 믿음이다.
보살은 두 가지 믿음을 갖고 있다.
첫 번째 믿음은 부처님의 가르침은 한치도 어긋남이 없다는 믿음이다. 그 믿음을 바탕으로 묘각을 성취한다.
두 번째 믿음은 불(佛)은 수명이 무한하다는 믿음이다.
그 믿음을 바탕으로 정토불사에 동참한다.

'염심(念心)'이란 스스로를 지켜보는 마음이다.
본각(本覺)을 구경각(究竟覺)으로 전환시킨 뒤에도 스스로를 망각하지 않는 것이 염심이다.
진여문에 있으면서도 생멸심을 저버리지 않는다.
심·식·의와 반연(絆緣) 되었던 모든 생명과 심·식·의가 일으키는 모든 변화를 낱낱이 알고 있다. 그러면서도 장애가 없다.

'정진심(精進心)'이란 공여래장과 불공여래장을 이루기 위해 쉼 없이 노력하는 마음이다.
진여심을 공여래장으로 전환시키기 위한 대적정 수행과 생멸심을 불공여래장으로 전환시키기 위한 대자비 수행을 중단 없이 행하는 것이 정진심이다.

'혜심(慧心)'이란 본성을 이루는 세 가지 조건 중 무념이 쓰여지는 것이다.

'정심(定心)'이란 본성을 이루는 세 가지 조건 중 무심이 쓰여지는 것이다.

'호법심(護法心)'이란 육근원통의 바른 법을 얻어서 원통식을 성취하고 그것을 지켜갈 수 있는 마음을 갖춘 것이다.

'회향심(廻向心)'이란 스스로가 성취한 깨달음을 생멸문 전체로 펼쳐서 일체중생을 구제하겠다는 마음을 내는 것이다.
'계심(戒心)'이란 자기 밝은성품을 생멸문 전체로 펼쳐서 육바라밀을 행하는 것이다. 보시, 지계, 인욕, 정진, 선정, 지혜바라밀을 행하는 것이 계심이다.

'사심(捨心)'이란 버려야 할 마음을 말한다.
법상(法相)에도 머물지 않고 법 아닌 상(非法相)에도 머물지 않는 것이 사심을 갖춘 것이다.
법상을 취하면 옳고 그름이 생긴다. 그렇게 되면 일체중생을 제도하지 못한다.
법 아닌 상을 취하면 물들게 된다. 그렇게 되면 원만한 제도를 행할 수가 없게 된다.

'원심(願心)'이란 보살이 속해있는 생멸문을 제도한 다음에 여래장계의 모든 생멸문을 제도하겠다는 서원을 세우는 것이다.

십주(十住)의 수행절차는 10지의 과정과 서로 연계되어 있다.
10지는 진여보살이 성취해가는 수행절차이고 십주는 분리시켜놓았던 생멸심이 성취해가는 수행절차이다.

'발심주(發心住)'는 환희지와 연계되어 있다.
환희지에 머물러있던 보살이 진여수행의 발심을 일으키면 분리된 상태로 연결되어 있던 생멸심도 함께 발심한다. 이 상태를 발심주라 한다.

'치지주(治地住)'는 이구지와 연계되어 있다.
진여보살이 이구지의 상태에서 자기 생멸심을 다스리겠다는 의도를 내게 되면 생멸심도 자기 제도의 의도를 갖게 된다. 이 상태를 치지주라 한다.

'수행주(修行住)'는 발광지와 연계되어 있다.
발광지의 상태에서 밝은성품으로 생멸심을 덮게 되면 생멸심이 생멸수행에 들어가게 된다.
이 상태를 수행주라 한다.

'생귀주(生貴住)'는 염혜지와 연계되어 있다.
염혜지에서 본성의 무념처와 생멸심의 식업을 연결시켜 놓게 되면 생멸심이 무념을 체득하게 된다. 이 상태를 생귀주라 한다.

'구족방편주(具足方便住)'는 난승지와 연계되어 있다.
난승지에서 식업과 심업이 무작위로 교류하면서 번뇌를 일으킬 때 진여보살이 그 번뇌를 제도하게 되면 생멸심은 자기 번뇌를 제도할 수 있는 방편을 갖추게 된다. 이 상태를 구족방편주라 한다.

'정심주(正心住)'는 현전지와 연계되어 있다.
현전지를 통해 생멸심의 식업과 심업이 제도되면 생멸심은 반야해탈에 들어가다. 이 상태를 정심주라 한다.

'불퇴주(不退住)'는 부동지와 연계되어 있다.
진여보살이 암마라식이 완전하게 갖춰지면서 부동지에 들게 되면 반야해탈에 들어가 있던 생멸심은 아나함과를 얻게 된다. 이 상태를 불퇴주라 한다.
생멸심이 불퇴주에 들어가면 진여보살도 퇴전없는 경지를 성취하게 된다.

'동진주(童眞住)'는 선혜지와 연계되어 있다.
진여보살이 원통식을 갖추게 되면 아나함과에 들어있던 생멸심은 천진심(天眞心)을 갖추게 된다.
그 모습이 천진무구해서 동진주라 한다.

'법왕자주(法王子住)'는 법운지와 연계되어 있다.
진여보살의 밝은성품이 생멸문 전체를 덮게 되면 분리되었던 생멸심은 아라한이 된다.
본래 한 몸이었던 생명이 진여신과 생멸신으로 분리된 후에 진여심은 10지 보살이 되고 생멸심은 아라한이 된 것이다. 이때 진여심과 생멸심의 관계를 母子에 비유했다.
진여심은 어머니가 되고 생멸심은 아들이 되었다.
진여문에 들어간 생멸심을 법왕자라 한다.

'관정주(灌頂住)'는 불(佛)의 수기와 연계되어 있다.
진여보살이 육근원통을 완성해서 6신통을 갖추게 되면 부처님과의 인연이 맺어진다.
그때 진여보살이 부처님으로부터 내세득불의 관정수기를 받게 되면 진여보살(母)과 아라한(子)에게 묘각 인연이 똑같이 주어진다. 이 상태를 관정주라 한다.

십주 수행은 양신의 교육 절차와도 연계되어 있다.
양신배양을 통해 진여문에 들어온 보살은 자기 생멸심으로부터 오는 장애를 겪지 않는다.
때문에 출신한 양신을 가르치면서 십주와 십지의 과정을 함께 성취해간다.

양신을 가르쳐서 양신을 통해 생멸문을 제도하겠다는 마음을 일으키는 것이 '발심주(發心住)'이다.
이때 양신도 똑같이 발심한다.

양신을 다스리겠다는 의도를 내게 되면 양신도 자기를 다스리겠다는 뜻을 세우게 된다. 이것을 '치지주(治地住)'라고 한다.

양신이 생멸수행에 들어간 것을 '수행주(修行住)'라고 한다.
먼저 견성오도의 절차로 들어간다.
보살은 본성을 이루고 있는 무념·무심이 서로를 비추게 하고 그 상태에 머무른다.

보살의 무념처와 양신을 일치시키고 그 상태에 머무는 것을 '생귀주(生貴住)'라고 한다. 이 과정을 통해 양신이 무념을 체득한다.

보살의 무념·무심으로 양신을 비춰주고, 양신이 본성을 깨달아서 스스로를 제도할 수 있는 방편을 갖춘 것을 '구족방편주(具足方便住)'라 한다.

양신이 식업과 심업을 제도하고 본각을 성취한 것을 '정심주(正心住)'라고 한다.
이때가 되면 본신에서 양신을 분리시킨다.
본신에서 분리된 양신은 생멸문을 여행하면서 중생들을 제도한다.

양신이 대적정을 체득해서 일체 경계에 물들지 않는 것을 '불퇴주(不退住)'라고 한다.

본신이 육근원통을 이루고 양신이 암마라식을 갖춘 것을 '동진주(童眞住)'라고 한다.

양신이 6바라밀을 행하고 분신(分身)으로 나투어지는 것을 '법왕자주(法王子住)'라고 한다.

양신이 스스로를 불공여래장으로 변화시켜서 본신과 합일되고 부처님의 수기를 받는 것을 '관정주(灌頂住)'라고 한다.

십행(十行)이란 보살이 갖추어야 할 열 가지 행을 말한다.
환희행(歡喜行)이란 중생을 기쁘게 하는 행이다.
보살의 밝은성품으로 생멸문에 있는 천지만물을 비추면서도 그 기쁨을 잃지 않은 것이 환희행이다.

요익행(饒益行)이란 중생을 이익되게 하는 행을 말한다. 일체중생을 제도해서 무상정등각으로 이끌어가는 행이 요익행이다.

무위역행(無違逆行)이란 거꾸로 어긋남이 없는 행을 말한다. 어떠한 고난과 역경 속에서도 본성의 적멸상을 놓치지 않는 것이 무위역행이다.

무굴요행(無屈撓行)이란 굽힘이 없는 행을 말한다. 어떤 상황 속에서도 정진심을 놓지 않고 대자비문을 성취해가는 것이 무굴요행이다.

이치란행(離癡亂行)이란 어리석음과 산란함을 여읜 행을 말한다. 중생의 생멸심과 전체적인 일치를 이루었을 때 본성의 간극에 머물러서 일치된 심·식·의을 제도해 주는 것이 이치란행이다.

선현행(善現行)이란 제도된 생멸심이 진여심으로 구현된 것을 말한다. 몸의 제도된 모습이 신족통이 되고 눈이 제도된 모습이 천안통이 된다. 귀가 제도된 모습이 천이통이 되고 생각의 제도된 모습이 타심통이 된다. 업보가 제도돼서 숙명통이 되고 일체의 번뇌가 제도돼서 누진통이 된다.

무착행(無着行)이란 일체의 집착을 여읜 행을 말한다.
분리시켰던 자기 생멸심을 완전하게 제도하고 스스로는 원통식을 갖추었기 때문에 더 이상의 집착이 일어나지 않는다. 제도한 세계에도 집착하지 않고 부처님과 보살들에게도 집착하지 않는다.

난득행(難得行)이란 얻기 어려운 법을 얻은 것을 말한다.
등각의 요지를 이해하고, 부처님의 수기를 받으며, 수능엄삼매를 이루어서 천백억화신을 나툴 수 있는 역량을 갖춘 것이 난득행을 성취한 것이다.
선법행(善法行)이란 보살이 중생들에게 바른 법을 펼쳐서 일대사인연을 만드는 것이다. 부처님의 가르침을 따르게 하고 부처가 될 수 있도록 이끌어 주는 것이 선법행이다.

진실행(眞實行)이란 부처님과 같은 십력(十力)을 갖추었더라도 그 상태에 안주하지 않고 정토불사에 매진하는 것을 말한다.

십회향(十廻向)이란 보살의 깨달음을 널리 펼치는 열 가지 방법을 말한다.
두 가지 방향의 회향이 있다.
첫째는 본원본제에게로 향해지는 회향이다.
여상회향. 무박무착해탈회향. 법계무량회향이 여기에 해당된다.
둘째는 중생에게로 향해지는 회향이다.
나머지 일곱 가지 회향이 여기에 해당된다.

구호일체중생리중생상회향(救護一切衆生離衆生相廻向)이란 중생과 일치를 이루어서 중생의 생멸심을 제도하고 중생으로 하여금 깨달음을 얻도록 하는 것이다. 십지(十地) 과정 중에 이구지와 발광지 염혜지와 난승지에서 행해지는 회향이다.

불괴회향(不壞廻向)이란 중생으로 하여금 깨뜨릴 수 없는 믿음과 물러서지 않는 깨달음을 갖추게 하는 것이다.

등일체불회향(等一切佛廻向)이란 모든 부처님과 같이 똑같은 방법으로 회향하는 것이다. 부처님은 오로지 일대사인연을 이루기 위해 중생을 제도하신다.

지일체처회향(至一切處廻向)이란 보살의 선근 공덕을 모든 곳에 이르도록 하는 회향이다. 선근 공덕이 모든 곳에 이르는 것은 모든 중생의 호응 때문이다.
중생을 이롭게 함으로써 중생의 호응을 받는다.

무진공덕장회향(無盡功德藏廻向)이란 무한한 공덕으로 불국토를 장엄하게 하는 회향이다.
이때의 불국토란 자기 불국토이다.
생멸문을 제도해서 불공여래장을 이루는 것이 자기 불국토를 장엄하게 하는 것이다.

수순일체견고선근회향(隨順一切堅固善根廻向)이란 본연에 수순해서 생멸적 습성을 끊어버리고 중생의 선근을 견고하게 하는 회향이다.
각성과 본성, 밝은성품 사이에서 일어나는 관계를 본연이라 한다.
수순(隨順)이란 각성이 본성과 밝은성품을 균등하게 비추어서 자시무명에 빠지지 않는다는 말이다.
생멸적 습성이란 의식·감정·의지의 습성을 말한다.

수순등관일체중생회향(隨順等觀一切衆生廻向)이란 각성의 무명적 습성을 제도해서 공여래장을 이루고 생멸심의 중생적 습성을 제도해서 불공여래장을 이루어서 등각을 성취한 후에 그 깨달음을 일체중생에게 돌려주는 회향이다. 이 과정에서의 수순(隨順)은 공여래장과 불공여래장이 불이문(不二門)을 이루도록 하는 것이다.
등관(等觀)이란 불이문과 생멸문을 평등하게 관하는 것이다. 불이문을 성취한 등각보살은 공여래장과 불공여래장을 관(觀)의 대상으로 삼지 않는다. 공여래장과 불공여래장은 서로에 대한 그리움으로 일심법계를 이루고 있기 때문이다. 여기까지가 중생에게 향해지는 회향이다.

여상회향(如相廻向)이란 본원본제의 여시상(如始相)을 들여다보고 여래장연기가 시작된 원인을 알고 난 다음에 본원본제의 향하문적 성향을 제도하기 위해 발심하는 것이다. 여기서부터 본원본제에게로 향해지는 회향이다.

무박무착해탈회향(無縛無着解脫廻向)이란 본원본제가 펼쳐놓은 여래장의 모든 얽매임에서 벗어나고 여래장연기의 굴레에서도 벗어나서 정토불사를 완성시키기 위해 노력하는 회향이다. 다섯 가지 지혜를 갖춤으로써 무박(無縛)하고 무착(無着)하며 해탈(解脫)한다.
자연지(自然知), 무사지(無師知), 일체종지(一切宗知), 불지(佛知), 여래지(如來知)가 다섯 가지 지혜이다.
자연지와 무사지로써 여래장연기의 원인을 들여다 본다. 이로써 무착한다.
일체종지로써 일심법계를 이룬다. 이로써 무박한다.

불지로써 본원본제와 계합하고 여시상이 내포하고 있는 향하문적 성향을 제도한다. 더 이상의 여래장연기가 일어나지 않는다.
여래지로써 본원본제의 여래장에서 벗어나고 여래장연기가 일어나지 않는 새로운 여래장을 창조한다. 이로써 해탈한다.

법계무량회향(法界無量廻向)이란 여래장연기가 일어나지 않는 새로운 여래장을 창조하고 등각 화신불들을 창조해서 본원본제 여래장의 정토불사를 마무리하는 회향이다.

십지(十地)는 보살이 깨달음을 성취하는 열 가지 단계를 말한다.
'환희지(歡喜地)'는 보살도 초지이다.
본성의 간극에 머물러서 밝은성품의 기쁨을 누리는 과정이다.

'이구지(離垢地)'는 보살도 2지의 과정이다.
진여심과 생멸심을 평등하게 바라보는 것이다.

'발광지(發光地)'는 보살도 3지 과정이다.
보살의 밝은성품으로 분리시켰던 생멸심을 감싸주는 것이다.

'염혜지(燄慧地)'는 보살도 4지 과정이다.
본성의 무념으로 생멸심의 식업을 일치시켜서 원만보신을

이루는 것이다.

'난승지(難勝地)'는 보살도 5지 과정이다.
무념으로 생멸심의 식업(識業)과 일치를 이루고, 무심으로 생멸심의 심업(心業)과 일치를 이룬 상태에서, 본성의 간극(間隙)으로 생멸심을 제도하는 것이다.

'현전지(現前地)'는 보살도 6지 과정이다.
보살은 완전하게 암마라식을 갖추고 생멸심은 제도돼서 중간반야에 들어있는 상태이다. 분리시켰던 자기 생멸심이 완전하게 제도된 상태이다.
양신배양으로 보살도에 들어온 경우에는 이 과정에서 양신의 제도가 완전하게 이루어진다.

'원행지(遠行地)'는 보살도 7지이다.
자기 생멸심을 완전하게 제도한 보살이 다른 중생들을 제도하기 위해 생멸문을 돌아보는 과정이다.
양신배양을 통해 상수멸정에 들어온 보살은 이 과정에서 양신과 본신을 분리시킨다.
분리된 양신이 생멸문을 여행하면서 원행지를 함께 닦는다.

'부동지(不動地)'는 보살도 8지이다.
어떤 중생과 일치를 이루더라도 진여의 체가 훼손되지 않고 퇴전이 없는 깨달음을 이룬 상태이다.
양신도 똑같은 깨달음을 체득한다.

'선혜지(善慧也)'는 보살도 9지이다.
육근원통을 이루어서 원통식이 갖추어지고 불세계와 교류할 수 있는 역량이 갖추어진 상태이다.
이 과정에서 불(佛)의 수기를 받게 된다.

'법운지(法雲地)'는 보살도 10지이다.
보살의 밝은성품이 생멸문 전체를 덮은 상태를 말한다. 이 상태에서 6바라밀을 행하고 수능엄삼매를 이룬다.
양신의 경우는 이 과정에서 천백억화신으로 분신을 이룬다.

여기까지가 멸수상정해탈의 마지막 과정이다.

보살도에서 오십과위를 이루고 나면 그 상태 그대로 등각으로 나아간다.
등각(等覺)이란 대적정문과 대자비문이 평등해지고 공여래장과 불공여래장이 서로를 여의지 않은 상태를 말한다. 공여래장과 불공여래장이 불이문을 이룬 것이 일심법계이다. 일심법계를 이루게 되면 묘각을 성취할 수 있는 첫 번째 조건이 갖춰진 것이다.
본원본제에서 시작된 개체생명이 스스로 일심법계가 되기

까지는 참으로 장구한 세월을 필요로 한다. 하지만 생명이라면 누구나 가야 할 궁극의 길이다.

무명에서 시발된 개체적 생명이 밝음을 얻어서 스스로 일심법계를 이루니, 이것은 본원본제가 새로운 여래장을 낳은 것이다.

본문

爾時世尊復告諸比丘衆。我今語汝。是大迦旃延。於當來
이시세존부고제비구중. 아금어여. 시대가전연. 어당래
世。以諸供具供養捧事八千億佛恭敬尊重。諸佛滅後。各
세. 이제공구공양봉사팔천억불공경존중. 제불멸후. 각
起塔廟高千由旬。縱廣正等五百由旬。以金銀琉璃硨磲
기탑묘고천유순. 종광정등오백유순. 이금은유리자거
瑪瑙眞珠玫瑰七寶合成衆華瓔珞塗香抹香燒香繒蓋幢幡。
마노진주매괴칠보합성중화영락도향말향소향증개당번.
供養塔廟。過是以後。當復供養二萬億佛。亦復如是。
공양탑묘. 과시이후. 당복공양이만억불. 역부여시.
供養是諸佛已。具菩薩道當得作佛。號曰閻浮那提。金光
공양시제불이. 구보살도당득작불. 호왈염부나제. 금광
如來應供正徧知明行足善逝世間解無上士調御丈夫天人師
여래응공정변지명행족선서세간해무상사조어장부천인사
佛世尊。其土平正。玻瓈爲地寶樹莊嚴。黃金爲繩以界道

불세존. 기토평정. 파려위지보수장엄. 황금위승이계도
側。妙華覆地周徧淸淨。見者歡喜。無四惡道地獄餓鬼
측. 묘화부지주변청정. 견자환희. 무사악도지옥아귀
畜生阿修羅道。多有天人諸聲聞衆。及諸菩薩無量萬億。
축생아수라도. 다유천인제성문중. 급제보살무량만억.
莊嚴其國。佛壽十二小劫。正法住世二十小劫。像法亦住
장엄기국. 불수십이소겁. 정법주세이십소겁. 상법역주
二十小劫。爾時世尊欲重宣此義。而說偈言。
이십소겁. 이시세존욕중선차의. 이설게언.

그때 세존께서 또 비구들에게 말씀하셨다.
"내가 지금 너희에게 말하노라. 이 대가전연은 오는 세상에서 여러 가지 공양물로 8천억 부처님을 공양하고, 받들어 섬기고 공경하고 존중하리라.
여러 부처님이 열반하신 뒤에는 각각 탑을 조성하는데 높이가 1천유순이요, 가로와 세로가 5백유순이니, 금, 은, 유리, 자거, 마노, 진주, 매괴의 7보를 합하여 이룩하고, 꽃과 영락과 바르는 향, 가루향, 사르는 향과 일산과 당기와 번기로 탑에 공양하리라.
그런 뒤에 또 2만억 부처님께도 그렇게 공양하며, 이 여러 부처님께 공양하여 마치고는 보살의 도를 구족하여 마땅히 성불하리라.
그 이름은 염부나제 금광여래, 응공, 정변지, 명행족, 선서,

세간해, 무상사, 조어장부, 천인사, 불세존이라 하리라.
그 국토는 번듯하고 평평하며, 파리로 땅이 되고 보배 나무로 장엄하며, 황금 줄로 길가에 경계선을 만들고, 아름다운 꽃이 땅을 덮어 두루 청정하여 보는 이가 모두 환희하리라.
네 가지 나쁜 갈래인 지옥, 아귀, 축생, 아수라가 없고, 천상 사람과 인간계 사람이 많으며, 성문들과 보살들이 여러 만억이어서 나라가 장엄하느니라.
부처님의 수명은 12소겁이요, 정법이 20소겁 동안 세상에 머무르고, 상법도 20소겁을 머무르니라."
이때 세존께서 이 뜻을 거듭 펴시려고 게송을 설하셨다.

강설

가전연도 부처가 된다는 말씀이다.
부처님이 제자들에게 수기를 주시는 것은 새로운 부처님들을 양성해서 여래계의 정토불사를 완성하기 위해서다.
부처의 수기는 묘각을 이루는 첫 번째 조건이다.
등각을 이루어서 불이문을 이루는 것은 본인의 노력으로 이루어지지만 수기를 받는 것과 불세계로 초청을 받는 것은 본인의 노력만으로는 이루어지지 않는다.

부처님이 제자들에게 수기를 주는 것은 반드시 부처가 될 수 있도록 이끌어 주겠다는 약속을 하시는 것이다.

"여러 부처님이 열반하신 뒤에는 각각 탑을 조성하는데, 높이가 1천유순이요, 가로와 세로가 5백유순이니"

이런 탑은 지구에서 만들지 못한다.
지구의 인간들은 높이가 1천유순이나 되는 탑을 세울 수가 없다.
물이 하루 동안 흘러가는 거리가 1유순이다.
대유순은 80km이고 소유순이 20km이다.
1천유순이면 최소 2만km이다.
그런 탑은 지구에서 세울 수가 없다.
천상계의 어느 세계에서 세워지는 탑이다.

경전을 보면서 그 의미를 해석하는 것이 대단히 어렵다. 인지법행의 전체 체계를 놓고서 지금의 이 대목이 어떤 의미인지를 해석해야 하는데 인지법행을 갖추는 것이 어렵기 때문이다.
여래장 세계와 지금 우리가 살고 있는 이 생멸문과의 관계를 이해하지 못하면 법화경의 세계관을 이해하지 못한다.
법화경 전체 내용 중에 수기품이 상당히 길다.
똑같은 내용을 반복해서 말씀하시는 것이 묘각을 이루는 절차에 있어서 수기를 받는 것이 그만큼 중요하기 때문이다.

"이 여러 부처님께 공양하여 마치고는 보살의 도를 구족하여 마땅히 성불하리라."

'보살의 도를 구족하여서 마땅히 성불한다'라는 것은 50과위를 성취하고 등각, 묘각을 이룬다는 말씀이시다.
이 대목을 놓고 현대 불교의 현실을 생각해 본다.

성철 스님은 "견성 즉 성불"이라고 말씀하셨다.
이 말씀은 받아들이는 관점에 따라서 서로 다른 견해를 갖게 한다. 대부분의 사람들은 이 말씀의 뜻을 이런 관점으로 받아들인다.

[견성이나 성불은 같은 것이다, 견성만 하면 이미 부처가 된 것이다.]

이것은 잘못된 사견이다.
견성은 수행의 시작이다.
견성을 하고 나서도 해탈도와 보살도, 등각도를 거쳐야 성불할 수 있다.

법화경을 보고 듣는다는 것은 대단히 큰 가피를 받은 것이다.
법화경은 부처님의 최종적인 가르침이다.
생명이 이룰 수 있는 최고의 경지를 말씀하신 것이다.

12연기가 진행된 절차와 다시 연기를 거슬러 올라갈 수 있는 방법을 제시해 주셨다.
여래장세계가 생겨난 원인과 여래장세계에서 진여세계와 생멸세계가 생겨난 과정을 말씀해 주셨다.
중생이 보살도를 이루고 다시 여래장세계로 돌아가는 방법을 제시해 주셨다.
여래장세계로 돌아가서 해야 할 일과 부처가 어떤 존재 목적을 갖춰야 하는지 그 방향성을 명확하게 제시해 주셨다. 생명이 걸어온 역사와 생명으로써 나아갈 방향이 이 경전 속에 담겨 있다.

"그 이름은 염부나제 금광여래, 응공, 정변지, 명행족, 선서, 세간해, 무상사, 조어장부, 천인사, 불세존이라 하리라. 네 가지 나쁜 갈래인 지옥, 아귀, 축생, 아수라가 없고 천상 사람과 인간계 사람이 많으며,"

육도윤회계 중에서 지옥, 아귀, 축생, 아수라가 없다는 것은 미망과 미혹이 없고 탐·진·치가 없다는 말이다.
아수라계가 없는 육도윤회계는 명(明)으로 시작된 생멸문이다.

무명으로 인해서 아수라가 생긴다.
본연을 망각하고 자연과 인연에 치중했기 때문에 아수라

가 생겼다.
축생, 지옥, 아귀계가 아수라계에 속해있는 세계이다.
경쟁과 다툼으로 살아가는 인간들의 세계도 아수라계이다.

"성문들과 보살들이 여러 만억이어서 나라가 장엄하느니라."

하나의 생멸문 안에서 부처가 출현하면 오백만억의 생멸문이 함께 제도된다.

본문

諸比丘衆	皆一心聽	如我所說	眞實無異
제비구중	**개일심청**	**여아소설**	**진실무이**
是迦旃延	當以種種	妙好供具	供養諸佛
시가전연	**당이종종**	**묘호공구**	**공양제불**
諸佛滅後	起七寶塔	亦以華香	供養舍利
제불멸후	**기칠보탑**	**역이화향**	**공양사리**
其最後身	得佛智慧	成等正覺	國土淸淨
기최후신	**득불지혜**	**성등정각**	**국토청정**
度脫無量	萬億衆生	皆爲十方	之所供養
도탈무량	**만억중생**	**개위십방**	**지소공양**
佛之光明	無能勝者	其佛號曰	閻浮金光
불지광명	**무능승자**	**기불호왈**	**염부금광**

菩薩聲聞	斷一切有	無量無數	莊嚴其國
보살성문	**단일체유**	**무량무수**	**장엄기국**

여기모인	비구들아	일심으로	잘들으라
내가하는	모든설법	진실하며	다름없다
큰비구인	가전연은	가지가지	아름다운
좋고묘한	공양물로	여러부처	공양하고
여러부처	멸도한뒤	칠보탑을	일으켜서
아름다운	꽃과향을	사리에다	공양하며
그가받은	최후몸에	부처님의	지혜얻어
등정각을	이루어서	그국토가	청정하며
한량없는	만억중생	제도해탈	하게하고
시방세계	여러세상	많은공양	받으리니
부처님의	찬란광명	더나을이	없으며
그부처님	이름일랑	염부나제	금광여래
많은보살	여러성문	일체유를	끊는이가
무량하고	무수하여	그나라를	장엄하리

본문

爾時世尊復告大衆。我今語汝。是大目犍連。當以種種供
이시세존부고대중. 아금어여. 시대목건련. 당이종종공
具供養八千諸佛。恭敬尊重。諸佛滅後。各起塔廟高千由

구공양팔천제불. 공경존중. 제불멸후. 각기탑묘고천유
旬。縱廣正等五百由旬。以金銀琉璃硨磲瑪瑙眞珠玫瑰
순. 종광정등오백유순. 이금은유리자거마노진주매괴
七寶合成衆華瓔珞塗香抹香燒香繒蓋幢幡。以用供養。
칠보합성중화영락도향말향소향증개당번. 이용공양.
過是已後。 當復供養二百萬億諸佛。亦復如是。當得成
과시이후. 당부공양이백만억제불. 역부여시. 당득성
佛。號曰多摩羅跋栴檀香如來應供正徧知明行足善逝世間
불. 호왈다마라발전단향여래응공정변지명행족선서세간
解無上士調御丈夫天人師佛世尊。劫名喜滿。國名意樂。
해무상사조어장부천인사불세존. 겁명희만. 국명의락.
其土平正。玻瓈爲地寶樹莊嚴。散眞珠華周徧淸淨。見者
기토평정. 파리위지보수장엄. 산진주화주변청정. 견자
歡喜。多諸天人菩薩聲聞其數無量。佛壽二十四小劫。
환희. 다제천인보살성문기수무량. 불수이십사소겁.
正法住世四十小劫。像法亦住四十所劫。爾時世尊欲重宣
정법주세사십소겁. 상법역주사십소겁. 이시세존욕중선
此義。而說偈言
차의. 이설게언

이때 세존께서 다시 대중에게 말씀하셨다.
"내 이제 너희에게 말하노라. 이 대목건련은 마땅히 여러 가지 공양물로 8천 부처님께 공양하고 공경하며 존중하리라.

여러 부처님이 열반하신 뒤에는 각각 탑을 조성하는데, 높이는 1천유순, 가로와 세로가 다 같이 5백유순이며 금, 은, 유리, 자거, 마노, 진주, 매괴의 일곱 가지 보배로 이루고, 여러 꽃과 영락과 바르는 향, 가루향, 사르는 향과 비단, 일산과 당기, 번기로 공양하고, 그 뒤에 또 2백만억 부처님께도 이와 같이 공양하리라.

그런 뒤에 성불하여 이름을 다마라발전단향 여래, 응공, 정변지, 명행족, 선서, 세간해, 무상사, 조어장부, 천인사, 불세존이라 하리라.

겁의 이름은 희만이요, 나라의 이름은 의락이니, 그 국토는 번듯하고 평평하며 파려로 땅이 되고 보배나무로 장엄하며, 진주로 된 꽃을 흩어 두루 청정하여 보는 이마다 환희하며, 천상 사람, 인간계 사람들이 많고, 보살들과 성문들의 수가 한량없으며, 부처님 수명은 24소겁이요, 정법이 40소겁 동안 세상에 머물러 있고, 상법도 40소겁 동안 세상에 머무리라."
이때 세존께서 이 뜻을 거듭 펴시려고 게송을 설하셨다.

본문

我此弟子	大目犍連	捨是身已	得見八千
아차제자	대목건련	사시신이	득견팔천
二百萬億	諸佛世尊	爲佛道故	供養恭敬
이백만억	제불세존	위불도고	공양공경

於諸佛所	常修梵行	於無量劫	捧持佛法
어제불소	상수범행	어무량겁	봉지불법
諸佛滅後	起七寶塔	長表金刹	華香伎樂
제불멸후	기칠보탑	장표금찰	화향기악
而以供養	諸佛塔廟	漸漸具足	菩薩道已
이이공양	제불탑묘	점점구족	보살도이
於意樂國	而得作佛	號多摩羅	栴檀之香
어의락국	이득작불	호다마라	전단지향
其佛壽命	二十四劫	常爲天人	演說佛道
기불수명	이십사겁	상위천인	연설불도
聲聞無量	如恒河沙	三明六通	有大威德
성문무량	여항하사	삼명육통	유대위덕
菩薩無數	志固精進	於佛智慧	皆不退轉
보살무수	지고정진	어불지혜	개불퇴전
佛滅度後	正法當住	四十小劫	像法亦爾
불멸도후	정법당주	사십소겁	상법역이
我諸弟子	威德具足	其數五百	皆當授記
아제제자	위덕구족	기수오백	개당수기
於未來世	咸得成佛	我及汝等	宿世因緣
어미래세	함득성불	아급여등	숙세인연
吾今當說	汝等善聽		
오금당설	여등선청		

나의제자	대목건련	지금몸이	다한뒤에
팔천이백	만억이신	여러세존	친견하고
불도위한	까닭으로	공양하고	공경하며
여러부처	계신데서	청정범행	항상닦아
한량없이	오랜세월	부처님법	받드리라
여러부처	열반후엔	칠보탑을	세우리니
황금찰간	높게솟고	꽃과향과	기악으로
탑과절에	공양하고	보살도를	구족하여
의락이란	나라에서	성불을	이루리니
부처님의	그이름은	다마라발	전단향불
그부처님	누릴수명	이십사의	소겁이며
하늘인간	위하여서	불도항상	연설하네
항하강의	모래같이	한량없는	성문대중
삼명과	여섯신통	크게위덕	구족하며
많고많은	보살들은	뜻이굳고	정진하여
불지혜에	있으면서	물러나지	아니하리
그부처님	열반뒤에	정법상법	사십소겁
나의여러	제자들로	위덕모두	구족한이
그수효가	오백이라	하나도	빠짐없이
오는세상	성불하여	부처된다	수기주리
나와모든	제자들의	지난세상	인연들을
내가이제	말하노니	너희들은	잘들으라

강설

법화경을 이해하려면 먼저 법화경에서 제시하는 세계관에 대해 알아야 한다.
본원본제, 여래장계, 생멸계(생멸문), 진여계(진여문), 일법계, 일심법계, 육도윤회계 등등의 세계에 대한 이해가 필요하다. 그리고 그 각각의 세계가 어떻게 해서 출현했는지 그 원인과 형성 과정에 대해서 알아야 한다.

묘법연화경을 통해서 여래장계가 나타나게 된 원인과 여래장계의 구조와 여래장계의 현재 상황, 여래장계를 이루고 있는 생명들 간의 관계를 알 수가 있다.
12연기를 통해 생멸계의 형성 과정에 대해서 들여다볼 수 있고 50과위를 통해서 진여계의 구조를 들여다볼 수 있다.
향수해(香水海)에 천만억 파도가 있고 그 천만억의 파도마다 각각 한 송이 연꽃이 피어 있다.
하나의 연꽃은 천만억 개의 꽃잎으로 이루어졌고 천만억의 꽃잎은 각각 그 하나하나에 생멸문과 진여문이 갖추어져 있다.
그 연꽃마다 위에 큰 종이 떠 있는데 그 종의 종두가 천만억개이다. 그 천만억 개의 종두마다 하나하나의 생멸문과 진여문이 있다.
천만억 개의 파도가 출렁이고, 한 개의 파도마다 하나의 연꽃이 있고, 하나의 연꽃에 천만억 개의 꽃잎이 있고, 그 꽃잎 하나하나가 일법계(一法界)이다. 그래서 하나의 연꽃은 천만억 개의 일법계로 이루어져 있다.
연꽃마다 그 위에 종이 떠 있는데, 종두가 천만억 개고 그 종두 하나하나마다 일법계가 있다.
향수해라는 세계에는 무량극수의 일법계가 있다.
일법계는 한개의 생멸문과 한개의 진여문이 합쳐진 세계이다. 진여문이 생멸문을 껴안고 있는 형태이다.
하나의 생멸문은 서른세 개의 공간으로 차원화되어 있다.
인간은 서른세 개의 차원 중에 한 개의 차원도 전체적으로 보지 못한다. 그것이 인간이 바라보는 우주이다.
그런 세계가 중중무진으로 펼쳐져 있다.
여래장계가 이런 구조로 이루어져 있다.
저 여래장계는 지금도 새로운 생멸문들이 생겨나고 있다.
그 세계 전체를 제도의 대상으로 삼는다.

한 꽃잎에서 부처님이 출현하면 오천만억 개의 꽃잎이 동시에 제도된다.
한 부처님이 출현하면 연꽃 다섯 송이가 제도된다.
여래장계 천만억 개 연꽃 중 다섯 송이를 제도할 뿐이니, 전체 연꽃을 제도하려면 수많은 부처가 필요하다.

연꽃의 일법계나 종두의 일법계는 서로 다른 세계이다.

여래장계는 본원본제의 밝은성품이 펼쳐진 세계이다. 향수해는 밝은성품으로 이루어진 여래장의 일부분이다.
향수해의 파도는 밝은성품이 일으키는 파동이다.
밝은성품의 파동으로 인해서 연꽃 형태의 에너지장이 만들어진다. 그 위에 다시 종 모양의 에너지장이 만들어진다. 이것이 밝은성품이 서로 부딪치면서 나타나는 자연적 성향이다. 종 여래장계와 연꽃 여래장계는 밝은성품이 부딪치면서 나타나는 미는 힘과 당기는 힘으로 이루어져 있다.

《묘법연화경 화성유품 化城喩品 第七》

본문

佛告諸比丘。 乃往過去無量無邊不可思議阿僧祇劫。 爾時
불고제비구. 내왕과거무량무변불가사의아승지겁. 이시
有佛。 名大通智勝如來應供正徧知明行足善逝世間解無上
유불. 명대통지승여래응공정변지명행족선서세간해무상
士調御丈夫天人師佛世尊。 其國名好城。 劫名大相。
사조어장부천인사불세존. 기국명호성. 겁명대상.

부처님께서 여러 비구에게 말씀하셨다.
"지나간 옛적 한량없고 그지없고 부사의한 아승지겁 전에 부처님이 계셨으니, 이름이 대통지승여래, 응공, 정변지, 명행족, 선서, 세간해, 상사, 조어장부, 천인사, 불세존이시며 나라 이름은 호성이요, 겁의 이름은 대상이었느니라."

강설

여래장연기를 통해 생멸문이 일어나면 그것을 '겁(劫)이 시작되었다'라고 한다. 그 생멸문이 팽창했다가 수축하면 '겁이 다했다'라고 말한다.
겁은 생멸문 안에서 일어나는 공간의 변화이다.

생멸문은 겁의 네 단계 변화를 통해서 생멸을 반복한다.
성겁(成劫), 주겁(住劫), 괴겁(壞劫), 공겁(空劫)이 그것이다.
성, 주, 괴, 공이 한번 진행된 것을 일대겁(一大劫)이라 한다. 대겁마다 이름이 있다.
대통지승여래가 출현했던 겁의 이름이 '대상'이라는 말씀이시다.
대겁을 지켜보는 존재가 그 겁의 이름을 지을 수가 있다. 진여문에 들어있는 보살들과 등각보살, 부처님이 대겁을 지켜볼 수 있는 존재들이다.
중겁은 무색계 4천의 생명들도 지켜볼 수 있다.
소겁은 겁의 형태에 따라 지켜볼 수 있는 존재들이 서로 달라진다.
소겁의 화재겁 때는 제2선천인 광음천 이상에서 살아가는 천인들이 지켜볼 수 있고, 수재겁 때는 제3선천인 변정천 이상에서 살아가는 천인들이 지켜볼 수 있다. 풍재겁 때는 제4선천인 광과천 이상에서 살아가는 천인들이 지켜볼 수 있다.

본문

諸比丘。彼佛滅度已來甚大久遠。譬如三千大千世界所有
제비구. 피불멸도이래심대구원. 비여삼천대천세계소유
地種。所有地種假使有人磨以爲墨。過於東方千國土乃下

지종. 소유지종가사유인마이위묵. 과어동방천국토내하
一點. 大如微塵。又過千國土復下一點。如是展轉盡地種
일점. 대여미진. 우과천국토부하일점. 여시전전진지종
墨。於汝等意云何。是諸國土。若算師若算師弟子。能
묵. 어여등의운하. 시제국토. 약산사약산사제자. 능
得邊際知其數不。不也世尊。諸比丘。是人所經國土。
득변제지기수부. 불야세존. 제비구. 시인소경국토.
若點不點。盡末爲塵一塵一劫。彼佛滅度已來復過是數。
약점불점. 진말위진일진일겁. 피불멸도이래부과시수.
無量無邊百千萬億阿僧祇劫。我以如來知見力故。觀彼久
무량무변백천만억아승지겁. 아이여래지견력고. 관피구
遠猶若今日。爾時世尊欲重宣此義。而說偈言。
원유약금일. 이시세존욕중선차의. 이설게언.

"비구들아 그 부처님이 열반하신 지 매우 오래되었으니, 비유하면 3천 대천세계에 있는 모든 형상 있는 것을 어떤 사람이 갈아서 먹을 만들어 가지고 가면서, 동방으로 1천 국토를 지나서 티끌만한 한 점(點)을 떨어뜨리고 다시 국토를 지나서 또 한 점을 떨어뜨리고, 이렇게 하여 그 먹이 다하도록 갔다면 너희는 어떻게 생각하느냐.
이 모든 국토를 어떤 셈 잘 하는 사람이나 그의 제자들이 그 수효를 끝까지 알 수 있겠느냐."

"알지 못하겠나이다, 세존이시여."

"비구들아, 이 사람이 지나간 국토의 점이 떨어진 곳이나 떨어지지 않은 곳을 모두 모아서 부수어 티끌을 만들어서 그 티끌 하나로 한 겁씩을 수놓을 경우, 그 티끌이 다하였다 하더라도, 그 부처님이 열반하신 지는 이보다도 더 오래인, 한량없고 그지없는 백천만억 아승지겁이니라.

나는 여래의 지견이 있어 그렇게 오래된 일을 오늘의 일처럼 보느니라."

이때 세존께서 이 뜻을 거듭 펴시려고 게송으로 설하시었다.

본문

我念過去世	無量無邊劫	有佛兩足尊	名大通智勝
아념과거세	**무량무변겁**	**유불양족존**	**명대통지승**
如人以力磨	三千大千土	盡此諸地種	皆悉以爲墨
여인이력마	**삼천대천토**	**진차제지종**	**개실이위묵**
過於千國土	乃下一塵點	如是展轉點	盡此諸塵墨
과어천국토	**내하일진점**	**여시전전점**	**진차제진묵**
如是諸國土	點與不點等	復盡末爲塵	一塵爲一劫
여시제국토	**점여부점등**	**부진말위진**	**일진위일겁**
此諸微塵數	其劫復過是	彼佛滅度來	如是無量劫
차제미진수	**기겁부과시**	**피불멸도래**	**여시무량겁**
如來無礙智	知彼佛滅度	及聲聞菩薩	如見今滅度

여래무애지　지피불멸도　급성문보살　여견금멸도
諸比丘當知　佛智淨微妙　無漏無所礙　通達無量劫
제비구당지　불지정미묘　무루무소애　통달무량겁

생각하니　지난세상　한량없는　겁이전에
양족존불　계셨으니　그이름은　대통지승
어떤사람　힘을써서　삼천대천　모든것들
모두갈아　먹만들어　그먹물을　다가지고
일천국토　지나면서　한티끌씩　떨어트려
이와같이　전전하며　그먹물이　다한뒤에
먹물떨어진　국토거나　안떨어진　국토거나
그국토들　모두모아　다시부수어　만들기를
가는티끌　만들어서　한티끌로　일겁되도
저부처님　열반하심　그보다도　수가많아
한량없고　가이없는　길고도먼　겁이니라
걸림없는　여래지혜　저부처님　멸도함과
성문보살　아는것이　오늘멸도　봄과같다
비구들아　바로알라　미묘하신　불지혜는
샘이없고　걸림없어　무량한겁　통하노라

강설

먹물에 대한 비유를 말씀하신다.

대승경전을 보면 가끔 이런 표현들이 나온다.
그런 표현들을 보면 의문이 생긴다.
'부처님이 인도 사람인데 왜 중국식 표현들이 나올까?'
그래서 그런 표현이 나오는 대승경전들을 위경이라고 말한다. 하지만 부처님은 인도 사람이 아니다. 우리민족이다.

석가모니 부처님이 생존해 계셨던 때가 지금으로부터 약 3050년 전이다. 그 당시에 이미 문자가 쓰이고 있었다. 산스크리트어도 쓰이고 있었고 한글과 갑골문, 녹도문도 쓰여지고 있었다. 그 당시 문자 체계는 광범위하게 발달되어 있었다. 그 문자를 먹물로 표기한 것은 우리 민족이었다. 그래서 먹물이라는 비유를 말씀하신 것이다.

삼천대천세계를 다 가루로 만들어서 그것으로 먹물을 만들고 그 먹물을 한 방울씩 떨어뜨리면서 그 많은 세계를 돌아다녀도 그 세월을 어제 일처럼 다 기억한다고 말씀하신다. 모든 겁을 다 기억한다.
샘이 없는 무루의 법을 갖고 있기 때문에 통달무량겁을 할 수가 있다는 말씀이시다.
누진통을 기반으로 해서 숙명통을 얻게 되면 이와 같은 불지견을 갖게 된다. 그 불지견은 중생의 사량으로는 가늠할 수가 없다.

본문

佛告諸比丘．大通智勝佛壽．五百四十萬億那由他劫．其
불고제비구．대통지승불수．오백사십만억나유타겁．기
佛本坐道場破魔軍已．垂得阿耨多羅三藐三菩提．而諸佛
불본좌도량파마군이．수득아뇩다라삼먁삼보리．이제불
法不現在前．　如是一小劫乃至十小劫．　結跏趺坐身心不
법불현재전．　여시일소겁내지십소겁．　결가부좌신심부
動．而諸佛法猶不在前．爾時忉利諸天．先爲彼佛於菩提
동．이제불법유불재전．이시도리제천．선위피불어보리
樹下．敷師子座．高一由旬．佛於此座．當得阿耨多羅
수하．부사자좌．고일유순．불어차좌．당득아뇩다라
三藐三菩提．適坐此座．時諸梵天王．雨衆天華面百由
삼먁삼보리．적좌차좌．시제범천왕．우중천화면백유
旬．香風時來吹去萎華更雨新者．如是不絶十小劫供養於
순．향풍시래취거위화갱우신자．여시불절십소겁공양어
佛．乃至滅度常雨此華．四王諸天．爲供養佛常擊天鼓．
불．내지멸도상우차화．사왕제천．위공양불상격천고．
其餘諸天作天伎樂滿十小劫．至于滅度亦復如是．諸比
기여제천작천기악만십소겁．지우멸도역부여시．제비
丘．大通智勝佛．過十小劫．諸佛之法乃現在前．成阿
구．대통지승불．과십소겁．제불지법내현재전．성아

耨多羅三藐三菩提。其佛未出家時。有十六子。其第一
누다라삼먁삼보리. 기불미출가시. 유십육자. 기제일
子。名曰智積。諸子各有種種珍異玩好之具。聞父得成
자. 명왈지적. 제자각유종종진이완호지구. 문부득성
阿耨多羅三藐三菩提。皆捨所珍往詣佛所。諸母涕泣而隨
아뇩다라삼먁삼보리. 개사소진왕예불소. 제모체읍이수
送之。其祖轉輪聖王。與一百大臣及與百千萬億人民。
송지. 기조전륜성왕. 여일백대신급여백천만억인민.
皆共圍繞隨至道場。咸欲親近大通智勝如來。供養恭敬尊
개공위요수지도량. 함욕친근대통지승여래. 공양공경존
重讚歎。到已頭面禮足繞佛畢已。一心合掌瞻仰世尊。
중찬탄. 도이두면예족요불필이. 일심합장첨앙세존.
以偈頌曰。
이게송왈.

부처님이 여러 비구에게 말씀하셨다.
"대통지승불의 수명은 5백4십만억나유타 겁이니, 그 부처님이 본래 도량에 있어서 마군을 깨뜨리고, 아뇩다라삼먁삼보리를 얻으려 하였으나 불법이 앞에 나타나지 아니하였느니라.
그리하여 이렇게 한소겁 내지 10소겁 동안 결가부좌하고 몸과 마음을 움직이지 않았지마는 불법은 앞에 나타나지 않았느니라.

그때 도리천인들이 앞서 그 부처님을 위하여 보리수 아래 사자좌를 마련하였으니, 높이가 1유순이었느니라.
부처님이 여기 앉아서 아뇩다라삼먁삼보리를 얻으시게 하려고 하였느니라.
부처님이 그 자리에 앉으실 때, 범천왕들은 여러 하늘 꽃을 내리니, 사면이 1백유순이며, 향기로운 바람이 때때로 불어와 시들은 꽃은 날려 가고 다시 새 꽃을 내려서 10소겁 동안을 쉬지 않고 부처님께 공양하였는데, 열반하실 때까지 이렇게 꽃비를 내리게 하였느니라.
사천왕들은 부처님께 공양하기 위하여 항상 하늘 북을 치고, 다른 하늘 사람들도 하늘 풍류를 잡혀서 10소겁이 차도록 하였는데, 열반하실 때에 이르기까지 이렇게 하였느니라.
비구들이여 이 대통지승불께서는 10소겁을 지내고서야 부처님의 법이 앞에 나타나서 아뇩다라삼먁삼보리를 이루었느니라.
그 부처님이 출가하기 전에 16명의 왕자가 있었으니, 맏아들의 이름은 지적이었느니라.
아들들이 각각 여러 가지 훌륭한 장난감을 가지고 있었으니, 아버지가 아뇩다라삼먁삼보리를 이루셨다는 말을 듣고는 모두 보배로운 장난감을 버리고 부처님 계신 곳으로 나아갔노라. 그 어머니가 눈물을 흘리면서 전송하였느니라.
그 조부 전륜성왕은 1백 대신과 백천만억 인민들에 둘러싸여 함께 도량에 이르러, 모두 대통지승여래를 가까이 모시고 공양하고 공경하며, 존중하고 찬탄하였느니라.

그리고 머리를 조아려 발에 예배하고 부처님을 여러 번 돌고 일심으로 합장하여 세존을 우러러 뵈오며 게송을 읊었느니라."

강설

"**대통지승여래불의 수명은 5백4십만억나유타 겁이니**"

한 겁을 250억년이라고 하면 540만억 겁은 몇년이나 될까? 헤아릴 수 없는 무한한 시간이다.

"**그 부처님이 본래 도량에 앉아서 마군을 깨뜨리고,**"

의식·감정·의지를 다 조복 받고 마왕천을 굴복시켰다는 말씀이시다.

"**아뇩다라삼먁삼보리를 얻으려 하였으나 불법이 앞에 나타나지 아니하였느니라.**"

여기서 아뇩다라삼먁삼보리는 묘각(妙覺)을 말한다.
등각을 얻고 묘각을 얻기 위해 기다리고 있는데 불법이 앞에 나타나지 않았다는 말씀이시다.
이 대목이 대단히 중요한 말씀이다.
부처님의 평생 설법 중에서 묘각을 이루는 절차에 대해서 말씀하신 유일한 대목이다.
묘각은 등각보살 스스로의 노력만으로 이루어지는 것이 아니고 불법이 앞에 나타나야 이룰 수 있는 깨달음이라는 의미가 이 대목에 내포되어 있다.
그렇다면 묘각을 이루기 위해 등각보살이 해야하는 노력은 어떤 노력일까?
또 묘각을 이룰 때 도래하는 불법은 어떤 법일까?
이 의문을 전제로 두고 다음 대목을 들여다봐야 한다.

"그리하여 이렇게 한소겁 내지 10소겁 동안 결가부좌하고 몸과 마음을 움직이지 않았지마는 불법은 앞에 나타나지 않았느니라."

20소겁이 1중겁이고 80소겁이 1대겁이다.
1대겁을 250억년으로 환산하면 10소겁은 약 31억년이다. 그 세월 동안 결가부좌를 하고 몸과 마음을 움직이지 않았지만 묘각의 인연이 도래하지 않았다는 말이다. 등각을 이루고서도 10소겁을 지냈다는 말이다.

"그때 도리천인들이 앞서 그 부처님을 위하여 보리수 아래 사자좌를 마련하였으니, 높이가 1유순이었느니라."

도리천은 욕계2천이다.

도리천의 천주가 제석천왕이다.
도리천인들의 수명은 3600만년이다.
1유순은 대유순이 약 80Km이고 중유순이 약 40Km이다. 소유순이 약 20Km이다.
사자좌의 높이가 1유순이면 보리수나무의 높이는 얼마나 되었을까?
기세경에보면 이런 말씀이 나온다.
[도리천에 있는 잡란과 환희동산 사이에 한그루 나무가 있는데 파리야달라구비타라(波利夜怛邏俱毘陀羅)라 한다. 그 나무의 뿌리 아래는 둘레가 7유순이며 세로와 너비는 5백유순이다.
이 파리야달라구비타라 나무 아래 돌이 있는데, 반다감파라(般茶甘婆羅)라고 한다. 하늘의 금으로 이루어졌는데, 그 돌의 세로와 너비는 50유순이며, 부드럽고 윤기가 흐르며 그 촉감은 가전린제가 옷을 만지는 것과 같다.
삼십삼천이 비록 느닷없는 질병에 걸렸더라도 일찍이 반다감파석(般茶甘婆石)을 버리려고 한 적은 없었으니, 반드시 공양을 마련하고 존중하고 공경하며, 그런 뒤에라야 비로소 뜻대로 떠나간다. 무슨 까닭인가 하면, 이 돌은 바로 여래께서 옛날에 사셨던 곳이기 때문이다.]

"부처님이 여기 앉아서 아뇩다라삼먁삼보리를 얻으시게 하려고 하였느니라."

등각보살이 출현하는 것도 희유한 일이다.
그런 등각보살을 위해 도리천인들이 사자좌를 마련해 주셨다는 말씀이시다.

"부처님이 그 자리에 앉으실 때, 범천왕들은 여러 하늘 꽃을 내리니, 사면이 1백 유순이며, 향기로운 바람이 때때로 불어와 시들은 꽃은 날려 가고 다시 새 꽃을 내려서 10소겁 동안을 쉬지 않고 부처님께 공양하였는데, 열반하실 때까지 이렇게 꽃비를 내리게 하였느니라."

범천은 색계 1천이며 초선천이다.
범천의 천주는 시기대범왕이다.
수명은 약 4억5천만년(1.5소겁)이다.

"사천왕들은 부처님께 공양하기 위하여 항상 하늘 북을 치고, 다른 하늘 사람들도 하늘 풍류를 잡혀서 10소겁이 차도록 하였는데, 열반하실 때에 이르기까지 이렇게 하였느니라."

사천왕천은 욕계 1천이다.
수명은 900만년이다.

"비구들이여 이 대통지승불께서는 10소겁을 지내고서야 부처님의 법이 앞에 나타나서 아뇩다라삼먁삼보리를 이루었 느니라."

등각을 이루고 나서 묘각의 인연이 도래하기까지 10소겁이 걸렸다는 말씀이시다.
등각보살은 10소겁 동안 어떤 상태에 있었을까?
무량의삼매를 얻어서 등각을 이루었는데 이 상태에서도 무량의삼매에 머물러 계셨던 것일까?
"대승무량수장엄청정평등각경(大乘無量壽莊嚴淸淨平等覺經)"에 이 대목과 연관된 말씀이 나온다.

아난이 부처님께 여쭈었다.
"세존이시여, 오늘 세존께서는 대적정(大寂定)에 드시어 기묘하고 특별한 법에 머물러 계시며, 또한 제불께서 머무시는 대도사의 행 가운데 가장 수승한 도에 머물러 계십니다. 과거, 미래, 현재의 부처님과 부처님께서 억념(憶念) 하신다고 하셨는데, 세존께서는 오늘 과거와 미래의 제불을 억념하고 계십니까?"

'대적정'이란 무량의삼매에 머물러 있는 상태를 말한다.
본성의 간극에 머물러있는 것이 대적정이다.
'기묘하고 특별한 법'과 '제불께서 머무시는 대도사의 행 가운데 가장 수승한 도'란 '묘각도'를 말한다.

부처님께서는 대적정의 상태에서 과거, 현재, 미래의 부처님을 억념(憶念)하신다고 말씀하신다.

묘각을 이루신 현재의 부처님이 과거불과 현재불을 억념(憶念)하는 것은 불세계와 교류하는 것이다. 하지만 미래의 부처님을 억념(憶念)하는 것은 불세계와 교류하는 것이 아니다. 등각보살과 교류하는 것이다.
이때 묘각의 인연을 기다리고 있는 등각보살이 대적정에 들어가서 현재불을 억불(憶佛)하고 있으면 부처님의 의식과 일치를 이룬다. 그 상태를 '불법이 도래했다'라고 말한다.
현재불은 미래불을 억념(憶念)하고 등각보살은 현재불을 억불(憶佛)하면서 묘각의 인연을 맞이하게 된다.
이때 등각보살이 억불(憶佛)하는 대상은 수기불(受期佛)이다. 내세에 부처가 될 것이라고 수기를 주었던 부처님을 향해서 그리움을 일으키는 것이 이때의 억불(憶佛)이다.

대통지승여래가 10소겁동안 기다렸던 불법은 수기불로부터 도래하는 감응이다.
또한 기다리는 동안 닦았던 수행은 무량의삼매와 억불(憶佛)이다.
감응을 받은 등각보살은 수기불의 초대를 받아서 불세계로 나아간다.

등각보살이 묘각을 얻으려면 대적정에 머물면서 억불(憶佛)을 해야 한다. 그런 다음 수기불로부터 감응이 오기를 기다려야 한다. 감응이 오는 것은 정해진 시간이 없다. 부처님마다 기다리는 시간이 서로 차이가 난다.

묘각을 얻기 위해서는 네 가지 갖춤이 구족되어야 한다.
첫째는 수기(受記)를 받는 것이다.
둘째는 대적정과 대자비로써 무량의삼매를 이루는 것이다.
셋째는 억불(憶佛)하는 것이다.
넷째는 수기불로부터 초대를 받는 것이다.

법화경을 읽고 있는 모든 불자들은 석가모니불이 수기불이다. 우리는 이미 석가모니불로부터 수기를 받은 존재들이다. 묘각을 성취할 수 있는 한 가지 관문은 이미 통과한 것이다. 무량의삼매를 체득하고 억불만 할 수 있으면 언젠가는 부처를 이루게 될 것이다.

"그 부처님이 출가하기 전에 16명의 왕자가 있었으니, 맏아들의 이름은 지적이었느니라.
아들들이 각각 여러 가지 훌륭한 장난감을 가지고 있었으니, 아버지가 아뇩다라삼먁삼보리를 이루셨다는 말을 듣고는 모두 보배로운 장난감을 버리고 부처님 계신 곳으로 나아갔노라. 그 어머니가 눈물을 흘리면서 전송하였느니라."

대통지승여래가 출가하기 전에는 왕위를 계승받을 수 있는 세자의 신분이었다. 슬하에 열여섯 명의 아들을 두었는데 맏아들의 이름이 '지적'이라는 말씀이시다.
아들들이 갖고 놀던 훌륭한 장난감이란 생멸심을 충족시켜 주던 갖가지 보배들이다. 수행을 놓고서는 생멸 수행을 비유한 말씀이다.
장난감을 버리고 부처님 곁으로 나아간 것은 진여출가를 결심한 것이다.

"그 조부 전륜성왕은 1백 대신과 백천만억 인민들에 둘러싸여 함께 도량에 이르러, 모두 대통지승여래를 가까이 모시고 공양하고 공경하며, 존중하고 찬탄하였느니라.
그리고 머리를 조아려 발에 예배하고 부처님을 여러 번 돌고 일심으로 합장하여 세존을 우러러 뵈오며 게송을 읊었느니라."

왕자들의 조부가 전륜성왕이면 당시 도리천의 천주인 제석천왕이다.
대통지승여래는 전륜성왕인 제석천왕의 아들로 태어나서 등각도를 얻었던 것이다.
도리천에 마련된 1유순 높이의 사자좌는 아버지가 아들을 위해 만들어준 깨달음의 보좌였다.

본문

大威德世尊	爲度衆生故	於無量億劫	
대위덕세존	**위도중생고**	**어무량억겁**	
爾乃得成佛	諸願已具足	善哉吉無上	
이내득성불	**제원이구족**	**선재길무상**	
世尊甚希有	一坐十小劫	身體及手足	靜然安不動
세존심희유	**일좌십소겁**	**신체급수족**	**정연안부동**
其心常澹泊	未曾有散亂	究竟永寂滅	安住無漏法
기심상담박	**미증유산란**	**구경영적멸**	**안주무루법**
今者見世尊	安穩成佛道	我等得善利	稱慶大歡喜
금자견세존	**안온성불도**	**아등득선리**	**칭경대환희**
衆生常苦惱	盲瞑無導師	不識苦盡道	不知求解脫
중생상고뇌	**맹명무도사**	**불식고진도**	**부지구해탈**
長夜增惡趣	減損諸天衆	從冥入於冥	永不聞佛名
장야증악취	**감손제천중**	**종명입어명**	**영불문불명**
今佛得最上	安穩無漏道	我等及天人	爲得最大利
금불득최상	**안온무루도**	**아등급천인**	**위득최대리**
是故咸稽首	歸命無上尊		
시고함계수	**귀명무상존**		

| 큰위덕의 | 세존께서 | 중생제도 | 하시려고 |
| 한량없는 | 세월지내 | 부처님이 | 되셨으니 |

모든소원	다갖추고	거룩하기	끝이없네
세존매우	희유하사	10소겁을	한자리에
온몸과	손발들은	움직이지	않으시어
고요하고	편안하며	마음항상	맑으시고
그마음이	산란커나	어지럽지	않으시니
마침내는	적멸하여	무루법에	머무셨네
세존께서	편안하게	성불하심	뵈옵나니
저희들은	이익얻어	크게기뻐	하나이다
중생고뇌	항상해도	스승없고	어두워서
고통끊고	해탈얻는	그런길을	알지못해
세월따라	악만늘고	하늘인간	적어지며
어둠속만	파고들어	부처이름	못들었네
안온하고	위없는도	부처님이	얻으시니
저희들과	하늘인간	큰이익을	얻으므로
머리함께	조아리어	부처님께	귀의합니다.

강설

"세존매우 희유하사 10소겁을 한자리에
 온몸과 손발들은 움직이지 않으시어"

10소겁을 한자리에 머무시어 온몸과 손과 발을 움직이지 않으셨다 한다. 참으로 상상조차 할 수 없는 정진력(靜進

力)이다.

"고요하고 편안하며 마음항상 맑으시고
 그마음이 산란커나 어지럽지 않으시니"

고요하고 편안한 것은 무심(無心)이다.
마음이 맑은 것은 무념(無念)이다.
산란커나 어지럽지 않은 것은 각성(覺性)이 돈독하기 때문이다.
고요하고 편안한 마음으로 심(心)의 바탕을 삼고, 맑은 마음으로 식(識)의 바탕을 삼아서 각성(覺性)으로 서로를 비춰보는 것(照見)이 본성의 일(本吩事)이다.

"마침내는 적멸하여 무루법에 머무셨네."

본성을 비춰보다 보면 무념과 무심 사이에 간극(間隙)이 드러난다. 합쳐지지도 않고 동떨어지지도 않는 한자리가 무념과 무심 사이에서 인식된다. 그 자리가 바로 적멸처(寂滅處)이다. 적멸처에 머물러서 생멸심을 분리시키는 것이 무루법(無漏法)에 머무는 것이다. 이 상태가 대적정(大寂定)에 들어있는 것이다.
처음 본성을 인식한 이후에 적멸처를 인식하기까지는 두 단계의 과정을 거쳐야 한다.

첫 번째 단계는 무소구행(無所求行)이다.
두 번째 단계는 체용(體用)이다.
눈, 귀, 코, 입, 몸, 생각의 작용에 머무르지 않고 오로지 본성에 머무르는 것이 무소구행(無所求行)이다.
금강경에서 말씀하시는 응무소주이생기심(應無所住而生起心)이 무소구행이다. 무소구행을 하다 보면 무념과 무심이 한 덩어리가 된다. 가슴바탕과 머릿골 속에서 저만큼 거리를 두고 있던 무념과 무심이 목전(目前)에서 한 덩어리를 이루게 된다. 그렇게되면 행, 주, 좌, 와, 어, 묵, 동, 정(行住坐臥語默動靜)의 모든 경계에서 본성이 함께 한다.
이 상태를 일행삼매(一行三昧)라 한다.

일행삼매에 들어가면 이 부터는 자연스럽게 체용(體用)이 이루어진다. 체용이란 본성에 입각해서 자기를 활용하는 것이다.
본성에 머물러 있는 상태에서 수용해야 할 경계가 도래하면 이때 체용이 이루어진다.
체용을 행하는 네 가지 방법이 있다.
보원행(報願行), 수연행(隨緣行), 무소구행(無所求行), 칭법행(稱法行)이 그것이다.
보원행이란 경계가 주체가 되어서 자기를 이끌어 가도록 하는 것이다.
수연행이란 앞으로 다가올 경계에 대해 자기 견해를 더하지 않고 그대로 수용하는 것이다.
무소구행이란 모든 경계에 머물지 않고 오로지 본성에 머무는 것이다.
칭법행이란 경계와 자기, 그리고 주변이 존재 목적에 입각해서 올바르게 쓰여지는 것이다.

보원행과 수연행으로 체용이 이루어질 때는 스스로는 본성에 머물러 있고 경계가 자기를 이끌어 가도록 한다.
이때는 본성 이외의 것에 대해서는 일체의 능성(能性)을 드러내지 않는다. 다만 따라갈 뿐이다.

무소구행으로 체용을 할 때에는 경계 자체를 수용(受用)의 대상으로 삼지 않는다. 오로지 본성에 머물러 있을 뿐이다.

칭법행으로 체용을 할 때에는 경계와 주변이 갖고 있는 존재 목적을 알아야 한다.
그러려면 존재 목적을 알기 위한 교류를 해야 한다.
무념을 활용해서 의식의 일치를 이루고 무심을 활용해서 감정의 일치를 이룬다.
일치된 심(心)과 식(識)을 통해서 경계의 존재 목적을 파악한다.
존재 목적을 알게 되면 존재 목적에 입각한 교류를 통해서 조화를 성취한다.

칭법행을 하면서 무념과 무심을 활용하다 보면 무념, 무심의 서로 다른 형질이 명확하게 인식된다. 그러면서 한 덩어리를 이루고 있는 본성에서 뚜렷하게 분리되어 있는 서로 다른 형질을 구분할 수 있게 된다.
무념과 무심의 서로 다른 형질을 지켜보다 보면 합쳐지지도 않고 분리되지도 않는 틈을 보게 된다.
그 틈이 간극(間隙)이다.
간극의 형질은 무념과도 같지 않고 무심과도 같지 않다.
그런 간극의 상태를 적멸상(寂滅相)이라 말한다.
적멸상에 머물러서 무념과 무심을 껴안고 있는 것이 대적정(大寂定)이다.
견성오도 이후에 대적정에 이르기까지는 금강해탈도와 반야해탈도의 과정을 거쳐야 한다.

"세존께서 편안하게 성불하심 뵈옵나니
 저희들은 이익얻어 크게기뻐 하나이다."

부처님이 출현하신 세계는 이루 말할 수 없는 수많은 이익을 얻는다. 그중에 가장 큰 이익이 불법(佛法)이 끊어지지 않고 남아있는 것이다.
불법이 전승되면 그 세계에서 또 다른 부처님이 출현하시게 된다.
인간세계에는 이미 수많은 부처님이 출현하셨다.

인간세계에서 불법의 자취가 끊어지지 않도록 노력해야 한다. 그것이 또 다른 부처님이 오실 수 있는 가장 큰 인연을 만드는 것이다.

"중생고뇌 항상해도 스승없고 어두워서
 고통끊고 해탈얻는 그런길을 알지못해"

심·식·의(心識意)를 여의고 해탈도를 이루는 방법은 오로지 부처님만이 가르치시는 유일한 법이다.
부처님이 출현하셔야 해탈법을 만날 수 있다.

"세월따라 악만늘고 하늘인간 적어지며
 어둠속만 파고들어 부처이름 못들었네"

심·식·의를 자기로 알게 되면 세월이 흐를수록 이기심이 증장된다. 그러면서 조화성을 상실하고 투쟁심과 경쟁심만 커지게 된다. 그런 존재를 아수라라고 한다.
조화성이 바로 하늘 성품이다. 하늘 성품을 가진 존재들이 줄어들기 때문에 하늘 인간이 줄어들고 하늘 세계가 좁아진다. 이 시기의 도리천도 그런 상황이었다.
도리천주인 제석천왕은 생멸문안에서 아수라계가 확장되는 것을 막고 있는 수호신장이다. 마왕천주인 파순이가 욕계 6천을 아수라계로 만들려는 것을 일선에서 저지하고 있는 선봉장이다. 때문에 이와 같은 현실을 가장 통감하고 있다. 중생들의 마음에 투쟁심과 경쟁심이 커지는 것을 막지 못하면 아수라계가 확장되는 것을 막을 수 없다.
중생들에게 해탈법을 가르쳐 주실 유일한 존재가 부처님이다. 제석천왕이 도리천에 사자좌를 마련하고 대통지승여래가 성불하시기를 염원했던 것은 그와 같은 연유가 있었기 때문이다.

"안온하고 위없는도 부처님이 얻으시니
 저희들과 하늘인간 큰이익을 얻으므로
 머리함께 조아리어 부처님께 귀의합니다."

부처님이 출현하시면 그것만으로도 마왕천이 무너진다.
서른세 개의 하늘로 이루어진 생멸문이 하나로 통합되고 나아가서 오천만억 개의 생멸문이 서로 연결된다.
오천만억 개의 우주가 하나의 차원으로 연결되는 것이다.
각각의 서로 다른 생멸문은 똑같은 구조로 이루어져 있다. 때문에 마왕천도 똑같이 존재한다.
부처님이 출현하시는 것만으로도 오천만억 개의 마왕천이 한꺼번에 제도된다.
그런 뒤에 정토불사를 행하면서 무량극수의 생멸문을 제도하게 된다.

본문

爾時十六王子偈讚佛已。 勸請世尊轉於法輪。 咸作是言。
이시십육왕자게찬불이. 권청세존전어법륜. 함작시언.
世尊說法多所安穩憐愍饒益諸天人民。 重說偈言。
세존설법다소안온연민요익제천인민. 중설게언.

이때 16왕자는 게송으로 부처님을 찬탄하고 세존께 권청하여 '법륜 굴려지이다.' 하면서 이렇게 말하였느니라.
"세존이시여 법을 설하소서. 편안하게 함이 많사옵니다. 모든 천상, 인간들을 어여삐 여기어 이롭게 하소서."
다시 게송으로 말하였다.

강설

아들들이 아버지께 법을 청하는 대목이다.
"법을 설하소서. 편안하게 함이 많습니다."라고 말하는 대목이 인상 깊게 다가온다.
묘각을 이루신 아버지의 모습을 보니 저절로 편안해져서 이와 같은 말로써 청법을 하는 것이다.

본문

世雄無等倫	百福自莊嚴	得無上智慧	願爲世間說
세웅무등륜	백복자장엄	득무상지혜	원위세간설
度脫於我等	及諸衆生類	爲分別顯示	令得是智慧
도탈어아등	급제중생류	위분별현시	영득시지혜
若我等得佛	衆生亦復然		
약아등득불	중생역부연		
世尊知衆生	深心之所念	亦知所行道	又知智慧力
세존지중생	심심지소념	역지소행도	우지지혜력
欲樂及修福	宿命所行業	世尊悉知已	當轉無上輪
욕락급수복	숙명소행업	세존실지이	당전무상륜

세웅이여　무등법륜　우리위해　굴리소서
이세상에　다시없이　복덕으로　장엄하사
무상지혜　얻은세존　세간을　　설하소서
저희들과　여러중생　해탈시켜　주시려니
분별하여　보이시고　지혜얻게　하옵소서
부처님의　설법으로　저희가　　성불하면
다른모든　중생들도　그러하게　되리오다
중생들의　염원함과　행하는길　다아시며
지혜의힘　욕락복덕　과거업도　다아시니
모두아신　세존께서　무상법륜　전하소서

강설

"세웅이여 무등법륜 우리위해 굴리소서."
무등의 법륜이란 법의 굴림이 차별 없이 이루어지는 것을 말한다.

"이세상에 다시없이 복덕으로 장엄하사"

백복(百福)이란 더 이상 채울 수 없는 꽉 찬 복을 말한다.
복은 다른 생명의 호응으로 생긴다.
상대에게 이로움을 주었을 때 호응을 받는다.
부처님이 되려면 모든 천지만물의 호응을 받아야 한다.
부처님은 이미 모든 천지만물을 이롭게 하였기 때문에 백복이 두루 갖추어져 있다.
그 복력으로 자기 면모를 삼은 것을 자장엄(自莊嚴)이라 한다.

"무상지혜 얻은세존"

무상지혜란 불지(佛知)를 말한다.
불지는 묘각 5지(妙覺五知) 중에 네 번째 지혜이다.
자연지(自然知), 무사지(無師知), 일체종지(一切宗知), 불지(佛知), 여래지(如來知)가 묘각 5지이다.
처음 묘각도에 들어간 부처님은 불지를 얻으신 것이다.
여래지는 정토불사를 하면서 갖추게 된다.

일체종지는 대적정문과 대자비문이 불이문을 이루었을 때 갖추어지는 지혜이다. 등각의 지혜이다.
자연지는 여래장연기의 원인과 과정을 알게 되었을 때 갖추어지는 지혜이다.
무사지는 배움이 없이도 저절로 갖추어지는 지혜이다.
천지만물의 호응으로 갖추어진다.

'세간(世間)을 설하소서'

세간이란 의식·감정·의지로 인해 생겨난 세계를 말한다.
생멸연기가 생겨나면서 함께 생겨난 세계가 세간이다.
세간을 설해 달라는 것은 생멸연기의 원인과 과정, 결과에 대해 설명해 달라는 것이다.
의식·감정·의지와 몸이 생겨난 원인과 과정을 알려주고, 그것을 자기로 삼아서 살게 되면 그 결과가 어떻게 나타나는지 알려달라는 말이다.
12연기의 원인과 과정, 그 결과를 아는 것이 세간을 아는 것이다. 12연기의 결과로 나타난 것이 육도윤회계이다.
부처님을 세간해(世間解)라고 부른다.
'세간을 이해한 사람'이라는 뜻이다.
이러하기에 부처님에게 세간의 이치를 설해 달라고 하는 것이다.

"저희들과 여러중생 해탈시켜 주시려니
 분별하여 보이시고 지혜얻게 하옵소서"

'해탈'이란 의식·감정·의지에서 벗어나는 것이다.
세간의 이치를 설명해 달라고 하는 것은 해탈의 법을 얻기 위해서였다.
'분별하여 보이시고'란 단계적으로 상세하게 설명해 달라는 말이다.

"부처님의 설법으로 저희가 성불하면
 다른모든 중생들도 그러하게 되리오다"

열여섯 아들들이 세간을 이해하면 다른 중생들도 똑같이 이해해서 모두 함께 해탈을 이루게 될 것이라는 말이다.

"중생들의 염원함과 행하는길 다아시며
 지혜의힘 욕락복덕 과거업도 다아시니
 모두아신 세존께서 무상법륜 전하소서"

부처님만이 갖추신 십력(十力)의 권능을 말하는 것이다.

본문

佛告諸比丘。 大通智勝佛。　　得阿耨多羅三藐三菩提時。
불고제비구.　대통지승불.　　득아뇩다라삼먁삼보리시.
十方各五百萬億諸佛世界六種震動。 其國中間幽冥之處。
시방각오백만억제불세계육종진동.　기국중간유명지처.
日月威光所不能照。 而皆大明。 其中衆生各得相見。 咸作
일월위광소불능조.　이개대명.　기중중생각득상견.　함작
是言。 此中云何忽生衆生。 又其國界諸天宮殿。 乃至梵宮
시언.　차중운하홀생중생.　우기국계제천궁전.　내지범궁
六種震動。 大光普照徧滿世界。 勝諸天光。 爾時東方五百
육종진동.　대광보조변만세계.　승제천광.　이시동방오백
萬億諸國土中。 梵天宮殿光明照曜倍於常明。 諸梵天王
만억제국토중.　범천궁전광명조요배어상명.　　제범천왕
各作是念。 今者宮殿光明。　　昔所未有。 以何因緣而現此
각작시념.　금자궁전광명.　　석소미유.　이하인연이현차
相。 是時諸梵天王。 卽各相詣共議此事。 時彼衆中。 有
상.　시시제범천왕.　즉각상예공의차사.　시피중중.　유
一大梵天王。 名求一切。 爲諸梵中。 而說偈言。
일대범천왕.　명구일체.　위제범중.　이설게언.

부처님이 비구들에게 말씀하셨다.
"대통지승불께서 아뇩다라삼먁삼보리를 얻었을 때 십방의 각
5백만억 부처 세계가 여섯 가지로 진동하고 그 세계와 세계의

중간에 있는 해 달의 빛이 비치지 않는 캄캄한 곳이 모두 밝아져서 거기 있던 중생들이 서로 보게 되어, 모두 말하기를 이곳에 어찌하여 홀연히 중생이 생겼는가라고 하였고, 또 그 세계의 하늘 궁전과 범천의 궁전들이 여섯 가지로 진동하며 큰 광명이 두루 비치어 세계에 가득하니, 모든 천상의 광명보다도 더 훌륭하였느니라.

이때 동방의 5백만억 국토 중에 있는 범천왕 궁전은 광명이 비치는 것이 예사 때보다 곱절이나 밝았노라.

범천왕들은 각각 생각하기를 '지금 궁전의 광명은 예전에 없던 것이다. 무슨 인연으로 이런 상서가 나타나는가.'라고 하면서 범천왕들이 서로 모여 이 일을 의논하였느니라.

이때 그 대중 가운데 구일체라고 하는 대범천왕이 있다가 범천의 무리를 위하여 게송으로 말하였느니라."

강설

"부처님이 비구들에게 말씀하셨다.
대통지승불께서 아뇩다라삼먁삼보리를 얻었을 때 십방의 각 5백만억 부처 세계가 여섯 가지로 진동하고"

대통지승여래가 묘각에 들어갔을 때 여래장계 십방에 있는 각 5백만억 불세계가 여섯 가지로 진동했다는 말이다.
십방의 각 5백만억 불세계면 5천만억 불세계이다.

묘각 부처님이 출현하면 5천만억 불세계가 함께 호응하는 것이다.
불세계가 여섯 가지로 진동하는 것은 묘각 부처님이 갖추신 육근청정(六根淸淨) 때문이다.
불안(佛眼)청정, 불이(佛耳)청정, 불비(佛鼻)청정, 불설(佛舌)청정, 불신(佛身)청정, 불의(佛意)청정이 그것이다.

"그 세계와 세계의 중간에 있는 해, 달의 빛이 비치지 않는 캄캄한 곳이 모두 밝아져서"

불세계와 불세계 사이에 해와 달이 비치지 않는 어두운 세계가 있다는 말씀이시다. 해와 달이 비치지 않는 어두움은 중생의 악업에서 생겨난다. 의식·감정·의지를 자기라고 생각해서 그것을 충족시키기 위해 일으키는 탐심과 진심과 치심이 무저(無底)의 어둠을 만들어낸다.
그 어둠을 철위산이라 한다. 철위산이 형성된 공간을 '아수라계'라고 부른다.
캄캄한 곳이 모두 밝아졌다는 것은 철위산이 걷어졌다는 것이다.

"거기 있던 중생들이 서로 보게 되어, 모두 말하기를 이곳에 어찌하여 홀연히 중생이 생겼는가라고 하였고,"

철위산이 형성되면 그 공간 안에서 살아가는 생명들은 자기도 모르게 아수라적 습성을 갖게 된다.
치심으로 자기를 망각하게 되고, 진심으로 격정에 휩싸이게 되며, 탐심으로 욕심에 빠져있게 된다. 그러면서 오로지 자기의 이익만 생각하게 된다.
자기 자신에게 매몰되어 있다 보니 상대에 대한 배려심이 없다. 그 마음이 고착돼서 단절되고 고립된다.
결국에는 옆에 있는 사람조차 보지 못하는 캄캄한 어둠 속에 처해지게 된다. 그 상태를 '무간지옥에 들어갔다'라고 한다.
그 세계는 본래 천상세계였다.
본원본제의 밝은성품으로 이루어진 천상세계였는데 철위산에 잠식되면서 아수라계가 되었고, 나중에는 무간지옥으로 바뀐 것이다.
묘각 부처님이 출현하시면 그 세계를 덮고 있던 어둠이 걷어진다.
그렇게되면 그 세계의 생명들이 다시 하늘 성품을 회복한다. 그때 비로서 자각하게 된다. 그러면서 의문을 갖게 된다.
'어떤 연유로 이 세계에 중생의 습성이 생겨나게 되었는가?'
이것이 바로 세간(世間)에 대한 의문이다.
대통지승여래의 열여섯 아들들은 세간의 이치를 설해 달라고 아버지께 청을 하고, 대통지승여래의 광명으로 하늘 성품을 회복한 천상생명들은 세간이 벌어진 이유에 대해서 의문을 갖게 된 것이다.
그 의문을 풀어줄 존재는 오로지 부처님밖에 없다.
대통지승여래가 계시는 우주와 천상생명들이 거주하는 우주는 전혀 다른 우주이다. 서로 다른 우주에서 일으킨 똑같은 의문으로 인해 대통지승여래의 설법이 시작된다.

"또 그 세계의 하늘 궁전과 범천의 궁전들이 여섯 가지로 진동하며 큰 광명이 두루 비치어 세계에 가득하니, 모든 천상의 광명보다도 더 훌륭하였느니라."

5천만억의 각각의 우주는 각각의 생멸문이다.
생멸문은 육도윤회계로 이루어져 있다.
육도윤회계는 28개의 하늘세계와 인간계, 아수라계, 축생계, 아귀계, 지옥계로 이루어져 있다.
그 5천만억의 생멸문을 이루고 있는 하늘세계 전체가 모두 여섯 가지로 진동했다는 말씀이시다.

천상세계는 신들이 자체적으로 생성해 내는 광명이 있다.
욕계 2천인 도리천까지는 해와 달이 비치는 광명이 있고 욕계 3천인 야마천부터는 각각의 신들이 생성해 내는 자체적인 광명이 있다. 그 광명들보다 대통지승부처님의 광명은 더 밝았다는 말씀이시다.

"이때 동방의 5백만억 국토 중에 있는 범천왕 궁전은 광명이 비치는 것이 예사 때보다 곱절이나 밝았노라."

열 개의 방위 중에 동방의 오백만억 생멸문에 있는 오백만억 범천왕의 궁전들이 예사 때보다 갑절이나 더 밝게 빛났다는 말씀이시다.

"범천왕들은 각각 생각하기를 '지금 궁전의 광명은 예전에 없던 것이다. 무슨 인연으로 이런 상서가 나타나는가.'라고 하면서 범천왕들이 서로 모여 이 일을 의논하였느니라. 이때 그 대중 가운데 구일체라고 하는 대범천왕이 있다가 범천의 무리를 위하여 게송으로 말하였느니라."

'서로 다른 생멸문에서 살아가고 있는 오백만억의 범천왕들이 한 자리에 모여서 의논을 했다.'
이것은 참으로 놀라운 말씀이다.
앞서 말씀드렸듯이 하나의 생멸문이 하나의 우주이다.
각각이 서로 다른 우주에서 살고 있는 범천왕들이 한자리에 모일 수 있다는 것도 희유한 일이다.
더군다나 천 군데 만 군데도 아니고 오백만억 군데의 범천왕들이다. 오백만억 명의 범천왕들이 한자리에 모였다는 말씀이시다.
이 대목에서는 세 가지 부분에서 생각해 볼 관점이 있다.

첫 번째 부분은 서로 다른 생멸문이라 할지라도 세계를 구성하고 있는 구조는 동일하다는 것이다.
두 번째 부분은 이 당시에도 이미 우주와 우주를 넘나드는 멀티버스가 있었다는 것이다.
세 번째 부분은 서로 다른 우주에 살고 있더라도 같은 레벨에서 살아가는 생명들끼리는 같은 언어를 사용한다는 것이다.

첫 번째 부분은 프렉털 이론으로 이해해서 '그럴 수 있다'라고 생각한다.
하지만 두 번째 부분에 이르러서는 많은 생각들을 하게 된다. 현재의 인간세계와 비교해 본다.
멀티버스 이론은 최근에 와서 대두된 공상과학 이론이다. 아직은 마블 영화에서나 나오는 상상의 영역이다. 그런 개념이 2500년 전에 쓰여진 법화경에서 다루어진다. 그것도 아무 뉘앙스도 없이 지나가는 말로 표현되고 있다.
참으로 놀라운 일이다.

현대 과학은 다차원의 우주가 존재할 수 있는 가능성에 대해 부정하지 않는다. 하지만 다차원의 우주가 어떤 구조로 이루어져 있는지 그것에 대해 뒷받침 해줄 수 있는 논리적인 체계를 제시해 주지 못하고 있다.
부처님의 가르침 속에는 다차원 우주가 생겨난 원인과 과정에 대한 모든 논리가 체계적으로 제시되어 있다. 특히 묘법연화경을 통해서 다차원 우주의 형성 과정과 그 원인에 대해서 말씀하셨고 현재의 우주 상태에 대해서 상세하게 말씀하셨다.

여래장연기와 생멸연기, 진여연기를 통해서 무량극수의 다차원 우주가 생성되고 또 소멸된다.

본문

我等諸宮殿	光明昔未有	此是何因緣	宜各共求之
아등제궁전	**광명석미유**	**차시하인연**	**의각공구지**
爲大德天生	爲佛出世間	而此大光明	徧照於十方
위대덕천생	**위불출세간**	**이차대광명**	**변조어십방**

우리들의	궁전에	전에없던	이밝은빛
그원인은	무엇인가	서로함께	찾아보자
대덕천이	나심인가	부처출현	하심인가
이와같은	큰광명이	시방세계	밝히도다.

강설

범천왕들은 마음만 먹으면 어떤 우주라도 갈 수 있는 존재들이라는 말씀이시다.

본문

爾時五百萬億國土諸梵天王。與宮殿俱。各以衣裓盛諸天
이시오백만억국토제범천왕. 여궁전구. 각이의극성제천
華。共詣西方推尋是相。見大通智勝如來處于道場菩提樹
화. 공예서방추심시상. 견대통지승여래처우도량보리수
下坐師子座。諸天龍王乾闥婆緊那羅摩睺羅伽人非人等恭
하좌사자좌. 제천용왕건달바긴나라마후라가인비인등공
敬圍繞。及見十六王子請佛轉法輪。即時諸梵天王。頭面
경위요. 급견십육왕자청불전법륜. 즉시제범천왕. 두면
禮佛繞百千匝。即以天華而散佛上。其所散華如須彌山。
예불요백천잡. 즉이천화이산불상. 기소산화여수미산.
幷以供養佛菩提樹。其菩提樹高十由旬。華供養已。各以
병이공양불보리수. 기보리수고십유순. 화공양이. 각이
宮殿奉上彼佛。而作是言。唯見哀愍饒益我等。所獻宮殿
궁전봉상피불. 이작시언. 유견애민요익아등. 소헌궁전
願垂納受。時諸梵天王。即於佛前一心同聲。而偈頌曰。
원수납수. 시제범천왕. 즉어불전일심동성. 이게송왈.

이때 5백만억 국토의 범천왕들이 궁전과 함께 각각 반짇고리
에 하늘 꽃을 담아 가지고 서쪽으로 함께 가서 이 상서를 찾
다가 바라보니, 대통지승여래가 도량에서 보리수 아래 사자좌

에 앉으셨는데, 여러 하늘, 용왕, 건달바, 긴나라, 마후라가, 사람, 사람 아닌 이들이 공경하여 둘러 모셨으며 또 16왕자가 부처님께 설법하시기를 청하고 있었다.
그때 범천왕들이 머리를 조아려 부처님께 예배하고 백천 번을 돌며 하늘 꽃을 부처님 위에 흩었다.
그 흩은 꽃이 수미산과 같은데 부처님의 보리수에도 공양하였다. 보리수의 높이는 10유순이었다.
꽃으로 공양하고는 각각 그 궁전을 부처님께 받들어 올리고 말하였다.
저희들을 어여삐 여기시고 이롭게 하시사, 이 받드옵는 궁전을 굽어 받으시옵소서.
이때 범천왕들이 부처님 앞에서 한결같은 마음과 음성으로 다음의 게송을 말하였다.

강설

"이때 5백만억 국토의 범천왕들이 궁전과 함께 각각 반짇고리에 하늘 꽃을 담아 가지고 서쪽으로 함께 가서 이 상서를 찾다가 바라보니,"

'오백만억 세계의 범천왕들이 궁전과 함께 반짇고리에 하늘꽃을 담아가지고'라고 말씀하셨다.
오백만억 범천왕들이 밝음의 근본을 찾아 이동할 때는 몸만 이동한 것이 아니라 궁전과 함께 이동했다.
범천왕들의 궁전은 무엇으로 만들어졌을까?
또 얼만큼의 크기였을까?
어떤 물질로 만들어졌기에 우주와 우주를 넘나들고 차원을 넘어서 이동할 수 있었을까?
대범천왕의 키는 2유순이다. 수명은 1겁 반이다.
2유순이면 최소 80Km이고 최대 160Km이다.
그런 존재가 사는 궁전이라면 아무리 적게 잡아도 100유순 이상이다. 1만 6천Km 이상의 크기라는 말이다.
그런 거대 비행체가 동시에 5백만억대가 움직인다.
그것도 우주와 우주를 횡단해서 순식간에 이동한다.
그들 간에는 서로가 통신을 하고 있다.
그들은 반짇고리 형태의 바구니 안에 하늘꽃을 담아가지고 궁전 우주선에 싣고 왔다.
그들이 도착한 서쪽 세계가 대통지승여래가 계시는 생멸문의 도리천이다.

"대통지승여래가 도량에서 보리수 아래 사자좌에 앉으셨는데, 여러 하늘, 용왕, 건달바, 긴나라, 마후라가, 사람, 사람 아닌 이들이 공경하여 둘러 모셨으며 또 16왕자가 부처님께 설법하시기를 청하고 있었다."

그들이 대통지승여래가 계시는 도리천에 도착해 보니 그곳에는 이미 수많은 대중들이 모여있었다.
그때 마침 16왕자들이 부처님에게 세간의 이치에 대해 여쭙고 있었다.

"그때 범천왕들이 머리를 조아려 부처님께 예배하고 백천번을 돌며 하늘 꽃을 부처님 위에 흩었다.
그 흩은 꽃이 수미산과 같은데 부처님의 보리수에도 공양하였다. 보리수의 높이는 10유순이었다."

범천왕들이 궁전 우주선에 싣고 온 하늘꽃들을 부처님께 공양하였는데 높이가 수미산과 같았다는 말씀이다.
도리천은 수미산 꼭대기에 있는 하늘세계이다.
도리천 안에는 삽십삼천이 존재하는데 그 삽십삼천이 모두 수미산 꼭대기에 있다. 수미산 꼭대기에서 뿌린 꽃이 바닥을 채우면서 수미산 꼭대기까지 올라왔다고 하니 그 꽃의 양이 얼마만큼인지 상상이 가지 않는다.
도리천인의 키는 1유순이다.
범천왕과 비교하면 절반 크기이다.
그런 도리천에 5백만억 대의 궁전 우주선이 동시에 몰려와서 꽃 공양을 올렸다.

"꽃으로 공양하고는 각각 그 궁전을 부처님께 받들어 올리고 말하였다.

저희들을 어여삐 여기시고 이롭게 하시사, 이 받드옵는 궁전을 굽어 받으시옵소서.
이때 범천왕들이 부처님 앞에서 한결같은 마음과 음성으로 다음의 게송을 말하였다."

꽃 공양을 올린 다음에는 본인들이 타고 온 궁전 우주선마저 공양으로 올렸다. 이 장면들을 상상해 보면 거대한 스케일에 압도당한다. 5백만억의 범천왕들이 오백만억 개의 궁전 우주선을 공양으로 바친다. 그것도 그냥 바치는 것이 아니고 받들어 올려서 바친다.
1만 6천Km 이상이 되는 거대한 궁전 우주선 5백만억개, 그것을 받쳐 들고 공양을 올리는 범천왕들의 모습을 상상해 보라. 참으로 장관이다.

본문

世尊甚希有　難可得値遇　具無量功德　能求護一切
세존심희유　난가득치우　구무량공덕　능구호일체
天人之大師　哀愍於世間　十方諸衆生　普皆蒙饒益
천인지대사　애민어세간　시방제중생　보개몽요익
我等所從來　五百萬億國　捨深禪定樂　爲供養佛故
아등소종래　오백만억국　사심선정락　위공양불고
我等先世福　宮殿甚嚴飾　今以奉世尊　唯願哀納受

아등선세복   전심심엄식   금이봉세존   유원애납수

세존께서	희유하사	만나뵙기	어려워라
무량공덕	갖추시어	일체능히	구하시며
하늘인간	스승되어	세간의일	근심하니
시방세계	여러중생	큰이익을	입나이다
우리들이	찾아온곳	오백만억	먼국토며
선정락을	다버린뜻	부처공양	위함이라
지난세상	복덕으로	장엄하온	여러궁전
세존님께	바치오니	오직받아	주옵소서

강설

"세존께서 희유하사 만나뵙기 어려워라
무량공덕 갖추시어 일체능히 구하시며"

일겁 반의 수명을 갖고 있는 범천왕의 입장에서도 부처님을 만나는 것이 대단히 어려운 일이라고 말한다.
그러하니, 백 년을 사는 인간이 부처님을 만나는 것이 얼마나 어려울까? 구우일목(龜遇一木)의 설화가 생각나게 하는 대목이다.

"하늘인간 스승되어 세간의일 근심하니

시방세계 여러중생 큰이익을 입나이다"

부처님께서 세간의 일을 근심하는 것은 세간으로 생겨난 육도윤회계가 어둠에 휩싸여서 아수라계가 되지 않도록 하기 위해서이다.
육도윤회계를 천상계로 변화시키고 천상생명들이 일승법을 갖추도록 하는 것이 정토불사의 목적이다.

"우리들이 찾아온곳 오백만억 먼국토며
 선정락을 다버린뜻 부처공양 위함이라"

오백만억 범천왕들이 부처님을 찾아서 출발한 곳이 오백만억 개의 서로 다른 우주라는 말이다.
그곳에서 누리고 있던 선정락을 다 버리고 온 것은 부처님께 공양을 올리기 위해서라고 말한다.
범천왕들은 초선정을 얻은 존재들이다.

"지난세상 복덕으로 장엄하온 여러궁전
 세존님께 바치오니 오직받아 주옵소서"

범천왕들이 공양으로 바치는 궁전 우주선은 지난 세상 복덕으로 만들어졌다고 말한다.
"기세경 세주품"에 보면 범천왕의 궁전이 만들어지는 장면이 나온다.

'화재겁이 끝난 뒤에 큰 홍수가 일어나서 광음천을 가득 채운다. 그런 다음 그 물이 흘러넘치는데 그때 아나비라 큰바람이 일어나서 그 물과 부딪친다. 바람에 부딪친 물이 범천에 이르러서 범천왕의 궁전을 만든다.'

범천왕의 궁전은 물과 바람이 결합되어서 만들어졌다.
이때의 아나비라 바람은 거대한 우주폭풍이다.
이때의 물은 광음천의 인력권 안에 누적되어 있던 산소와 수소가 결합하면서 생성된 것이다.

기세경에서는 아나비라 바람과 물이 부딪쳐서 금, 은, 마노, 칠보 등 온갖 보물들이 만들어졌다고 말한다.
우주폭풍과 물이 만나서 금, 은, 마노, 칠보들이 만들어졌다면 다른 물질들도 함께 만들어졌을 것이다.
그 물질을 구성하는 원소는 물을 이루고 있는 원소와 같은 원소들이다.
범천왕의 궁전을 이루고 있는 물질도 물을 이루고 있는 원소와 같은 원소이다.
그렇다면 우주폭풍은 어떤 힘과 어떤 입자들을 내포하고 있었을까?

범천왕들이 타고 온 궁전 우주선은 무거운 재질이 아니다. 그렇기 때문에 그 거대한 우주선을 두 손으로 받쳐들 수가 있는 것이다.

복덕으로 만들어지는 공간은 그 공간만이 갖고 있는 고유형질이 있다.
첫째는 생명성이다.
천지만물의 호응으로 응집되는 생멸정보가 합쳐지면서 생명성이 나타난다.
둘째는 고유진동수이다.
정보들이 생성해 내는 주파수로 인해 고유진동수가 형성된다.
셋째는 견고성이다.
복덕이 다하지 않으면 허물어지지 않는다.
범천왕의 궁전 우주선은 이 세 가지 형질을 모두 갖추고 있다.

본문

爾時諸梵天王。偈讚佛已。各作是言。唯願世尊。轉於
이시제범천왕. 게찬불이. 각작시언. 유원세존. 전어
法輪。度脫衆生開涅槃道。時諸梵天王。一心同聲。而
법륜. 도탈중생개열반도. 시제범천왕. 일심동성. 이
說偈言。

설게언.

이때 범천왕들이 부처님을 게송으로 찬탄하고 말하기를 '원하옵건대, 세존께서 법륜을 굴리어 중생을 제도하시고 열반의 길을 열어 주소서.' 라 하고, 다시 범천왕들은 한결같은 마음과 음성으로 게송으로 말하였다.

世雄兩足尊　唯願演說法　以大慈悲力　度苦惱衆生
세웅양족존　유원연설법　이대자비력　도고뇌중생

| 훌륭하신 | 양족존은 | 무량한법 | 연설하사 |
| 대자대비 | 큰힘으로 | 중생제도 | 하옵소서 |

강설

"열반의 길을 열어주소서"

열반의 길이란 세간을 벗어나서 진여문으로 들어가는 방법을 말한다.
의식·감정·의지를 분리시켜놓고 본성·각성·밝은성품에 머무는 것이 열반이다.
양족존이란 대적정문과 대자비문을 함께 갖추신 존재라는 의미이다.

부처님의 대자대비는 팔해탈과 대자비문 수행을 통해 갖추신 것이다.

본문

爾時大通智勝如來。 默然許之。 又諸比丘。 東南方五百萬
이시대통지승여래. 묵연허지. 우제비구. 동남방오백만
億國土諸大梵王。 各自見宮殿。 光明照曜昔所未有。 歡喜
억국토제대범왕. 각자견궁전. 광명조요석소미유. 환희
踊躍生希有心。 卽各相詣共議此事。 時彼衆中。 有一大梵
용약생희유심. 즉각상예공의차사. 시피중중. 유일대범
天王。 名曰大悲。 爲諸梵衆而說偈言。
천왕. 명왈대비. 위제범중이설게언.

이때 대통지승여래께서 잠자코 허락하였다. 또 비구들이여, 동남방의 5백만 억 국토에 있는 대범천왕들은 각각 자기 궁전에 광명이 비치는 것이 예전에 없던 것임을 보고 환희하며 희유하다는 마음을 내고 서로 모여 이 일을 의논하였느니라.
이때 그 대중 가운데 대비라는 대범천왕이 있다가 범천의 무리를 위하여 게송으로 말하였다.

강설

동방뿐만이 아니고 동남방의 오백만억 생멸문에 거주하는 대범천왕들도 똑같은 의문을 갖고 서로 의논하였다는 말씀이시다.

본문

是事何因緣	而現如此相	我等諸宮殿	光明昔未有
시사하인연	**이현여차상**	**아등제궁전**	**광명석미유**
爲大德天生	爲佛出世間	未曾見此相	當共一心求
위대덕천생	**위불출세간**	**미증견차상**	**당공일심구**
過千萬億土	尋光共推之	多是佛出世	度脫苦衆生
과천만억토	**심광공추지**	**다시불출세**	**도탈고중생**

우리들의	궁전마다	광명매우	밝고밝아
이런일은	무슨인연	이상서를	찾아보리
대덕천이	나시려나	부처출현	하시려나
이런현상	본적없네	일심으로	찾아보리
천만국토	지나서도	광명함께	찾아보세
중생제도	하시려고	부처출현	하심인가

강설

"천만국토 지나서도 광명함께 찾아보세"

생멸 우주를 천만 개 지나서라도 광명의 근원을 찾아보자고 한다. 다른 차원의 우주로 나가는 것이 마치 옆 동네로 소풍 가는 느낌이다.

본문

爾時五百萬億諸梵天王。 與宮殿俱。 各以衣裓盛諸天華
이시오백만억제범천왕.　여궁전구.　각이의극성제천화
共詣西北方推尋是相。 見大通智勝如來處于道場菩提樹下
공예서북방추심시상.　견대통지승여래처우도량보리수하
坐師子座。 諸天龍王乾闥婆緊那羅摩睺羅伽人非人等恭敬
좌사자좌.　제천용왕건달바긴나라마후라가인비인등공경
圍繞。 及見十六王子請佛轉法輪。 時諸梵天王。 頭面禮佛
위요.　급견십육왕자청불전법륜.　시제범천왕.　두면예불
繞百千匝。 卽以天華而散佛上。 所散之華如須彌山。 幷以
요백천잡.　즉이천화이산불상.　소산지화여수미산.　병이
供養佛菩提樹。　華供養已。 各以宮殿奉上彼佛。 而作是
공양불보리수.　화공양이.　각이궁전봉상피불.　이작시
言。 唯見哀愍饒益我等。 所獻宮殿願垂納受。 爾時諸梵天
언.　유견애민요익아등.　소헌궁전원수납수.　이시제범천
王。 卽於佛前一心同聲。 以偈頌曰。
왕.　즉어불전일심동성.　이게송왈.

이때 5백만억의 범천왕들이 궁전과 함께 각각 반짇고리에 하늘 꽃을 담아가지고, 북서쪽으로 함께 가서 이 상서를 찾다가 바라보니, 대통지승여래가 도량에서 보리수 아래 사자좌에 앉으셨는데 여러 하늘, 용왕, 건달바, 긴나라, 마후라가, 사람, 사람 아닌 이들이 공경하여 둘러 모셨으며 또 16명의 왕자가 부처님께 설법하시기를 청하고 있었다.
그때 범천왕들이 머리를 조아려 부처님께 예배하고 백천 번을 돌며 하늘 꽃을 부처님 위에 흩었다.
그 흩은 꽃이 수미산과 같은데 부처님의 보리수에도 공양하였다. 꽃으로 공양하고는 각각 그 궁전을 부처님께 받들어 올리고 말하였다.
"저희들을 어여삐 여기시고 이롭게 하시사 이 받드옵는 궁전을 굽어 받으시옵소서."
이때 범천왕들이 부처님 앞에서 한결같은 마음과 음성으로 다음과 같은 게송을 말하였다.

강설

동남방에서 온 대범천왕들도 앞서 동방에서 온 범천왕들과 같이 꽃 공양과 궁전 우주선을 함께 공양한다.

본문

聖主天中天	迦陵頻伽聲	哀愍衆生者	我等今敬禮
성주천중천	**가릉빈가성**	**애민중생자**	**아등금경례**
世尊甚希有	久遠乃一現	一百八十劫	空過無有佛
세존심희유	**구원내일현**	**일백팔십겁**	**공과무유불**
三惡道充滿	諸天衆減少		
삼악도충만	**제천중감소**		
今佛出於世	爲衆生作眼	世間所歸趣	救護於一切
금불출어세	**위중생작안**	**세간소귀취**	**구호어일체**
爲衆生之父	哀愍饒益者	我等宿福慶	今得值世尊
위중생지부	**애민요익자**	**아등숙복경**	**금득치세존**

거룩하신　하늘의왕　묘한음성　내리실새
중생위한　마음알고　지금예배　드립니다
세존뵙기　희유하사　오랜만에　한번뵙네
백팔십겁　지내도록　부처님을　뵙지못해
삼악도만　가득하고　하늘대중　줄어갔네
이제오신　부처님은　중생의눈　되시오며
귀의할곳　되시오며　모든중생　구호하네
중생들의　아비되어　이롭도록　하시나니
전세의복　있었기에　지금세존　뵙나이다

강설

"거룩하신 하늘의왕 묘한음성 내리실새
 중생위한 마음알고 지금예배 드립니다
 세존뵙기 희유하사 오랜만에 한번뵙네
 백팔십겁 지내도록 부처님을 뵙지못해
 삼악도만 가득하고 하늘대중 줄어갔네"

동남방에서 온 대범천왕들은 대통지승여래가 두 번째 친견하는 부처님이라고 말하고 있다.
백팔십겁 전에 부처님을 친견했는데 다시 또 부처님을 뵙게 되었다는 말이다.
이 대목에서는 몇 가지 살펴봐야 할 관점이 있다.
첫 번째 관점은 부처가 출현하는 주기이다.
두 번째 관점은 대범천왕의 수명이다.
세 번째 관점은 정토불사가 이루어진 생멸문의 상태이다.

부처가 출현하는 주기는 백팔십겁 정도인 것 같다.
대통지승여래 이전에 부처님이 그 시기에 출현하셨다고 말하고 있다.

대범천왕의 수명은 일겁 반이다.
그런데 동남방에서 온 대범천왕들은 백팔십겁 이상을 살았다. 이 대범천왕들은 백팔십겁 전에 다른 부처님을 만나서 제도를 받았다. 그래서 수명도 길어지고 깨달음도 깊어졌다.

그렇다면 그때 출현했던 부처님은 대범천왕들이 살고 있는 생멸문을 어느 정도로 제도했던 것일까?
만약 그 당시 부처님이 정토불사를 완전하게 하셨다면 현재의 동남방 여래장계가 처해진 상황은 어떻게 해서 생긴 것일까? 정토불사가 끝난 세계도 세월이 지나면 다시 미망에 빠지게 되는 것일까? 아니면 정토불사가 마무리되지 못한 상태에서 부처님이 떠나신 것일까?
현재의 인간세계를 보면 후자의 경우가 맞는 것 같다.
석가모니 부처님께서도 인간세계를 완전하게 제도하지 않으셨다.
부처님이 정토불사를 마무리하지 않는 것은 다시 그 세계로 오시기 위해서이다.

"이제오신 부처님은 중생의눈 되시오며
 귀의할곳 되시오며 모든중생 구호하네
 중생들의 아비되어 이롭도록 하시나니
 전세의복 있었기에 지금세존 뵙나이다."

이 대목을 보면 백팔십겁 전에 오셨던 부처님은 그 세계의 중생들을 완전하게 제도하지 않으셨던 것 같다.
그래서 이번에 오신 부처님은 자기들을 완전하게 제도해 줄 것이라고 말하는 것이다.
'전세의 복'이란 대통지승여래 부처님과의 인연을 말한다.

본문

爾時諸梵天王偈讚佛已。　各作是言。唯願世尊。哀愍一
이시제범천왕게찬불이.　각작시언.　유원세존. 애민일
切。轉於法輪度脫衆生。時諸梵天王。一心同聲。而說
체.　전어법륜도탈중생.　시제범천왕.　일심동성.　이설
偈言。
게언.

이때, 범천왕들이 부처님을 게송으로 찬탄하고 각각 말하기를 '원하옵건대 세존이시여, 모든 중생을 어여삐 여기사 법륜을 굴리어 중생을 제도하소서.'라 하고, 다시 여러 범천왕은 한결같은 마음과 같은 음성으로 게송을 읊었다.

大聖轉法輪　顯示諸法相　度苦惱衆生　令得大歡喜
대성전법륜　현시제법상　도고뇌중생　영득대환희
衆生聞此法　得道若生天　諸惡道減少　忍善者增益
중생문차법　득도약생천　제악도감소　인선자증익

대성인인　세존께서　위없는법　굴리시어
모든법을　보여주어　중생제도　기쁨얻고
중생들은　도를얻고　천상에서　태어나니
나쁜갈래　줄어들고　얻는이익　많으리다

강설

부처님은 중생을 제도하면서 기쁨을 얻고 중생들은 도를 얻어 천상에 태어난다고 말한다.

본문

爾時大通智勝如來． 默然許之． 又諸比丘． 南方五百萬
이시대통지승여래． 묵연허지．　우제비구．　남방오백만
億國土諸大梵王． 各者見宮殿． 光明照曜昔所未有． 歡喜
억국토제대범왕．　각자견궁전．　광명조요석소미유．　환희
踊躍生希有心． 卽各相詣共議此事． 以何因緣我等宮殿有
용약생희유심．　즉각상예공의차사．　이하인연아등궁전유
此光曜． 而彼衆中． 有一大梵天王． 名曰妙法． 爲諸梵
차광요．　이피중중．　유일대범천왕．　명왈묘법．　위제범
衆． 而說偈言．
중．　이설게언．

이때, 대통지승여래께서는 잠자코 허락하시니라.
또 비구들이여, 남방의 5백만억 국토에 있는 대범천왕들이 각각 자기 궁전에 광명이 비치는 것이 예전에 없던 것임을 보고 환희하여 날뛰며 희유하다는 마음을 내고, 서로 모여서 이일을 의논하되 '무슨 인연으로 우리의 궁전에 이런 광명이 있는가.' 하였다. 그 대중 가운데 묘법(妙法)이라는 대범천왕이 있다가, 범천의 무리를 위하여 게송으로 읊었다.

강설

이번에는 남방 여래장계에 있는 오백만억 대범천왕들도 광명이 비치는 이유에 대해 의문을 갖게 되었다는 말씀이시다.

본문

我等諸宮殿　光明甚威曜　此非無因緣　是相宜求之
아등제궁전　광명심위요　차비무인연　시상의구지
過於百千劫　未曾見是相　爲大德天生　爲佛出世間
과어백천겁　미증견시상　위대덕천생　위불출세간

지금무슨　　인연인가　　우리들의　　궁전마다
위덕광명　　찬란하니　　옛날없던　　장엄이라
백천겁이　　지나도록　　이런일이　　없었거늘
대덕천이　　나시려나　　부처출현　　하심인가.

강설

남쪽 여래장계는 백천겁이 지나도록 이런 일이 없었다고

한다. 그 세계는 백천겁 동안 부처님의 광명이 비치지 않았다.

본문

爾時五百萬億諸梵天王。與宮殿俱。各以衣裓盛諸天華。
이시오백만억제범천왕. 여궁전구. 각이의극성제천화.
共詣北方推尋是相。見大通智勝如來處于道場菩提樹下坐
공예북방추심시상. 견대통지승여래처우도량보리수하좌
師子座。諸天龍王乾闥婆緊那羅摩睺羅伽人非人等恭敬圍
사자좌. 제천용왕건달바긴나라마후라가인비인등공경위
繞。及見十六王子請佛轉法輪。時諸梵天王。頭面禮佛繞
요. 급견십육왕자청불전법륜. 시제범천왕. 두면예불요
百千匝。卽以天華而散佛上。所散之華如須彌山。幷以
백천잡. 즉이천화이산불상. 소산지화여수미산. 병이
供養佛菩提樹。華供養已。各以宮殿奉上彼佛。而作是
공양불보리수. 화공양이. 각이궁전봉상피불. 이작시
言。唯見哀愍饒益我等。所獻宮殿願垂納受。爾時諸梵天
언. 유견애민요익아등. 소헌궁전원수납수. 이시제범천
王。卽於佛前一心同聲。以偈頌曰。
왕. 즉어불전일심동성. 이게송왈.

이때, 5백만억의 범천왕들이 궁전과 함께 하여 각각 반짇고리에 하늘 꽃을 담아가지고 북쪽으로 함께 가서 이 상서를 찾다가 바라보니, 대통지승여래가 도량에서 보리수 아래 사자좌에 앉으셨는데, 여러 하늘, 용왕, 건달바, 긴나라, 마후라가, 사람, 사람 아닌 이들이 공경하여 둘러 모셨으며, 또 16왕자가 부처님께 설법하시기를 청하고 있었다. 그때, 범천왕들이 머리를 조아려 부처님께 예배하고 백천 번을 돌며 하늘 꽃을 부처님 위에 흩었다. 그 흩은 꽃이 수미산과 같은데, 부처님의 보리수에까지 공양하였다. 꽃으로 공양하고는 각각 그 궁전을 부처님께 받들어 올리고 말하였다. '저희들을 어여삐 여기시어 이롭게 하시사, 이 받드옵는 궁전을 굽어 받으시옵소서.' 이때, 범천왕이 부처님 앞에서 한결같은 마음과 음성으로 게송을 읊었다.

강설

남방에 오백만억 범천왕들도 오백만억 대의 궁전 우주선을 타고 와서 꽃과 함께 대통지승여래에게 공양을 올렸다.

본문

世尊甚難見	破諸煩惱者	過百三十劫	今乃得一見
세존심난견	**파제번뇌자**	**과백삼십겁**	**금내득일견**
諸飢渴衆生	以法雨充滿	昔所未曾見	無量智慧者

제기갈중생　이법우충만　석소미증견　무량지혜자
如優曇鉢話　今日乃値遇　我等諸宮殿　蒙光故嚴飾
여우담발화　금일내치우　아등제궁전　몽광고엄식
世尊大慈愍　唯願垂納受
세존대자민　유원수납수

모든번뇌　　깨신스승　　세존뵙기　　어렵기를
백삼십겁　　지내서야　　이제한번　　뵈옵나니
굶주리고　　목탄중생　　법비내려　　주옵소서
무량지혜　　세존께선　　우담바라　　꽃과같아
한량없는　　세월지나　　오늘에사　　뵈옵니다
광명비쳐　　장엄스런　　이궁전을　　바치오니
세존께서　　큰자비로　　부디받아　　주옵소서

강설

"모든번뇌 깨신스승 세존뵙기 어렵기를
　백삼십겁 지내서야 이제한번 뵈옵나니
　굶주리고 목탄중생 법비내려 주옵소서"

남방의 범천왕들은 백삼십겁을 살고 있다.
그 일생동안 처음으로 부처님을 뵈었다는 말이다.

"무량지혜 세존께선 우담바라 꽃과같아
 한량없는 세월지나 오늘에사 뵈옵니다"

우담바라 꽃은 지구에서는 삼천년 만에 한 번씩 핀다고 한다. 그만큼 드물게 피기 때문에 쉽게 볼 수가 없다.
남방의 범천왕들은 백삼십겁을 살았는데도 처음으로 부처님을 만났다 한다. 그만큼 부처님을 만나는 것이 대단히 어렵다는 말이다.

"광명비쳐 장엄스런 이궁전을 바치오니
 세존께서 큰자비로 부디받아 주옵소서"

대통지승여래의 광명이 남방 범천왕들의 궁전을 비쳐서 그 궁전들이 더욱더 장엄해졌다는 말이다.
장엄해진 궁전 우주선을 바치니 그것을 받아달라는 말이다. 지금까지 대통지승여래는 천오백억만 대의 궁전 우주선을 보시받았다. 문맥의 흐름을 보면 아마도 오천억만대의 궁전 우주선을 보시받을 것 같다.
그렇다면 이 범천왕들은 자기들이 타고 온 궁전 우주선을 무엇 때문에 보시하는 것일까? 또 부처님께서는 그 궁전 우주선들을 어디에다 쓰시려는 것일까? 궁금해지는 대목이다.

본문

爾時諸梵天王偈頌佛已。各作是言。唯願世尊。轉於法輪。
이시제범천왕게송불이. 각작시언. 유원세존. 전어법륜.
令一切世間諸天魔梵沙門婆羅門。皆獲安穩而得度脫。
영일체세간제천마범사문바라문. 개획안온이득도탈.
時諸梵天王。一心同聲。而偈頌曰。
시제범천왕. 일심동성. 이게송왈.

이때, 여러 범천왕이 부처님께 게송으로 찬탄하고 각각 말하기를 '원하옵건대, 세존께서 법륜을 굴리어 모든 세간의 하늘, 마왕, 범천, 사문, 바라문들로 하여금 모두 편안함을 얻어 해탈하게 하소서.'라고 하였다. 다시 여러 범천왕이 한결같은 마음과 같은 음성으로 게송을 읊었다.

강설

" '하늘, 마왕, 범천, 사문, 바라문들로 하여금 모두 편안함을 얻어 해탈하게 하소서'라고 하였다."

세간을 살아가는 모든 생명들에게 해탈할 수 있는 열반법을 설해달라는 말이다.

본문

唯願天人尊　　轉無上法輪　　擊于大法鼓　　而吹大法螺
유원천인존　　전무상법륜　　격우대법고　　이취대법라
普雨大法雨　　度無量衆生　　我等咸歸請　　當演深遠音
보우대법우　　도무량중생　　아등함귀청　　당연심원음

바라건대　　세존이여　　무상법륜　　굴리시어
큰법북을　　울리시고　　큰법라를　　부시면서
큰법비를　　널리내려　　무량중생　　제도하사
저희모두　　귀의하고　　간절하게　　청하오니
미묘하신　　음성으로　　널리설해　　주옵소서

爾時大通智勝如來. 　　默然許之。西南方乃至下方亦復如
이시대통지승여래.　　묵연허지. 서남방내지하방역부여
是。爾時上方五百萬億國土諸大梵王。皆悉自覩所止宮
시. 이시상방오백만억국토제대범왕. 개실자도소지궁
殿。光明威曜昔所未有。歡喜踊躍生希有心。卽各相詣
전. 광명위요석소미유. 환희용약생희유심. 즉각상예
共議此事。以何因緣我等宮殿有斯光明。時彼衆中有一大
공의차사. 이하인연아등궁전유사광명. 시피중중유일대
梵天王。名曰尸棄。爲諸梵衆。而說偈言。
범천왕. 명왈시기. 위제범중. 이설게언.

이때, 대통지승여래께서 잠자코 허락하시니라.

서남방과 하방(下方)의 5백만억 국토에 있는 대범천왕들이 모두 자기가 있는 궁전에 광명이 찬란하여 예전에 없던 것임을 보고 환희하여 날뛰며 희유하다는 마음을 내고, 각각 서로 모여서 이일을 의논하되 '무슨 인연으로 우리의 궁전에 이런 광명이 있는가.'하였다. 그 대중 가운데 시기라고 하는 대범천왕이 있었는데, 범천의 무리를 위하여 게송을 읊었다.

강설

여래장 세계의 서남방과 하방에 있는 각각의 오백만억 대범천왕들도 앞의 범천왕들처럼 똑같은 의문을 일으켰다는 말이다.

본문

今以何因緣	我等諸宮殿	威德光明曜	嚴飾未曾有
금이하인연	아등제궁전	위덕광명요	엄식미증유
如是之妙相	昔所未聞見	爲大德天生	爲佛出世間
여시지묘상	석소미문견	위대덕천생	위불출세간

오늘무슨	인연으로	우리들의	궁전마다
찬란하게	광명비쳐	그장엄함	처음일세
이런묘한	모습일랑	처음보는	일일지니

| 대덕천이 | 나심인가 | 부처출현 | 하심인가 |

강설

서남방과 하방의 대범천왕들은 부처님의 자비 광명을 처음 보는 것이라고 말한다.

본문

爾時五百萬億諸梵天王。與宮殿俱。各以衣祴盛諸天華。
이시오백만억제범천왕. 여궁전구. 각이의극성제천화.
共詣下方推尋是相。見大通智勝如來處于道場菩提樹下
공예하방추심시상. 견대통지승여래처우도량보리수하
坐師子座。諸天龍王乾闥婆緊那羅摩睺羅伽人非人等恭敬
좌사자좌. 제천용왕건달바긴나라마후라가인비인등공경
圍繞。及見十六王子請佛轉法輪。時諸梵天王。頭面禮佛
위요. 급견십육왕자청불전법륜. 시제범천왕. 두면예불
繞百千匝。即以天華而散佛上。所散之華如須彌山。幷以
요백천잡. 즉이천화이산불상. 수산지화여수미산. 병이
供養佛菩提樹。華供養已。各以宮殿捧上彼佛。而作是
공양불보리수. 화공양이. 각이궁전봉상피불. 이작시
言。唯見哀愍饒益我等。所獻宮殿願垂納受。時諸梵天
언. 유견애민요익아등. 소헌궁전원수납수. 시제범천

王。即於佛前一心同聲。以偈頌曰。
왕. 즉어불전일심동성. 이게송왈.

이때, 5백만억의 범천왕들이 궁전과 함께 하여 각각 반짇고리에 하늘 꽃을 담아 가지고 하방으로 함께 가서 이 상서를 찾다가 바라보니, 대통지승여래가 도량에서 보리수 아래 사자좌에 앉으셨는데, 여러 하늘, 용왕, 건달바, 긴나라, 마후라가, 사람, 사람 아닌 이들이 공경하여 둘러 모셨으며 또 16왕자가 부처님께 설법하시기를 청하고 있었다. 그때, 범천왕들이 머리를 조아려 부처님께 예배하고 백천 번을 돌며, 하늘 꽃을 부처님 위에 흩었다. 그 흩은 꽃이 수미산과 같은데, 부처님의 보리수에까지 공양하였다. 꽃으로 공양하고는 각각 그 궁전을 부처님께 받들어 올리고 말하였다. '저희들을 어여삐 여기시며 이롭게 하시사, 이 받드옵는 궁전을 굽어 받으시옵소서.' 이때, 범천왕들이 부처님 앞에서 한결같은 마음과 같은 음성으로 게송을 읊었다.

강설

서남방과 하방의 각각 오백만억 범천왕들도 대통지승여래께 꽃과 궁전 우주선을 공양하였다.

본문

善哉見諸佛
선재견제불
普智天人尊
보지천인존
於昔無量劫
어석무량겁
三惡道增長
삼악도증장
不從佛聞法
부종불문법
罪業因緣故
죄업인연고
不蒙佛所化
불몽불소화
哀愍諸衆生
애민제중생
及餘一切衆
급여일체중
我等諸宮殿
아등제궁전
願以此功德
원이차공덕

求世之聖尊
구세지성존
哀愍群萌類
애민군맹류
空過無有佛
공과무유불
阿修羅亦盛
아수라역성
常行不善事
상행불선사
失樂及樂相
실락급락상
常墮於惡道
상타어악도
故現於世間
고현어세간
喜歎未曾有
희탄미증유
蒙光故嚴飾
몽광고엄식
普及於一切
보급어일체

能於三界獄
능어삼계옥
能開甘露門
능개감로문
世尊未出時
세존미출시
諸天衆轉減
제천중전감
色力及智慧
색력급지혜
住於邪見法
주어사견법
佛爲世間眼
불위세간안
超出成正覺
초출성정각

今以捧世尊
금이봉세존
我等與衆生
아등여중생

勉出諸衆生
면출제중생
廣度於一切
광도어일체
十方常闇瞑
시방상암명
死多墮惡道
사다타악도
斯等皆減少
사등개감소
不識善儀則
불식선의측
久遠時乃出
구원시내출
我等甚欣慶
아등심흔경

唯垂哀納受
유수애납수
皆共成佛道
개공성불도

거룩하신 부처님을 저희들이 뵈옵나니
세상구원 하시려고 삼계지옥 중생건져
불쌍하온 중생위해 감로문을 열어주어
가장높은 지혜로써 모두제도 하옵시네
한량없는 오랜세월 부처님이 안계실적
시방세계 어두워서 삼악도만 늘어갔네
아수라가 치성하고 하늘대중 줄어드니
죽어서는 악한길에 떨어지곤 했습니다
부처님법 듣지못해 착한일을 못행하여
육신과 힘과지혜 모두감소 했습니다.
죄업지은 인연으로 즐거움과 생각잃고
삿된소견 머물러서 선한법을 모르므로
부처교화 받지못해 악한길에 있었는데
부처님은 세간의눈 오랜만에 나타나사
고통받는 여러중생 불쌍하게 여기시어
최정각을 이루시니 저희마음 즐거웁고
모든중생 처음본다 찬탄하고 있습니다
광명비쳐 장엄스런 저희들의 여러궁전
세존님께 바치오니 부디받아 주옵소서
이와같은 공덕으로 일체널리 미치어서
저희들과 여러중생 부처님도 이루리라

강설

"거룩하신 부처님을 저희들이 뵈옵나니
 세상구원 하시려고 삼계지옥 중생건져
 불쌍하온 중생위해 감로문을 열어주어
 가장높은 지혜로써 모두제도 하옵시네"

삼계 지옥이란 팔대 대지옥과 십육 소지옥, 십대 하방지옥을 말한다. 부처님께서 지옥 중생들을 건지시는 것은 지옥 중생들이 만들어내는 어둠을 걷어내기 위해서다.
아수라계, 아귀계, 축생계, 지옥계 중에서 지옥 중생들이 가장 많은 어둠을 만들어 낸다.
때문에 정토불사가 이루어지려면 먼저 지옥계를 제도해야 한다.

"한량없는 오랜세월 부처님이 안계실적
 시방세계 어두워서 삼악도만 늘어갔네"

부처님이 안 계시면 여래장계가 어두워져서 삼악도만 늘어났다는 말이다. 삼악도란 지옥, 아귀, 아수라계를 말한다.

"아수라가 치성하고 하늘대중 줄어드니
 죽어서는 악한길에 떨어지곤 했습니다"

중생들이 생성해 내는 어둠으로 인해 하늘생명은 줄어들고 아수라만 늘어났다는 말이다.
죽어서는 삼악도에 태어나게 되었다는 말이다.

"부처님법 듣지못해 착한일을 못행하여
 육신과 힘과지혜 모두감소 했습니다."

선업이 줄어들고 악업이 증장되면 수명도 줄어들고 몸도 작아진다. 그러면서 힘과 지혜가 줄어든다.

"죄업지은 인연으로 즐거움과 생각잃고
 삿된소견 머물러서 선한법을 모르므로"

악업이 증장되면 즐거움이 사라진다.
그러면서 총명함이 사라지고 삿된 소견을 갖게 된다.

"부처교화 받지못해 악한길에 있었는데
 부처님은 세간의눈 오랜만에 나타나사
 고통받는 여러중생 불쌍하게 여기시어
 최정각을 이루시니 저희마음 즐거웁고
 모든중생 처음본다 찬탄하고 있습니다"

세간의 눈이신 부처님이 오랜만에 나타나서 고통받는 여러 중생들을 구제하시니 악한 길에서 벗어나게 되어 다시 즐거움을 찾았다는 말이다.

"광명비쳐 장엄스런 저희들의 여러궁전
 세존님께 바치오니 부디받아 주옵소서"

부처님의 광명이 비쳐서 더욱 장엄해진 궁전 우주선을 바치니 받아 달라는 말이다.

"이와같은 공덕으로 일체널리 미치어서
 저희들과 여러중생 부처님도 이루리라"

궁전 우주선을 바친 공덕으로 부처님의 가르침이 널리 퍼져서 범천왕들과 중생들이 부처님 도를 이룰 것이라는 말이다.
이것이 궁전 우주선을 공양하는 목적이다.
범천왕들이 바친 궁전 우주선을 타고 여래장계 십방으로 나아가서 정토불사를 해달라는 염원을 담고 있다.

본문

爾時五百萬億諸梵天王偈讚佛已。各白佛言。唯願世尊。
이시오백만억제범천왕게찬불이. 각백불언. 유원세존.
轉於法輪。多所安穩。多所度脫。時諸梵天王。而說偈言。

전어법륜. 다소안온. 다소도탈. 시제범천왕. 이설게언.

이때, 오백만억 범천왕들이 게송으로 부처님을 찬탄하시고 사뢰었다.
'바라옵건대, 세존이시여. 법륜을 굴리시어 모두 편안하게 하여 주시며 해탈하게 해주소서.'
그리고 또, 범천왕들이 게송을 읊었다.

강설

범천왕들이 원하는 것은 편안함과 해탈이다.
대통지승여래가 묘각을 얻고자 기다릴 때도 편안한 마음과 맑은 마음을 유지하셨다.
편안한 마음을 얻는 것이 대단히 중요한 공부이다.
해탈이란 의식·감정·의지에서 벗어나는 것이다.
편안한 마음으로 감정에서 벗어나고, 맑은 마음으로 의식에서 벗어나며, 깨어있는 마음으로 의지에서 벗어난다.

본문

世尊轉法輪　　擊甘露法鼓　　度苦惱衆生　　開示涅槃道
세존전법륜　　격감로법고　　도고뇌중생　　개시열반도
唯願受我請　　以大微妙音　　哀愍而敷演　　無量劫習法

유원수아청　이대미묘음　애민이부연　무량겁습법

거룩하신	세존이여	저희들이	바라건대
법륜을	굴리시고	감로북을	울리시어
고통받는	중생건져	열반의길	보이소서
바라건대	저희들을	어여삐	여기시어
미묘하신	음성으로	무량한겁	시간동안
배우고	익힐법을	널리설해	주옵소서

강설

열반과 해탈은 서로 맞닿아 있다.
해탈 이후에 열반에 머문다.
의식·감정·의지를 분리시켜 놓고 본성·각성·밝은성품에 머물러있는 것이 열반이다.

본문

爾時大通智勝如來。受十方諸梵天王及十六王子請。即時
이시대통지승여래. 수시방제범천왕급십육왕자청. 즉시
三轉十二行法輪。若沙門婆羅門若天魔梵及餘世間。所不
삼전십이행법륜. 약사문바라문약천마범급여세간. 소불
能轉。　謂是苦。是苦集。是苦滅。是苦滅道。

능전. 위시고. 시고집. 시고멸. 시고멸도.

이때, 대통지승여래는 시방 세계의 범천왕들과 16명의 왕자의 청을 받고, 곧 세 번에 12행(行)의 법륜을 굴리었으니, 사문이나 바라문이나 하늘, 마왕, 범천이나 다른 세간들로는 굴릴 수 없는 것으로, 이른바 '이것은 괴로움이요, 이것은 괴로움의 쌓임이요, 이것은 괴로움의 사라짐이요, 이것은 괴로움이 사라지는 길이니라.'이다.

강설

대통지승여래가 세 번에 걸쳐 행한 설법 중 첫 번째 설법은 사성제 설법이었다.
사성제 설법은 전체적인 수행의 방향과 견성오도의 방법을 알려주기 위해서 하신 것이다.
의식·감정·의지를 괴로움의 원인으로 생각하는 것이 '고성제'이다.
의식·감정·의지를 제도의 대상으로 삼는 것이 '집성제'이다.
의식·감정·의지를 본성과 분리시키는 것이 '멸성제'이다.
의식·감정·의지를 제도하는 방법이 '도성제'이다.
견성오도, 해탈도, 보살도, 등각도, 묘각도가 도성제이다.

본문

及廣說十二因緣法。無明緣行。行緣識。識緣名色。名色緣
급광설십이인연법. 무명연행. 행연식. 식연명색. 명색연
六入。六入緣觸。觸緣受。受緣愛。愛緣取。取緣有。有緣
육입 육입연촉. 촉연수. 수연애. 애연취. 취연유. 유연
生。生緣老死憂悲苦惱。無明滅則行滅。行滅則識滅。識滅
생 생연노사우비고뇌. 무명멸즉행멸. 행멸즉식멸. 식멸
則名色滅。名色滅則六入滅。六入滅則觸滅。
즉명색멸. 명색멸즉육입멸. 육입멸즉촉멸.
觸滅則受滅。受滅則愛滅。愛滅則取滅。取滅則有滅。
촉멸즉수멸. 수멸즉애멸. 애멸즉취멸. 취멸즉유멸.
有滅則生滅。生滅則老死憂悲苦惱滅。
유멸즉생멸. 생멸즉노사우비고뇌멸.

또, 12인연의 법을 널리 말하였으니, '무명은 행에 반연되고, 행은 식에 반연 되고, 식은 명색에 반연되고, 명색은 6입에 반연되고, 6입은 촉에 반연되고, 촉은 수에 반연되고, 수는 애에 반연되고, 애는 취에 반연되고, 취는 유에 반연되고, 유는 생에 반연되고, 생은 노사우비고뇌에 반연되느니라.
무명이 사라지면 행이 사라지고, 행이 사라지면 식이 사라지고, 식이 사라지며 명색이 사라지고, 명색이 사라지면 6입이 사라지고, 6입이 사라지면, 촉이 사라지고, 촉이 사라지면 수가 사라지고, 수가 사라지면 애가 사라지고, 애가 사라지면 취가 사라지고 취가 사라지면 유가 사라지고, 유가 사라지면

생이 사라지고, 생이 사라지면 노사우비고뇌가 사라지느니라.'
이다.

강설

대통지승여래의 두 번째 설법은 12연기법이다.
12연기는 생멸연기가 이루어지는 열두 단계의 절차를 말한다. 12연기를 통해 의식·감정·의지가 생겨나고 세 가지 몸과 오온이 생겨나게 되었다.
세 가지 몸이란 영의 몸, 혼의 몸, 육체의 몸을 말한다.
오온(五蘊)이란 색온(色蘊), 수온(受蘊), 상온(想蘊), 행온(行蘊), 식온(識蘊)을 말한다.
12연기의 원인과 과정, 결과를 아는 것이 세간의 이치를 아는 것이다.
12연기의 원인은 각성의 무명적 습성과 밝은성품의 자연적 성향이다.
12연기의 과정은 무명 – 행 – 식 – 명색 – 육입 – 촉 – 수 – 애 – 취 – 유 – 생 - 사이다.
12연기의 결과로 세간이 생겨났다.
세간이란 의식·감정·의지로 인해 생겨난 세계를 말한다.
12연기로 생겨난 세 가지 몸과 오온, 의식·감정·의지를 제도해 가는 것이 생멸수행이다.
견성오도와 해탈도의 과정이 생멸수행이다.

생멸수행의 절차가 노사우비고뇌멸(老死憂悲苦惱滅) - 생멸(生滅) - 유멸(有滅) - 취멸(取滅) - 애멸(愛滅) - 수멸(受滅) - 촉멸(觸滅) - 육입멸(六入滅) - 명색멸(名色滅) - 식멸(識滅) - 행멸(行滅) - 무명멸(無明滅)이다.

무명(無明)이란 각성이 밝은성품이 일으키는 기쁨에 치우쳐서 본성을 보는 것을 망각한 것이다.
행(行)이란 각성이 의지로 전환되고, 밝은성품이 부딪치면서 일으키는 변화를 말한다. 이 과정에서 물질 입자가 생겨난다.
식(識)이란 의지와 생멸 정보, 근본 정보로 이루어진 의식의 틀이다. 최초로 갖추어진 식의 틀을 원초신(原初神)이라 부른다. 원초신이 곧 생멸문의 본원이다.
원초신의 식은 여섯 가지 주체의식으로 이루어졌다.

명색(名色)이란 식의 틀 안에서 내부 의식 간에 교류가 일어난 것을 말한다. 이 과정을 통해 식의 분리가 일어나고 천지만물의 원형인 원신(原神)들이 생겨나게 되었다.
원신들은 영의 몸을 갖고 있다. 시의 틀은 주체 의식과 객체 의식, 의지와 근본 정보로 이루어져 있다.
생명의 종류에 따라 주체 의식과 객체 의식의 가짓수가 서로 다르다.

육입(六入)이란 원신들 간에 이루어지는 교류를 말한다.
육입의 과정을 통해 새로운 생명 정보가 생성된다.
그로 인해 원신들의 고유진동수가 점점 더 높아진다.
고유진동수가 높아진 원신들은 물질 공간으로 이주해온다.
생멸문은 생명 공간과 물질 공간으로 이루어져 있다.
생명 공간은 원초신의 의식으로 이루어져 있고 물질 공간은 행의 과정에서 생성된 물질 입자로 이루어져 있다.
원초신에서 분리된 원신들은 생명 공간에 머무는 것도 있고 물질 공간에 머무는 것도 있다.
신과 인간의 원신들은 생명 공간에 머물렀다.
식물, 동물, 무정, 원생물의 원신들은 물질 공간에 머무른다.
육입이 이루어지면서 생명 공간에 머물러있던 인간 원신들이 물질 공간으로 이주해온다. 고유진동수가 점점 더 높아졌기 때문이다.
물질 공간으로 이주해 온 인간 원신들은 물질 입자로 이루어진 몸을 갖추게 된다. 그것을 혼의 몸이라 한다.
혼의 몸을 갖추게 된 인간 원신들은 감정을 갖게 된다.
촉(觸)이란 혼의 몸을 갖추게 된 원신들이 혼의 접촉을 통해 서로 교류하는 것이다. 혼과 혼이 교류하게 되면 그 과정에서 감정의 교류가 함께 일어난다.
두 종류의 촉이 있다.
부분적으로 이루어지는 촉과 전체적으로 이루어지는 촉이 바로 그것이다.

수(受)란 감정 간의 교류를 통해 형성된 새로운 느낌을 말한다. 수의 과정이 반복되면서 감정들이 다채로워지고 점점 더 복잡해진다. 충만감, 충족감, 일체감 등이 이 과정에서 생겨난 감정이다.

애(愛)란 수(受)를 경험했던 생명들이 갖게 되는 상대에 대한 그리움을 말한다. 충만감과 충족감을 나눌 수 있는 대상을 찾아 헤매는 것이 애(愛)이다.

취(取)란 또다시 전체적인 촉(觸)을 이룬 것을 말한다. 촉, 수, 애, 취를 거치면서 생명의 고유진동수가 점점 더 높아진다. 그 과정에서 혼의 몸을 이루고 있던 물질 입자들이 서로 결합한다.

유(有)란 혼의 몸이 세포의 몸으로 변화된 것을 말한다. 혼을 이루고 있는 물질 입자들은 생명 정보를 내장하고 있다. 생명 정보를 내장하고 있는 물질 입자들이 결합하면서 세포가 생겨난다.

생(生)이란 세포로 이루어진 육체에서 생식세포가 만들어진 것이다. 생식세포로 인해 포태가 이루어지고 태생이 이루어진다.

사(死)란 식의 틀이 바뀌는 것이다.
육체에서 영혼으로, 영혼에서 육체로 식의 틀이 바뀌는 것이 사(死)이다. 死와 生이 반복되면서 윤회(輪廻)가 일어난다. 윤회의 패턴이 여섯 가지로 이루어지는 것이 육도(六道)이다.
육도윤회가 바로 세간의 결과이다.

12연기의 과정을 통해서 의식·감정·의지가 참다운 나가 아니라는 것을 알게 된다.
또한 연기와 윤회의 굴레에서 벗어나려면 각성의 무명적 습성을 제도하고 밝은성품의 자연적 성향을 제도하며 의식·감정·의지에서 벗어나야 한다는 것을 알게 된다.
그것을 알고 이해하는 것만으로도 무생법인을 얻는다.

본문

佛於天人大衆之中說是法時。 六百萬億那由他人。 以不受
불어천인대중지중설시법시. 육백만억나유타인. 이불수
一切法故。 而於諸漏心得解脫。 皆得深妙禪定三明六通具
일체법고. 이어제루심득해탈. 개득심묘선정삼명육통구
八解脫。
팔해탈.

부처님이 천상, 인간 대중 가운데서 이 법을 설하실 때, 6백만억 나유타 사람들이 일체의 법을 받지 아니함으로써 모든 번뇌에서 마음이 해탈해지고 깊고 묘한 선정과 세 가지 밝음과 여섯 가지 신통을 얻어 여덟 가지 해탈을 갖추었느니라.

강설

12연기의 이치를 이해한 것만으로도 그와 같은 깨달음을 증득한 것이다.

본문

第二第三 第四說法時。千萬億恒河沙那由他等衆生。
제이제삼 제사설법시. 천만억항하사나유타등중생.
亦以不受一切法故。而於諸漏心得解脫。
역이불수일체법고. 이어제루심득해탈.

제이 제삼 제사 설법시에 천만억항하사나유타등중생들이 일체 법을 받지 아니함으로써 번뇌를 다스리고 마음에 해탈을 얻었느니라.

강설

12연기법을 네 번 반복해서 설하셨다는 말씀이시다.

본문

從是已後。諸聲聞眾。無量無邊不可稱數。爾時十六王子。
종시이후. 제성문중. 무량무변불가칭수. 이시십육왕자.
皆以童子出家而爲沙彌。諸根通利智慧明了。 已曾供養百
개이동자출가이위사미. 제근통리지혜명료. 이증공양백
千萬億諸佛。淨修梵行。求阿耨多羅三藐三菩提。俱白佛
천만억제불. 정수범행. 구아뇩다라삼먁삼보리. 구백불
言。世尊。是諸無量千萬億大德聲聞。皆已成就。世尊。
언. 세존. 시제무량천만억대덕성문. 개이성취. 세존.
亦當爲我等說阿耨多羅三藐三菩提法。我等聞已皆共修學。
역당위아등설아뇩다라삼먁삼보리법. 아등문이개공수학.

그 뒤부터의 성문 대중은 한량없고 그지없어 이루 다 셀 수 없나니라.
그때 16왕자는 모두 동자로 출가하여 사미가 되니, 근성이 영리하고, 지혜가 총명하여, 백천만억 부처님께 공양하고 범행을 닦아 아뇩다라삼먁삼보리를 구하여 부처님께 함께 사뢰었다.
'세존이시여, 이 한량없는 천만억 성문 대덕들은 이미 성취하였나이다. 세존께서는 또 저희들을 위하여 아뇩다라삼먁삼보리법을 설하여 주소서. 저희가 듣고는 다 함께 닦아 배우겠나이다.

강설

12연기법을 통해 증득할 수 있는 아뇩다라삼먁삼보리는 해탈도이다.
16왕자도 이 설법을 통해 해탈도를 증득했다.
그런 상태에서 다시 아뇩다라삼먁삼보리법을 구하는 것은 보살도, 등각도, 묘각도를 설해 달라고 하는 것이다.

본문

世尊。我等志願 如來知見。深心所念佛自證知。
세존. 아등지원 여래지견. 심심소념불자증지.
爾時轉輪聖王所將衆中八萬億人。見十六王子出家。
이시전륜성왕소장중중팔만억인. 견십육왕자출가.
亦求出家王卽聽許。爾時彼佛受沙彌請。過二萬劫已。
역구출가왕즉청허. 이시피불수사미청. 과이만겁이.
乃於四衆之中。說是大乘經。名妙法蓮華教菩薩法佛所
내어사중지중. 설시대승경. 명묘법연화교보살법불소
護念。說是經已。十六沙彌。
호념. 설시경이. 십육사미.
爲阿耨多羅三藐三菩提故。皆共受持諷誦通利說是經時。
위아뇩다라삼먁삼보리고. 개공수지풍송통리설시경시.

세존이시여, 저희는 여래의 지견을 지원하옵나니, 마음으로 깊이 염원하옴을 부처님께서 동촉하시리이다.'
이때, 전륜성왕이 데리고 온 대중 가운데 8만억 사람이 16왕자의 출가함을 보고, 자기들도 출가하기를 구하므로 전륜성왕이 허락하였느니라.
그때, 저 부처님은 사미들의 청을 받고 2만 겁을 지나고 나서 4부대중 가운데서 대승경을 설하시었으니, 이름이 묘법연화경이라, 보살을 가르치는 법이며 부처님이 호념하는 바이니라.
이 경을 설하시고 난 다음 16사미들은 아뇩다라삼먁삼보리를 위하여 함께 받아지니고 외어 통달하였느니라.

강설

"그때, 저 부처님은 사미들의 청을 받고 2만 겁을 지나고 나서 4부대중 가운데서 대승경을 설하시었으니,"

부처님이 계시는 공간에서는 2만겁도 찰나처럼 느껴질 수 있다. 부처님이 2만겁을 지나서 법을 설하신 것은 12연기를 숙지한 대중들이 완전한 해탈도를 성취할 때까지 기다리신 것이다.
해탈도를 완전하게 성취해서 아라한과를 이루지 못하면 대승법을 들을 수 있는 근기를 갖추지 못한 것이다.

"이름이 묘법연화경이라, 보살을 가르치는 법이며 부처님이 호념하는 바이니라."

이때 부처님이 설하신 경전이 묘법연화경이라는 말씀이시다. 이 경은 범부를 위한 경전이 아니고 아라한이나 보살들을 가르치는 경전이다. 때문에 먼저 견성오도와 해탈도를 가르친 다음에 마지막으로 설하신다.
대통지승여래의 세 번째 설법이다.

"이 경을 설하시고 난 다음 16사미들은 아뇩다라삼먁삼보리를 위하여 함께 받아지니고 외어 통달하였느니라."

묘법연화경은 묘각도를 이루기 위한 가르침이다.
묘각도는 혼자만의 노력으로는 이루어지지 않는다.
때문에 16왕자들도 이 법을 외워서 통달할 뿐 쉽사리 성취하지 못한다. 하지만 이 법을 통달한 사람은 언젠가는 반드시 부처가 된다.

본문

十六菩薩沙彌皆悉信受。聲聞衆中亦有信解。其餘衆生
십육보살사미개실신수. 성문중중역유신해. 기여중생
千萬億種皆生疑惑。佛說是經。於八千劫未曾休廢。

천만억종개생의혹. 불설시경. 어팔천겁미증휴폐.
說此經已卽入靜室. 住於禪定八萬四千劫. 是時十六菩薩
설차경이즉입정실. 주어선정팔만사천겁. 시시십육보살
沙彌. 知佛入室寂然禪定. 各陞法座. 亦於八萬四千
사미. 지불입실적연선정. 각승법좌. 역어팔만사천
劫. 爲四部衆廣說分別妙法華經. 一一皆度六百萬億那由
겁. 위사부중광설분별묘법화경. 일일개도육백만억나유
他恒河沙等衆生示敎利喜. 令發阿耨多羅三藐三菩提心.
타항하사등중생시교리희. 영발아뇩다라삼먁삼보리심.
大通智勝佛. 過八萬四千劫已. 從三昧起. 往詣法座安詳
대통지승불. 과팔만사천겁이. 종삼매기. 왕예법좌안상
而坐. 普告大衆. 是十六菩薩沙彌. 甚爲希有. 諸根通
이좌. 보고대중. 시십육보살사미. 심위희유. 제근통
利智慧明了. 已曾供養無量千萬億數諸佛於諸佛所常修梵
리지혜명료. 이증공양무량천만억수제불어제불소상수범
行. 受持佛智開示衆生令入其中. 汝等皆當數數親近而供
행. 수지불지개시중생영입기중. 여등개당삭삭친근이공
養之. 所以者何. 若聲聞辟支佛及諸菩薩. 能信是十六菩
양지. 소이자하. 약성문벽지불급제보살. 능신시십육보
薩所說經法. 受持不毁者. 是人皆當得阿耨多羅三藐三菩
살소설경법. 수지불훼자. 시인개당득아뇩다라삼먁삼보
提如來之慧. 佛告諸比丘. 是十六菩薩常樂說是妙法蓮華
리여래지혜. 불고제비구. 시십육보살상락설시묘법연화

經。一一菩薩所化六百萬億那由他恒河沙等衆生。世世所
경．일일보살소화육백만억나유타항하사등중생．세세소
生與菩薩俱。從其聞法悉皆信解。以此因緣。得値四萬億
생여보살구．종기문법실개신해．이차인연．득치사만억
諸佛世尊于今不盡。諸比丘。我今語汝。彼佛弟子十六沙
제불세존우금부진．제비구．아금어여．피불제자십육사
彌。今皆得阿耨多羅三藐三菩提。於十方國土。現在說法
미．금개득아뇩다라삼먁삼보리．어시방국토．현재설법
有無量百千萬億菩薩聲聞。以爲眷屬。其二沙彌東方作
유무량백천만억보살성문．이위권속．기이사미동방작
佛。一名阿閦在歡喜國。二名須彌頂。東南方二佛。一
불．일명아촉재환희국．이명수미정．동남방이불．일
名師子音。二名師子相。南方二佛。一名虛空住。二名
명사자음．이명사자상．남방이불．일명허공주．이명
常滅。西南方二佛。一名帝相。二名梵相。西方二佛。
상멸．서남방이불．일명제상．이명범상．서방이불．
一名阿彌陀。二名度一切世間苦惱。西北方二佛。一名多
일명아미타．이명도일체세간고뇌．서북방이불．일명다
摩羅跋栴檀香神通。二名須彌相。北方二佛。一名雲自
마라발전단향신통．이명수미상．북방이불．일명운자
在。二名雲自在王。東北方佛名壞一切世間怖畏。第十六
재．이명운자재왕．동북방불명괴일체세간포외．제십육
我釋迦牟尼佛。於娑婆國土。成阿耨多羅三藐三菩提。

아석가모니불. 어사바국토. 성아뇩다라삼먁삼보리.

이 경을 설해 마치실 때, 16보살 사미는 모두 믿고 받아지녔으며, 성문 대중에도 믿고 이해하는 이가 있었으나, 다른 천만억 종류의 중생들은 모두 의혹을 내었느니라.
부처님은 8천겁 동안 이 경을 설하심에 잠깐도 쉬지 않으셨고, 설하시기를 마치시고는 고요한 방에 들어가 8만4천겁 동안 선정에 머무르시었나니라.
이때, 16보살 사미는 부처님이 방에 들어가 고요히 선정에 드신 줄을 알고, 각각 법좌에 올라가서 8만4천겁 동안 4부대중을 위하여 묘법연화경을 분별하여 해설하였느니라.
낱낱의 보살이 6백만억 나유타 항하사 중생들을 제도하여 인도하고 가르쳐 이롭고 기쁘게 하여 아뇩다라삼먁삼보리의 마음을 내게 하였느니라.
대통지승 부처님이 8만4천겁을 지나고는 삼매로부터 일어나 법상에 나아가 편안히 앉으시어 대중에게 말씀하셨느니라.
'이 16보살 사미는 매우 희유하니라. 모든 감관이 영리하고 지혜가 총명하며, 이미 한량없는 천만억 부처님께 공양하였고, 여러 부처님 계신 곳에서 항상 범행을 닦았으며, 부처 지혜를 받아지니고 중생들에게 보여주어 그 가운데 들어가게 하는 이들이니라. 너희는 자주자주 친근히 모시어 공양하라.
무슨 까닭이냐 하면, 만일 성문이나 벽지불이나 보살들이 이 16보살 사미가 말하는 경을 믿고 받아지니고 훼방하지 아니

하면, 그 사람은 마땅히 아뇩다라삼먁삼보리의 부처 지혜를 얻을 것이기 때문이니라.'
부처님이 비구들에게 말씀하셨느니라.
'이 16보살 사미는 항상 묘법연화경을 설하기를 좋아하였느니라. 낱낱 보살이 교화한 6백만억 나유타 항하사 중생들은 세세생생에 보살과 함께 나서 그의 법문을 듣고는 모두 믿고 이해하였나니라. 이런 인연으로 4만억 부처님 세존을 만나게 되는데, 지금도 끝나지 아니하였느니라.
비구들이여, 내가 이제 너희들에게 말하노라. 저 부처님의 제자 16보살 사미는 모두 아뇩다라삼먁삼보리를 얻었고 현재 시방 국토에서 법을 설하여 한량없는 백천만억 보살과 성문으로 권속을 삼았느니라.
그중에서 두 사미는 동방에서 부처가 되었는데, 하나는 아촉불로서 환희국에 있고, 하나는 수미정불이니라.
동남방의 두 부처는, 하나는 사자음불이요, 하나는 사자상불이니라.
남방의 두 부처는, 하나는 허공불이요, 하나는 상명불이니라.
서남방의 두 부처는, 하나는 제상불이요, 하나는 범상불이니라.
서방의 두 부처는, 하나는 아미타불이요, 하나는 도일체세간고뇌불이니라.
서북방의 두 부처는, 하나는 다마라발전단향신통불이요, 하나는 수미상불이니라.
북방의 두 부처는, 하나는 운자재불이요, 하나는 운자재왕불이니라.
동북방의 부처는 괴일체세간포외불이니라.
제 16은 나 석가모니불이니, 사바세계에서 아뇩다라삼먁삼보리를 이루었느니라.

강설

"이 경을 설해 마치실 때, 16보살 사미는 모두 믿고 받아 지녔으며, 성문 대중에도 믿고 이해하는 이가 있었으나, 다른 천만억 종류의 중생들은 모두 의혹을 내었느니라."

해탈도를 성취한 16보살 사미는 이 경을 믿고 받아지녔고 견성오도를 성취한 이들 중에서도 믿고 이해하는 이가 있었으나 근기가 갖추어지지 않은 천만억 중생들은 모두 의혹을 내었다는 말씀이시다.

"부처님은 8천 겁 동안 이 경을 설하심에 잠깐도 쉬지 않으셨고, 설하시기를 마치시고는 고요한 방에 들어가 8만 4천 겁 동안 선정에 머무르시었나니라."

대통지승여래께서 8천 겁 동안 잠깐도 쉬지 않고 묘법연화경을 설하셨다 한다.
묘법연화경에는 여래장연기가 이루어지는 모든 과정이 제

시되어 있고 생멸연기와 진여연기의 과정 또한 제시되어 있다.

본원본제로부터 비롯된 생명이 세간을 이루고 육도윤회를 하게 되는 모든 과정이 세 가지 연기를 통해 이루어진다. 세 가지 연기를 이해하면 '인지법행(因地法行)이 갖추어졌다'라고 말한다.

세간에 처해진 중생이 연기를 거슬러 올라가서 다시 본원본제와 계합하는 것이 묘각도이다.

그러기 위해 필요한 것이 견성오도와 해탈도, 보살도, 등각도, 묘각도를 증득하는 방법을 숙지해야 한다.

그것을 일러 '과지법행(果地法行)을 갖추었다'라고 말한다.

묘법연화경에는 인지법과 과지법의 내용이 총체적으로 제시되어 있다. 하지만 묘법연화경의 내용 속에서 그 두 가지 법을 취합하는 것이 대단히 어렵다.

때문에 이 법을 설하실 때도 한번으로 끝내지 않고 8천겁을 설하신 것이다.

"**묘법연화경**"이라는 이 한마디 말 속에는 여래장법계의 생성 과정과 중생이 부처가 될 수 있는 방법이 함께 내재되어 있다.

대통지승여래가 8만4천겁 동안 삼매에 드신 것도 16왕자와 대중들이 완전하게 묘법연화경의 이치를 깨달을 때까지 기다리신 것이다.

8천겁 동안 듣고 8만4천겁 동안 닦아야 묘법연화경을 완전하게 이해할 수 있다는 말씀이시다.
그만큼 희유하고 만나기 어려운 법이다.

"이때, 16보살 사미는 부처님이 방에 들어가 고요히 선정에 드신 줄을 알고, 각각 법좌에 올라가서 8만4천겁 동안 4부대중을 위하여 묘법연화경을 분별하여 해설하였느니라."

8천겁의 세월 동안 16왕자들은 묘법연화경을 완전하게 숙지한 것이다. 그렇기 때문에 8만4천겁 동안 그 내용을 해석해서 강설해줄 수 있었던 것이다.

"낱낱의 보살이 6백만억 나유타 항하사 중생들을 제도하여 인도하고 가르쳐 이롭고 기쁘게 하여 아뇩다라삼먁삼보리의 마음을 내게 하였느니라."

8만4천겁 동안 각자 한 분 마다 육백만억 나유타 항하사 중생들을 제도하고 인도해서 묘각도에 대한 발심을 일으키게 하였으니 대단한 성과이다.

"대통지승 부처님이 8만 천겁을 지나고는 삼매로부터 일어나 법상에 나아가 편안히 앉으시어 대중에게 말씀하셨느니라.
'이 16보살 사미는 매우 희유하니라. 모든 감관이 영리하고 지혜가 총명하며, 이미 한량없는 천만억 부처님께 공양하였고, 여러 부처님 계신 곳에서 항상 범행을 닦았으며, 부처 지혜를 받아지니고 중생들에게 보여주어 그 가운데 들어가게 하는 이들이니라. 너희는 자주자주 친근히 모시어 공양하라. 무슨 까닭이냐 하면, 만일 성문이나 벽지불이나 보살들이 이 16보살 사미가 말하는 경을 믿고 받아지니고 훼방하지 아니하면, 그 사람은 마땅히 아뇩다라삼먁삼보리의 부처 지혜를 얻을 것이기 때문이니라.' "

8만4천겁 만에 삼매에서 깨어난 대통지승여래가 16보살의 깨달음에 대해 인가(印可)해 주시는 대목이다.

"부처님이 비구들에게 말씀하셨느니라.
'이 16보살 사미는 항상 묘법연화경을 설하기를 좋아하였느니라. 낱낱 보살이 교화한 6백만억 나유타 항하사 중생들은 세세생생에 보살과 함께 나서 그의 법문을 듣고는 모두 믿고 이해하였느니라. 이런 인연으로 4만억 부처님 세존을 만나게 되는데, 지금도 끝나지 아니하였느니라.' "

16보살 사미의 설법을 들은 대중들은 세세생생 보살과 함께 나서 결국에는 묘법연화경을 통달하게 되었다는 석가모니 부처님의 말씀이시다.
그 공덕으로 16보살 사미들은 4만억 부처님들을 만나게 되었는데 그 일은 지금도 진행되고 있는 중이라고 말씀하신다.

"비구들이여, 내가 이제 너희들에게 말하노라. 저 부처님의 제자 16보살 사미는 모두 아뇩다라삼먁삼보리를 얻었고 현재 시방 국토에서 법을 설하여 한량없는 백천만억 보살과 성문으로 권속을 삼았느니라."

16보살 사미들이 결국에는 모두 묘각을 얻어 부처가 되었다는 말씀이시다. 현재 여래장계의 십방 세계에서 법을 설하고 계신다고 말씀하신다.

"그중에서 두 사미는 동방에서 부처가 되었는데, 하나는 아촉불로서 환희국에 있고, 하나는 수미정불이니라.
동남방의 두 부처는, 하나는 사자음불이요, 하나는 사자상불이니라.
남방의 두 부처는, 하나는 허공불이요, 하나는 상명불이니라.
서남방의 두 부처는, 하나는 제상불이요, 하나는 범상불이니라.
서방의 두 부처는, 하나는 아미타불이요, 하나는 도일체세간고뇌불이니라.
서북방의 두 부처는, 하나는 다마라발전단향신통불이요, 하나는 수미상불이니라.
북방의 두 부처는, 하나는 운자재불이요, 하나는 운자재왕

불이니라.
동북방의 부처는 괴일체세간포외불이니라.
제 16은 나 석가모니불이니, 사바세계에서 아뇩다라삼먁삼보리를 이루었느니라.' "

성불하신 16부처님이 여래장계의 8방위에서 정토불사를 하고 계신다는 말씀이시다.
열여섯 번째 왕자가 석가모니불이라는 것이 흥미로운 대목이다. 아미타불도 16왕자 중에 한 분이라는 것도 대단히 흥미롭다.

본문

諸比丘. 我等爲沙彌時. 各各敎化無量百千萬億恒河沙等
제비구. 아등위사미시. 각각교화무량백천만억항하사등
衆生. 從我聞法爲阿耨多羅三藐三菩提. 此諸衆生.
중생. 종아문법위아뇩다라삼먁삼보리. 차제중생.
于今有住聲聞地者. 我常敎化阿耨多羅三藐三菩提.
우금유주성문지자. 아상교화아뇩다라삼먁삼보리.
是諸人等. 應以是法漸入佛道. 所以者何.
시제인등. 응이시법점입불도. 소이자하.
如來智慧難信難解.
여래지혜난신난해.

비구들이여, 우리가 사미로 있을 적에 각각 한량없는 백천만억 항하사 중생들을 교화하였느니라.

그들이 나에게 법을 들은 것은 아뇩다라삼먁삼보리를 얻기 위함이었느니라.

이 중생들로서 지금 성문의 지위에 있는 이들은, 내가 항상 아뇩다라삼먁삼보리법으로써 교화하였으므로, 이 사람들은 마땅히 이 법으로 점점 부처의 길에 들어가리라. 왜냐하면, 여래의 지혜는 믿기 어렵고 이해하기 어렵기 때문이니라.

강설

석가모니 부처님이 사미로 계실때 교화했던 모든 중생들은 오로지 묘각을 얻기 위해 법을 들었다는 말씀이시다. 이 중생들이 지금은 견성오도만을 이루었더라도 언젠가는 모두 묘각을 이룰 것이라는 말씀이시다.

본문

爾時所化無量恒河沙等衆生者。汝等諸比丘及我滅度後未
이시소화무량항하사등중생자. 여등제비구급아멸도후미
來世中聲聞弟子是也。我滅度後。復有弟子不聞是經。
래세중성문제자시야. 아멸도후. 부유제자불문시경.
不知不覺菩薩所行。

부지불각보살소행.
自於所得功德生滅度想。當入涅槃。我於餘國作佛。
자어소득공덕생멸도상. 당입열반. 아어여국작불.
更有異名。是人雖生滅度之想入於涅槃。
갱유이명. 시인수생멸도지상입어열반.
而於彼土求佛智慧。得聞是經。唯以佛乘而得滅度。
이어피토구불지혜. 득문시경. 유이불승이득멸도.
更無餘乘。除諸如來方便說法。
갱무여승. 제제여래방편설법.

그때에 교화한 한량없는 항하사 중생들이란, 너희 여러 비구와 내가 열반한 뒤에 오는 세상의 성문 제자들이니라.
내가 열반한 뒤에 어떤 제자가 이 경을 듣지 못하고, 보살의 행할 바를 알지도 못하고 깨닫지도 못하면, 자기가 얻은 공덕에 대하여 멸도하였다는 생각을 내고 마땅히 열반에 들리라. 내가 다른 세계에서 성불하여 다른 이름을 가질 때, 이 사람은 비록 멸도하였다는 생각을 내어 열반에 든다 하더라도 저 세계에서 부처 지혜를 구하여 이 경을 듣게 되리라. 오직 불승이어야 열반을 얻는 것이요, 다른 승은 없나니라. 다만, 여래의 방편으로 설하는 법은 제외되나니라.

강설

"그때에 교화한 한량없는 항하사 중생들이란, 너희 여러 비구와 내가 열반한 뒤에 오는 세상의 성문 제자들이니라."

보살 사미로 계실 적에 교화한 중생들이 바로 현재 설법을 듣고 있는 비구들이라는 말씀이시다.
또한 부처님이 열반에 드시고 난 뒤에 견성오도를 이루는 제자들이라는 말씀이시다.

"내가 열반한 뒤에 어떤 제자가 이 경을 듣지 못하고, 보살의 행할 바를 알지도 못하고 깨닫지도 못하면, 자기가 얻은 공덕에 대하여 멸도하였다는 생각을 내고 마땅히 열반에 들리라.
내가 다른 세계에서 성불하여 다른 이름을 가질 때, 이 사람은 비록 멸도하였다는 생각을 내어 열반에 든다 하더라도 저 세계에서 부처 지혜를 구하여 이 경을 듣게 되리라."

부처님의 제자가 묘법연화의 이치를 알지 못한 상태에서 스스로가 멸도를 이루었다고 생각하면 그것은 참다운 열반을 얻은 것이 아니라는 말씀이시다.
그런 제자가 가짜 열반에 들었더라도 다른 세계에서 만나면 다시 묘법연화경을 들려줄 것이라는 말씀이시다.

"오직 불승이어야 열반을 얻는 것이요, 다른 승은 없나니

라. 다만, 여래의 방편으로 설하는 법은 제외되나니라."

불승이란 묘각도를 말한다.
1승이란 등각도를 말하고 2승은 보살도를 말한다.
3승이 견성오도와 해탈도이다.

본문

諸比丘。若如來自知涅槃時到。衆又淸淨信解堅固。
제비구. 약여래자지열반시도. 중우청정신해견고.
了達空法深入禪定。便集諸菩薩及聲聞衆爲說是經。
요달공법심입선정. 변집제보살급성문중위설시경.
世間無有二乘而得滅度。唯一佛乘得滅度耳。
세간무유이승이득멸도. 유일불승득멸도이.

비구들이여, 여래가 열반할 시기에 이르렀고, 대중도 청정하여 믿고 이해함이 견고하며, 공한 법을 통달하며, 선정에 깊이 들어간 줄을 알면, 문득 여러 보살과 성문들을 모아 놓고 이 경을 설하나니라.
세간에서 2승으로는 열반을 얻을 수 없고, 오로지 불승으로만 열반을 얻을 수 있느니라.

강설

"비구들이여, 여래가 열반할 시기에 이르렀고, 대중도 청정하여 믿고 이해함이 견고하며, 공한 법을 통달하며, 선정에 깊이 들어간 줄을 알면, 문득 여러 보살과 성문들을 모아 놓고 이 경을 설하나니라."

묘법연화경은 부처님이 열반을 앞두시고 설하시는 경전이다. 이 경은 듣는 사람의 근기가 갖추어졌을 때 설하신다.
공한 법에 통달했다는 것은 대적정을 이룬 것이다.
본성을 이루고 있는 무념·무심·간극의 상태를 놓고 25원통행을 행할 줄 알면 공한 법에 통달한 것이다.
선정에 깊이 들어간 것은 멸진정과 보살도 초지를 증득한 것이다.

"세간에서 2승으로는 열반을 얻을 수 없고, 오로지 불승으로만 열반을 얻을 수 있느니라."

세간(世間)을 완전하게 벗어나려면 보살도만으로는 안된다는 말씀이시다. 진여문에 들어왔어도 생멸문을 제도하지 않으면 세간에서 벗어날 수 없다는 말씀이시다.
각성의 무명적 습성을 제도하고 밝은성품의 자연적 성향과 생멸심을 완전하게 제도하려면 불이문을 이루어서 등각을 성취해야 한다.
등각이 1승이고 묘각이 불승이다.

합쳐서 1불승이라 부른다.

본문

比丘當知。如來方便深入衆生之性。知其志樂小法深著
비구당지. 여래방편심입중생지성. 지기지락소법심저
五欲。爲是等故說於涅槃。是人若聞則便信受。
오욕. 위시등고설어열반. 시인약문즉변신수.
譬如五百由旬險難惡道曠絶無人怖畏之處。若有多衆。
비여오백유순험난악도광절무인포외지처. 약유다중.
欲過此道至珍寶處。有一導師。聰慧明達善知險道通塞之
욕과차도지진보처. 유일도사. 총혜명달선지험도통색지
相。將導衆人欲過此難。所將人衆。中路懈退白導師
상. 장도중인욕과차난. 소장인중. 중로해퇴백도사
言。我等疲極而復怖畏。不能復進。前路猶遠。今欲退
언. 아등피극이부포외. 불능부진. 전로유원. 금욕퇴
還。導師多諸方便。而作是念。此等可愍。 云何捨大珍
환. 도사다제방편. 이작시념. 차등가민. 운하사대진
寶而欲退還。 作是念已。以方便力。於險道中過三百由
보이욕퇴환. 작시념이. 이방편력. 어험도중과삼백유
旬。化作一城。告衆人言。汝等勿怖莫得退還。今此大
순. 화작일성. 고중인언. 여등물포막득퇴환. 금차대
城。可於中止隨意所作。若入是城快得安隱。若能前至寶

성. 가어중지수의소작. 약입시성쾌득안온. 약능전지보
所亦可得去. 是時疲極之衆. 心大歡喜歎未曾有. 我等今
소역가득거. 시시피극지중. 심대환희탄미증유. 아등금
者免斯惡道快得安隱. 於是衆人. 前入化城. 生已度想
자면사악도쾌득안온. 어시중인. 전입화성. 생이도상
生安隱想. 爾時導師. 知此人衆旣得止息無復疲倦. 卽滅
생안온상. 이시도사. 지차인중기득지식무부피권. 즉멸
化城. 語衆人言. 汝等去來寶處在近. 向者大城我所化作
화성. 어중인언. 여등거래보처재근. 향자대성아소화작
爲止息耳. 諸比丘. 如來亦復如是. 今爲汝等作大導師.
위지식이. 제비구. 여래역부여시. 금위여등작대도사.
知諸生死煩惱惡道險難長遠應去應度. 若衆生但聞一佛乘
지제생사번뇌악도험난장원응거응도. 약중생단문일불승
者. 則不欲見佛不欲親近. 便作是念. 佛道長遠久受勤
자. 즉불욕견불불욕친근. 변작시념. 불도장원구수근
苦. 乃可得成佛. 知是心怯弱下劣. 以方便力而於中道
고. 내가득성불. 지시심겁약하열. 이방편력이어중도
爲止息故說二涅槃. 若衆生住於二地. 如來爾時卽便爲
위지식고설이열반. 약중생주어이지. 여래이시즉변위
說. 汝等所作未辦. 汝所住地近於佛慧. 當觀察籌量.
설. 여등소작미판. 여소주지근어불혜. 당관찰주량.
所得涅槃. 非眞實也. 但是如來方便之力. 於一佛乘分別
소득열반. 비진실야. 단시여래방편지력. 어일불승분별

說三。如彼導師爲止息故化作大城。旣知息已而告之言
설삼. 여피도사위지식고화작대성. 기지식이이고지언
寶處在近。此城非實。我化作耳。爾時世尊欲重宣此義。
보처재근. 차성비실. 아화작이. 이시세존욕중선차의.
而說偈言。
이설게언.

비구들이여, 여래는 방편으로써 중생들의 성품에 깊이 들어가, 그들이 소승법을 좋아하며 다섯 가지 욕망에 깊이 탐착함을 알므로, 그들을 위하여 열반을 설하는 것을 그 사람이 듣고는 그대로 믿고 받아지니느니라.

비유하면, 5백유순이나 되는 험난하고 길이 나쁘며, 인적마저 끊어진 무서운 곳이 있었다.

사람들이 이곳을 지나 보물이 많은 곳으로 가고자 하였다. 이때, 한 길잡이가 있었는데, 총명하고 지혜가 많고 이 험한 길을 통과하고 막힌 형편을 잘 알아, 여러 사람을 데리고 이 험난한 길을 통과하고 있었다.

인도받아 가던 사람들이 중도에서 물러갈 마음이 생겨 길라잡이에게 말하였다.

'우리는 극도로 피로하고 무서워서 다시 더 나아갈 수 없고, 앞길도 멀어 이제 그만 가고 되돌아설까 하노라.'

길라잡이는 방편이 많아서 이렇게 생각하였다.

'이 사람들은 참으로 딱하구나. 어찌하여 큰 보물을 버리고 물

러가려 하는가.'
이렇게 생각하고는 방편으로써 험난한 길에서 3백유순을 지나서 한 도성을 화작하여 놓고 여러 사람에게 말하였다.
'그대들은 무서워하지 말고 되돌아가려 하지 말라. 저기 큰 도성이 있으니, 그 안에서 마음대로 즐길 수 있느니라. 저 도성에 들어가면 편안히 살 수도 있고, 앞으로 가면 보물이 있는 곳에도 갈 수가 있느니라.'
이때, 피로해 있던 무리는 매우 기뻐하며 처음 보는 일이라고 찬탄하면서, '우리가 이제는 험한 길을 벗어나서 편안히 쾌락을 얻었노라.'라고 하였다.
이리하여 여러 사람들은 화작한 도성에 들어가서 '이미 지나왔다'라는 생각을 내고 '편안하다'라는 생각을 내었다.
이때, 길라잡이는 이 사람들이 잘 쉬어서 피로가 회복된 줄을 알고 화작한 도성을 없애고 여러 사람에게 말하였다.
'그대들이여, 앞으로 나아가자. 보물이 있는 곳이 멀지 않느니라. 아까 있던 도성은 내가 조화로 만든 것이니, 임시로 쉬어 가기 위한 것이었느니라.'
비구들이여, 여래도 그와 같으니, 지금 그대들을 위하여 도사(導師)가 되어 죽고 사는 번뇌의 나쁜 세상의 길이, 험난하고 먼 것과, 떠나야 할 것과, 건너야 할 것임을 아나니라.
다만, 중생들이 1불승만을 들으면 부처님을 뵈오려고 하지도 않고 친근하려고 하지도 않고서, 문득 생각하기를 '부처되는 길은 멀고 멀어서 오래오래 애쓰고 닦아야 이룰 수 있는 것이라.'라고 하느니라. 부처님은 그들의 마음이 겁약하고 용렬한 줄을 아시고, 방편을 써서 중도에서 쉬게 하기 위하여 두 가지 열반을 말하였느니라. 만일 중생이 두 지위에 머무르면, 그때에 여래는 이렇게 말씀하느니라. '너희는 할 일을 아직 다 하지 못하였으며, 너희가 머물러 있는 지위는 부처의 지혜에 가까울 뿐이니, 잘 관찰하고 헤아려보라. 얻었다는 열반이 진실한 것이 아니요, 다만 여래가 방편으로써 1불승에서 분별하여 3승을 설한 것뿐이니라. 마치 저 길잡이가 쉬어가기 위하여 조화로 만든 도성과 같으니라. 그러므로 잘 쉰 줄을 알면 다시 말하기를, 보물이 있는 곳이 멀지 않느니라. 이 도성은 참이 아니요 내가 조화로 만든 것이니라고 하느니라.
이때 세존께서 그 뜻을 거듭 펴시려고 게송으로 설하시었다.

강설

"비구들이여, 여래는 방편으로써 중생들의 성품에 깊이 들어가, 그들이 소승법을 좋아하며 다섯 가지 욕망에 깊이 탐착함을 알므로, 그들을 위하여 열반을 설하는 것을 그 사람이 듣고는 그대로 믿고 받아지니느니라."

부처님이 중생들을 제도하실 때는 중생들의 성품 속으로 깊이 들어가서 그들이 갖고 있는 근기를 파악한 다음 거기에 맞는 법을 설하신다는 말씀이시다. 어떤 욕망에 머물러 있는지 아시기 때문에 단계적으로 법을 설해서 결국에는 열반의 길로 이끌어 가신다는 말씀이시다.

"비유하면, 5백유순이나 되는 험난하고 길이 나쁘며, 인적마저 끊어진 무서운 곳이 있었다.
사람들이 이곳을 지나 보물이 많은 곳으로 가고자 하였다.
이때, 한 길잡이가 있었는데, 총명하고 지혜가 많고 이 험한 길을 통과하고 막힌 형편을 잘 알아, 여러 사람을 데리고 이 험난한 길을 통과하고 있었다.
인도받아 가던 사람들이 중도에서 물러갈 마음이 생겨 길라잡이에게 말하였다.
'우리는 극도로 피로하고 무서워서 다시 더 나아갈 수 없고, 앞길도 멀어 이제 그만 가고 되돌아설까 하노라.'
길라잡이는 방편이 많아서 이렇게 생각하였다.
'이 사람들은 참으로 딱하구나. 어찌하여 큰 보물을 버리고 물러가려 하는가.'
이렇게 생각하고는 방편으로써 험난한 길에서 3백유순을 지나서 한 도성을 화작하여 놓고 여러 사람에게 말하였다.
'그대들은 무서워하지 말고 되돌아가려 하지 말라. 저기 큰 도성이 있으니, 그 안에서 마음대로 즐길 수 있느니라. 저 도성에 들어가면 편안히 살 수도 있고, 앞으로 가면 보물이 있는 곳에도 갈 수가 있느니라.'
이때, 피로해 있던 무리는 매우 기뻐하며 처음 보는 일이라고 찬탄하면서, '우리가 이제는 험한 길을 벗어나서 **편안히 쾌락을 얻었노라.**'라고 하였다.
이리하여 여러 사람들은 화작한 도성에 들어가서 '이미 지나왔다'라는 생각을 내고 '편안하다'는 생각을 내었다."

오백유순이나 되는 험난한 길은 다섯 단계의 깨달음을 비유한 것이다. 중간에 삼백유순 지점에 휴식처를 만든 것은 보살도에 들어온 것을 비유한 것이다.
하지만 보살도를 얻은 것은 참다운 열반이 아니다. 잠시 쉬어가는 중간 열반일 뿐이다.
견성오도를 이루면 백유순을 온 것이고 해탈도를 이루면 2백유순을 온 것이다.

"이때, 길라잡이는 이 사람들이 잘 쉬어서 피로가 회복된 줄을 알고는 화작한 도성을 없애고 여러 사람에게 말하였다. '그대들이여, 앞으로 나아가자. 보물이 있는 곳이 멀지 않느니라. 아까 있던 도성은 내가 조화로 만든 것이니, 임시로 쉬어가기 위한 것이었느니라.' "

보살도에 들어와서 중간열반을 얻게 되면 비로서 그때 큰 열반을 설해 주신다. 그것이 바로 묘법연화경이다.

"비구들이여, 여래도 그와 같으니, 지금 그대들을 위하여

도사(導師)가 되어 죽고 사는 번뇌의 나쁜 세상의 길이, 험난하고 먼 것과, 떠나야 할 것과, 건너야 할 것임을 아나니라.
다만, 중생들이 1불승만을 들으면 부처님을 뵈오려고 하지도 않고 친근하려고 하지도 않고서, 문득 생각하기를 '부처되는 길은 멀고 멀어서 오래오래 애쓰고 닦아야 이룰 수 있는 것이라.'라고 하느니라. 부처님은 그들의 마음이 겁약하고 용렬한 줄을 아시고, 방편을 써서 중도에서 쉬게 하기 위하여 두 가지 열반을 말하였느니라."

이것이 부처님께서 다섯 단계의 깨달음을 말씀하신 이유이다. 처음부터 일불승을 말씀하시면 너무 멀게 느껴지기 때문에 먼저 견성오도를 말씀하시고 차례대로 법을 설하신 것이다. 소승법과 대승법이 그 절차에 입각해서 설해졌고 경전마다 서로 다른 깨달음에 대해 말씀하셨다. 이 대목의 두 가지 열반이란 해탈도와 보살도이다.
해탈도로 아라한이 되어서 소승열반을 얻고 보살도로 들어가서 중간열반을 얻게 하는 것을 방편 열반이라고 말씀하시는 것이다.

"만일 중생이 두 지위에 머무르면, 그때에 여래는 이렇게 말씀하느니라. '너희는 할 일을 아직 다하지 못하였으며, 너희가 머물러 있는 지위는 부처의 지혜에 가까울 뿐이니,

잘 관찰하고 헤아려보라. 얻었다는 열반이 진실한 것이 아니요, 다만 여래가 방편으로써 1불승에서 분별하여 3승을 설한 것뿐이니라. 마치 저 길잡이가 쉬어가기 위하여 조화로 만든 도성과 같으니라. 그러므로 잘 쉰 줄을 알면 다시 말하기를, 보물이 있는 곳이 멀지 않느니라. 이 도성은 참이 아니요 내가 조화로 만든 것이니라고 하느니라."

소승열반과 중간열반에 이른 존재들에게는 그것이 3승과 2승의 열반이라는 것을 알려준다는 말씀이시다.
그들에게 1불승의 큰 열반에 대해 알려주기 위해 묘법연화경을 말씀하신다는 것이다.

본문

大通智勝佛	十劫坐道場	佛法不現前	不得成佛道
대통지승불	**십겁좌도량**	**불법불현전**	**부득성불도**
諸天神龍王	阿修羅衆等	常雨於天華	以供養彼佛
제천신룡왕	**아수라중등**	**상우어천화**	**이공양피불**
諸天擊天鼓	幷作衆伎樂	香風吹萎華	更雨新好者
제천격천고	**병작중기악**	**향풍취위화**	**갱우신호자**
過十小劫已	乃得成佛道	諸天及世人	心皆懷踊躍
과십소겁이	**내득성불도**	**제천급세인**	**심개회용약**
彼佛十六子	皆與其眷屬	千萬億圍繞	俱行至佛所

彼佛十六子　　皆與其眷屬
피불십육자　　개여기권속
頭面禮佛足　　而請轉法輪
두면예불족　　이청전법륜
世尊甚難值　　久遠時一現
세존심난치　　구원시일현
東方諸世界　　五百萬億國
동방제세계　　오백만억국
諸梵見此相　　尋來至佛所
제범견차상　　심래지불소
請佛轉法輪　　以偈而讚歎
청불전법륜　　이게이찬탄
三方及四維　　上下亦復爾
삼방급사유　　상하역부이
世尊甚難值　　願以本慈悲
세존심난치　　원이본자비
無量慧世尊　　受彼衆人請
무량혜세존　　수피중인청
無明至老死　　皆從生緣有
무명지로사　　개종생연유
宣暢是法時　　六百萬億姟
선창시법시　　육백만억해
第二說法時　　千萬恒沙衆
제이설법시　　천만항사중

千萬億圍繞　　求行至佛所
천만억위요　　구행지불소
聖師子法雨　　充我及一切
성사자법우　　충아급일체
爲覺悟群生　　震動於一切
위각오군생　　진동어일체
梵宮殿光曜　　昔所未曾有
범궁전광요　　석소미증유
散華以供養　　幷奉上宮殿
산화이공양　　병봉상궁전
佛知時未至　　受請默然坐
불지시미지　　수청묵연좌
散華奉宮殿　　請佛轉法輪
산화봉궁전　　청불전법륜
廣開甘露門　　轉無上法輪
광개감로문　　전무상법륜
爲宣種種法　　四諦十二緣
위선종종법　　사체십이연
如是衆過患　　汝等應當知
여시중과환　　여등응당지
得盡諸苦際　　皆成阿羅漢
득진제고제　　개성아라한
於諸法不受　　亦得阿羅漢
어제법불수　　역득아라한

從是後得道
종시후득도
時十六王子
시십육왕자
我等及營從
아등급영종
佛知童子心
불지동자심
說六波羅蜜
설육바라밀
說是法華經
설시법화경
彼佛說經已
피불설경이
是諸沙彌等
시제사미등
各各坐法座
각각좌법좌
一一沙彌等
일일사미등
彼佛滅度後
피불멸도후
是十六沙彌

其數無有量
기수무유량
出家作沙彌
출가작사미
皆當成佛道
개당성불도
宿世之所行
숙세지소행
及諸神通事
급제신통사
如恒河沙偈
여항하사게
靜室入禪定
정실입선정
知佛禪未出
지불선미출
說是大乘經
설시대승경
所度諸衆生
소도제중생
是諸聞法者
시제문법자
具足行佛道

萬億劫算數
만억겁산수
皆共請彼佛
개공청피불
願得如世尊
원득여세존
以無量因緣
이무량인연
分別眞實法
분별진실법

一心一處坐
일심일처좌
爲無量億衆
위무량억중
於佛宴寂後
어불연적후
有六百萬億
유육백만억
在在諸佛土
재재제불토
今現在十方

不能得其邊
불능득기변
演說大乘法
연설대승법
慧眼第一淨
혜안제일정
種種諸譬喩
종종제비유
菩薩所行道
보살소행도

八萬四千劫
팔만사천겁
說佛無上慧
설불무상혜
宣揚助法化
선양조법화
恒河沙等衆
항하사등중
常與師俱生
상여사구생
各得成正覺

묘법연화경 화성유품 • 417

시십육사미
爾時聞法者
이시문법자
我在十六數
아재십육수
爾時本因緣
이시본인연
譬如險惡道
비여험악도
無數千萬衆
무수천만중
時有一導師
시유일도사
衆人皆疲倦
중인개피권
導師作是念
도사작시념
尋時思方便
심시사방편
周帀有園林
주잡유원림
卽作是化已
즉작시화이

구족행불도
各在諸佛所
각재제불소
曾亦爲汝說
증역위여설
今說法華經
금설법화경
迥絶多毒獸
형절다독수
欲過此險道
욕과차험도
强識有智慧
강식유지혜
而白導師言
이백도사언
此輩甚可愍
차배심가민
當設神通力
당설신통력
渠流及浴池
거류급욕지
慰衆言勿懼
위중언물구

금현재시방
其有住聲聞
기유주성문
是故以方便
시고이방편
令汝入佛道
영여입불도
又復無水草
우부무수초
其路甚廣遠
기로심광원
明了心決定
명료심결정
我等今頓乏
아등금돈핍
如何欲退還
여하욕퇴환
化作大城郭
화작대성곽
重門高樓閣
중문고루각
汝等入此城
여등입차성

각득성정각
漸敎以佛道
점교이불도
引汝趣佛慧
인여취불혜
愼勿懷驚懼
신물회경구
人所怖畏處
인소포외처
經五百由旬
경오백유순
在險濟衆難
재험제중난
於此欲退還
어차욕퇴환
而失大珍寶
이실대진보
莊嚴諸舍宅
장엄제사택
男女皆充滿
남녀개충만
各可隨所樂
각가수소락

諸人既入城	心皆大歡喜	皆生安隱想	自謂已得度
제인기입성	심개대환희	개생안은상	자위이득도
導師知息已	集衆而告言	汝等當前進	此是化城耳
도사지식이	집중이고언	여등당전진	차시화성이
我見汝疲極	中路欲退還	故以方便力	權化作此城
아견여피극	중로욕퇴환	고이방편력	권화작차성
汝今勤精進	當共至寶所	我亦復如是	爲一切導師
여금근정진	당공지보소	아역부여시	위일체도사
見諸求道者	中路而懈廢	不能度生死	煩惱諸險道
견제구도자	중로이해폐	불능도생사	번뇌제험도
故以方便力	爲息說涅槃	言汝等苦滅	所作皆已辦
고이방편력	위식설열반	언여등고멸	소작개이판
既知到涅槃	皆得阿羅漢	爾乃集大衆	爲說眞實法
기지도열반	개득아라한	이내집대중	위설진실법
諸佛方便力	分別說三乘	唯有一佛乘	息處故說二
제불방편력	분별설삼승	유유일불승	식처고설이
今爲汝說實	汝所得非滅	爲佛一切智	當發大精進
금위여설실	여소득비멸	위불일체지	당발대정진
汝證一切智	十力等佛法	具三十二相	乃是眞實滅
여증일체지	십력등불법	구삼십이상	내시진실멸
諸佛之導師	爲息說涅槃	既知是息已	引入於佛慧
제불지도사	위식설열반	기지시식이	인입어불혜

대통지승　부처님이　도량앉은　10겁동안
부처님법　보지못해　성불하지　못하였네
여러하늘　용왕들과　아수라의　무리들이
하늘꽃비　항상내려　그부처님　공양하고
모든하늘　북을울려　기악들을　연주하며
향기롭게　부는사람　새로운꽃　또내리네
10소겁을　지난뒤에　마침내는　성불하니
하늘인간　할것없이　마음들이　환희롭네
그부처의　십육왕자　천만억의　권속들로
공경받고　둘러싸여　부처님을　찾아가서
머리숙여　예배하고　법바퀴를　간청할제
성자시여　저희중생　법비내려　주옵소서
세존뵙기　어려워서　구원겁에　한번이니
중생들을　깨우치려　일체모두　진동하네
동방의　　여러세계　오백만억　국토마다
범천궁전　비친광명　전에없던　일이어라
여러범천　상서보고　부처님께　찾아와서
하늘꽃을　공양하고　좋은궁전　바치면서
법륜굴려　주옵소서　게송으로　찬탄하나
때가아직　아니노라　묵묵하게　계시거늘
삼방과　　사유상하　온세상의　범천들도
꽃과궁전　공양하며　법륜굴림　청하옵네
세존뵙기　어렵나니　자비하신　원력으로

감로의문 널리열어 무상법륜 설하소서
무량지혜 세존께서 간절한청 받으시어
사제법과 십이인연 갖가지법 설하시니
무명에서 늙고죽음 인연따라 생기므로
이와같은 여러허물 너희모두 응당알라
이법널리 설하실때 육백만억 중생들이
모든번뇌 다여의고 아라한을 이루었네
두번째로 설하실때 천만억의 항하중생
세간법을 받지않아 아라한을 이루었네
그후부터 성불한이 한량없이 수가많아
만억겁을 헤아려도 끝을알수 없었노라
그때십육 왕자들이 출가해서 사미되어
부처님께 청하기를 대승법을 설하소서
우리들과 여러시중 모두부처 이루어서
세존처럼 청정제일 혜안되고 싶습니다
동자들의 그마음과 지난세상 수행한일
부처님은 다아시고 한량없는 인연들과
가지가지 비유로써 육바라밀 설하시고
여러가지 신통의일 설하시어 주셨으니
보살이 행하는도 진실한법 분별하여
항하모래 같은게송 법화경에 설하시네
설법마친 그부처님 고요한데 선정들어
팔만사천 겁동안을 일심으로 앉으시니

십육왕자	사미들은	깊은선정	드심알고
무량억의	중생위해	무상지혜	설하고자
법의자리	각각나가	대승경을	설법하며
그부처님	열반에도	법을펴서	교화하되
하나하나	사미들이	제도한이	여러중생
그의수가	육백만억	항하모래	같았노라
일승법을	들은이들	그부처님	열반한뒤
부처님의	국토에서	스승님과	함께난다
열여섯의	모든사미	부처님도	갖추어서
지금현재	시방에서	정각모두	이루었네
그때법문	들은이들	여러부처	계신데서
아직성문	머무는이	불도들게	교화하네
나도십육	왕자일때	너희들을	위하여서
법설하고	방편써서	불지혜로	인도했네
본래이런	인연으로	법화경을	설하여서
부처님도	들게하니	놀라거나	두려워마라
비유하면	험악한길	인적없고	맹수많고
물도없고	풀도없어	사람들이	두려운곳
많고많은	천만중생	지나가려	하지마는
멀고멀어	거친그길	오백유순	넘는지라
그때에	한도사가	많이알고	지혜밝아
명료하게	통달하여	험한길을	인도할제
모든중생	피로하여	도사에게	하는말이

지금우리 너무지쳐 돌아가려 하나이다
도사께서 생각하니 이무리가 불쌍하다
아주귀한 보물두고 돌아가려 하는구나
바로이때 방편으로 신통력을 베풀어서
변화로써 큰성지어 여러사택 장엄하고
동산수풀 둘러있고 맑은시내 연못이며
겹겹문과 높은누각 남자여자 가득하니
이런변화 다마친뒤 위로하여 하는말이
이성안에 들어가면 마음대로 즐기리라
모든사람 성에들어 마음크게 기뻐하고
제도이미 얻었다고 편안하게 생각더라
휴식된줄 도사알고 대중에게 하는말이
너희들은 떠나거라 이건바로 변화된성
너희들이 피로하여 중도에서 되돌아서
방편의힘 베풀어서 변화된성 지었으니
부지런히 정진하면 보배땅에 이르리라
나도또한 그와같아 모두다의 도사이니
부처님도 구하는이 중도에서 게을러져
나고죽는 모든고통 번뇌스런 험한길에
능히제도 못얻는것 내가굽어 살펴보고
큰방편의 힘으로써 열반법을 설했더니
너희들은 고통멸해 일다했다 하는구나
이미열반 이르러서 아라한과 얻음알고

대중들을	이리모아	진실한법	설하노라
부처님들	방편으로	3승법을	말하지만
있는것은	일불승뿐	2승설은	휴식할곳
너희들이	얻은것은	참멸도가	아니니라
부처님의	일체지혜	모두얻어	가지려면
게으른맘	내지말고	부지런히	정진하라
부처님의	일체지혜	열가지의	크신힘과
부처님의	모든법을	증득하고	깨달아서
삼십이상	좋은상호	두루하게	갖추어야
비로소	이런것이	진실하온	열반이라
도사이신	부처님들	열반설해	휴식시켜
그휴식이	끝난뒤는	불지혜로	인도하리

강설

여기까지가 화성유품의 마지막 대목이다.
화성유품은 법화경 전체 내용 중에서도 묘각을 이루는 구체적인 방법에 대해서 말씀하신 유일한 장이다.
특히 다섯 단계의 깨달음을 이룰 수 있는 절차에 대해서 말씀하신 부분이 인상 깊게 다가온다.
견성오도를 이루게 하기 위한 사성제법과 해탈도를 이루게 하기 위한 12연기법, 보살도를 완성하고 등각도와 묘각도를 이루게 하기 위한 묘법연화의 법을 말씀하시는 대목이 대단히 흥미롭게 느껴진다.

구선

출가 후 얻은 진리와 깨달음을 다양한 사상서에 담아 출간하였다. 이를 실생활에 접목하기 위해 지난 20년간 다양한 교육 프로그램을 운영해 왔다.

저서로는 『觀, 존재 그 완성으로 가는 길』,
『觀, 중심의 형성과 여덟진로의 수행체계』,
『觀, 십이연기와 천부경』,
『觀, 한글 자음 원리』,
『도넛츠 학습법』,
『뇌 척수로 운동법』,
『다도명상 점다』,
『생명과 시대사상』,
『본제의학 원리』,
『인지법행과 과지법행』,
『암의 진단과 치유』,
『법화삼부경 제1부 무량의경』,
『법화삼부경 제2부 묘법연화경 1권』,
『한글문자원리』,
『觀, 생명과 죽음』이 있다.

현재 경북 영양 연화사 주지이며,
서울에서 선나힐링센터를 운영하고 있다.

저자의 다른 책들

관 존재 그 완성으로
가는 길

관 쉴 줄 아는 지혜

관 중심의 형성과
여덟 진로의 수행체계

관 십이연기와 천부경

관 한글 자음 원리

도넛츠 학습법

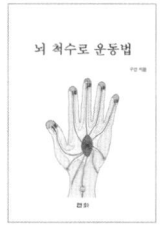
뇌 척수로 운동법

다도명상 점다

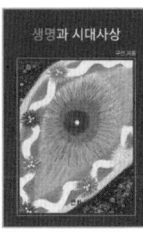
생명과 시대사상

본제의학 원리

인지법행과 과지법행

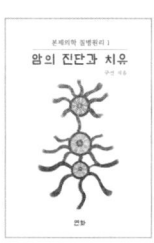
암의 진단과 치유

법화삼부경
제1부 무량의경

법화삼부경
제2부 묘법연화경 1권

한글문자원리

관 생명과 죽음

법화삼부경 제 2부 묘법연화경 2권

1판 1쇄 인쇄일	2023년 2월 20일
1판 1쇄 발행일	2022년 2월 28일

지은이	구선
기획·편집	이진화
교정·교열	권규호

펴낸 곳	도서출판 연화
주소	경상북도 영양군 수비면 낙동정맥로 2632-66
전화	02) 766-8145
출판등록일	2005년 11월 2일
등록번호	제 517-2005-00001 호

정가	30,000원
ISBN	979-11-981212-1-9

이 책은 저작권법에 따라 보호를 받는 저작물이므로 무단전재와 복제를 금하며, 이 책 내용의 전체 또는 일부를 사용하려면 반드시 저작권자의 서면 동의를 받아야 합니다.